Ian Robertson

Das Universum in uns

Ian Robertson

Das Universum in uns

Wie wir das ungenutzte Potential des Gehirns ausschöpfen können

Aus dem Englischen
von Thorsten Schmidt

Piper
München Zürich

Die Originalausgabe erschien 1999 unter dem Titel
»Mind Sculpture – Your Brain's Untapped Potential«
bei Bantam Press, London.

Für Dich, Fiona, in Liebe und Dankbarkeit
...und auch für Euch, Deirdre, Ruairi und Niall

ISBN 3-492-04086-1

Satz: Ziegler + Müller, Kirchentellinsfurt
Druck und Bindung: Ebner Ulm
Printed in Germany

Inhalt

Das elektrische ICH

Lauschen Sie! Hören Sie ein Flugzeug, das über Ihnen fliegt? Das Bellen eines Hundes? Das Zwitschern von Vögeln? Während Sie sich ganz auf das konzentrieren, was Sie hören, schicken Sie einen elektrischen Spannungsstoß durch Millionen von Neuronen in Ihrem Gehirn. Dadurch verändern Sie es – Sie lösen die Entladung von Nervenzellen in einer Hälfte Ihres Großhirns aus, genauer gesagt: in einem Areal über dem rechten Auge.

Während Sie Ihre Aufmerksamkeit nun wieder auf diese Zeilen richten, pulsiert ein ganz anderer Teil des Gehirns mit der elektrischen Spannung Ihres »Ich«. Genau in diesem Augenblick werden die linke Hälfte und die Rückseite Ihres Gehirns verstärkt durchblutet. Dies unterstützt die Elektrizität, die für eine andere mentale Aktivität erforderlich ist – den Akt der Umwandlung dieser Buchstaben in Gedanken.

Wenn Sie bis hierher gelesen haben, hat sich Ihr Gehirn dauerhaft verändert. Diese Worte hinterlassen eine schwache Spur in dem elektrischen Netzwerk Ihres Ich. Denn Ihr Ich residiert in dem vibrierenden Gespinst aus verschalteten Nervenzellen. Dieses Netz wird fortwährend umgestaltet und modelliert von der unablässig andrängenden Energie der Außenwelt. Diese Energie wird in Ihren Sinnesorganen in jenes völlig einzigartige Gewebe aus neuronalen Verbindungen umgewandelt, welches Ihr Ich ausmacht.

Unser Gehirn verbraucht ein Fünftel der gesamten Energie, die unser Körper im Ruhezustand erzeugt. Es gleicht einer 20-Watt-Glühbirne, die ständig leuchtet. Diese Energie wird benötigt, um die Aktivität in dem riesigen vibrierenden Netz aus verknüpften Zellen anzutreiben, aus dem unser Gehirn besteht. Und Sie – der Kapitän dieses erstaunlichen Schiffs – können diese Aktivität so steuern, wie Sie es gerade getan haben.

Sie können die seltsamen, willkürlichen Linien auf dieser Seite nur lesen, weil Menschen Ihr Gehirn gestaltet haben. Wie ich die elektrische Signalleitung zwischen Ihren Nervenzellen im Gehirn beeinflusse, so haben Ihre Eltern und Lehrer durch das, was sie Ihnen beibrachten, die physische Struktur Ihres Gehirns geprägt. Ohne diese plastische Gestaltung Ihres Gehirns könnten Sie weder lesen noch schreiben. Das Lesen wurde Ihnen beigebracht, weil unser Gehirn diese Fähigkeit nicht von Natur aus besitzt. Hätte man es Ihnen nicht beigebracht, wären Sie nicht die Person, die Sie heute sind. Denn Ihr Ich ist entstanden als Produkt des unentwegten Murmelns und Andrängens der Außenwelt an die Pforten Ihrer Sinne.

Durch unsere Sinne und in dem vibrierenden Netzwerk unseres Gehirns wird diese Energie in die Elektrizität des Ich verwandelt. Und wir wiederum geben diese Energie durch das, was wir tun und sagen, an die Welt zurück. So sind wir innig mit der Welt verwoben: Die Welt verwandelt uns, und wir verwandeln die Welt.

Sich von den biologischen Fesseln befreien

Unser Gehirn wird durch die Gespräche, die wir führen, die Erfahrungen, die wir machen, und die Liebe, die wir empfangen, physisch verändert. Dies gilt für unsere gesamte Lebenszeit, nicht nur für die Kindheit. Bis vor kurzem bezweifelten die meisten Wissenschaftler, daß es möglich sei, das Gehirn durch Erfahrungen zu formen. Diese Skepsis ist angesichts einer zweifelsfrei erwiesenen Tatsache, die seit über 50 Jahren bekannt ist, auch nicht verwunderlich: Anders als fast alle übrigen Körperzellen erneuern sich die allermeisten Zellen des Gehirns und des Rückenmarks nicht. Abgestorbene Nervenzellen werden in der Regel nicht ersetzt; allerdings haben neuere Studien den Nachweis erbracht, daß in einem Teil des Gehirns, dem sogenannten Hippokampus[1], auch im Erwachsenenalter noch neue Nervenzellen produziert werden. Doch wenn wir davon ausgehen, daß die meisten Nervenzellen nicht mehr wachsen, wie können dann Erfahrungen unser Gehirn formen und unsere Fähigkeiten verbessern? Wir werden in diesem Buch die Antwort auf diese Frage finden.

Man hört immer wieder die Behauptung, das Gehirn sei »festverdrahtet«; das bedeutet, daß Veränderungen unmöglich sind, wenn die Verdrahtung zerstört beziehungsweise gar nicht erst aufgebaut wurde. Zwar stimmt es, daß das Gehirn weitgehend festverdrahtet ist, doch Forschungen in den letzten zehn Jahren haben auf eindringliche Weise gezeigt, daß die Verdrahtung mitunter bei weitem nicht so »fest« ist, wie man ursprünglich vermutete.

Nach den spektakulären Fortschritten in der Genetik herrschte bis heute die Auffassung vor, das Ich im Sinne der persönlichen Identität eines Menschen sei größtenteils genetisch determiniert. Dies stimmt natürlich in einem erheblichen Maße, doch das Pendel ist zu weit in diese Richtung ausgeschlagen; darüber hat man den Gedanken der *Formbarkeit* des Ich vernachlässigt.

Der Teil des Gehirns, der sich im Verlauf der menschlichen Evolution am spätesten herausgebildet hat, sind die Stirnlappen, die unmittelbar hinter der Stirn, über den Augen, liegen. Sie machen über 40 Prozent des Gehirnvolumens aus. Sie sind zudem der Teil des Gehirns, der beim Kind als letztes »verdrahtet« wird – tatsächlich ist seine Verdrahtung sogar erst im späten Teenageralter beziehungsweise den frühen Zwanzigern vollständig abgeschlossen. Es ist dieser Teil des Gehirns, in dem die

»höheren« kognitiven Funktionen verankert sind, die uns als Menschen auszeichnen.

In den Stirnlappen ist unser Selbstbild gespeichert, das die Grundlage unserer sozialen Interaktionen bildet. Unser Verhalten in der Außenwelt wird von den Stirnlappen gesteuert, welche die evolutionsgeschichtlich älteren Hirnareale kontrollieren. In den Stirnlappen schmieden wir Zukunftsentwürfe und bahnen uns mit Hilfe von Plänen und Zielen, die wir uns für die Zukunft gesetzt haben, einen Weg durchs Leben. Das elektrische Ich, das aus Liebe und Erfahrung hervorgeht, bändigt unser biologisches Erbe und schafft so die Voraussetzungen dafür, daß die sanfteren Einflüsse der zwischenmenschlichen Beziehungen und der Kultur zum Tragen kommen können.

In den Stirnlappen formen wir auch unser Bild von anderen Menschen, einschließlich all dem, was an Moral, Vertrauen, Aufrichtigkeit und Liebe damit verbunden ist. Ohne die Stirnlappen besäßen wir kein Ich. Ohne sie gibt es kein Bewußtsein, keinen Willen und keine Humanität. Von allen Teilen des Gehirns sind die Stirnlappen die am wenigsten festverdrahteten, die sich am besten an die unentwegte Überflutung unserer Sinne mit äußeren Reizen anpassen können. Die Stirnlappen sind der Segen der Evolution für uns – aber auch ihr Fluch. Sie sind der Sitz unseres Selbstbewußtseins und unseres Erkenntnisvermögens, dem wir den Verlust unserer Unschuld verdanken. Wir wurden aus dem Garten Eden vertrieben, als sich dieser Teil des Gehirns voll ausgebildet hatte, denn fortan waren uns Willensfreiheit und Gewissen gegeben.

Wir sind einzigartig, weil uns die Evolution mit der Fähigkeit ausgestattet hat, unser Schicksal – und unser Gehirn – selbst zu gestalten. Wegen dieser 40 Prozent des Gehirns mit ihrer nahezu unbegrenzten Anpassungsfähigkeit haben wir uns als Spezies behauptet. Verabschieden wir uns also von der Idee, daß wir vorprogrammierte Komplexe aus Gehirnmodulen sind, deren Verhalten von uralten Plänen diktiert wird, während wir uns in dem illusorischen Glauben wiegen, unsere

Handlungen frei wählen zu können! Im Gegenteil: Obgleich ein Großteil unseres Verhaltens genetisch beeinflußt ist, können wir – durch unsere Kultur und Bildung – unser Gehirn formen. Dadurch können wir uns bis zu einem gewissen Grad von den Fesseln der Biologie befreien.

Das vibrierende Netz

Betrachten Sie kurz das Bild auf Seite 14 und lesen Sie dann hier weiter. Haben Sie erkannt, was das Bild darstellt? Zufallsverteilte Punkte? Ich werde Sie gleich bitten, das Bild erneut zu betrachten, doch diesmal sollten Sie sich auf Ihre Augen konzentrieren, während diese in dem Muster nach einer Bedeutung suchen. In dem Augenblick, in dem Sie das Bild eingehend prüfen, sendet Ihr Gehirn elektrochemische Impulse durch Ketten von Nervenzellen zu Ihren Augen, die daraufhin das Bild kreuz und quer abtasten, um dem Muster eine Bedeutung abzugewinnen. Währenddessen übermitteln Ihre Augen die Bildmuster über Nervenzellen an die Sehzentren auf der Rückseite Ihres Gehirns unmittelbar über dem Genick. Von dort wiederum werden Signale zu immer »höheren« Dekodierungszentren des visuellen Systems des Gehirns gesandt. Betrachten Sie das Bild nun erneut kurz, bevor Sie mit Ihren Augen wieder zu dieser Zeile zurückkehren. Versuchen Sie sich dieses Hin und Her elektrischer Signale entlang der Bündel aus langen weißen Markfasern, welche die Nervenzellen des Gehirns verknüpfen, vorzustellen. Wenn Ableitelektroden auf Ihrer Kopfhaut angebracht wären, würde die elektrische Aktivität während des Betrachtens auf einem Bildschirm als fortlaufende Welle erscheinen. Man könnte die im Mikrovoltbereich liegende Spannung sogar so weit verstärken, daß sie eine Glühbirne zum Leuchten bringen oder eine elektrische Spielzeugeisenbahn antreiben würde.

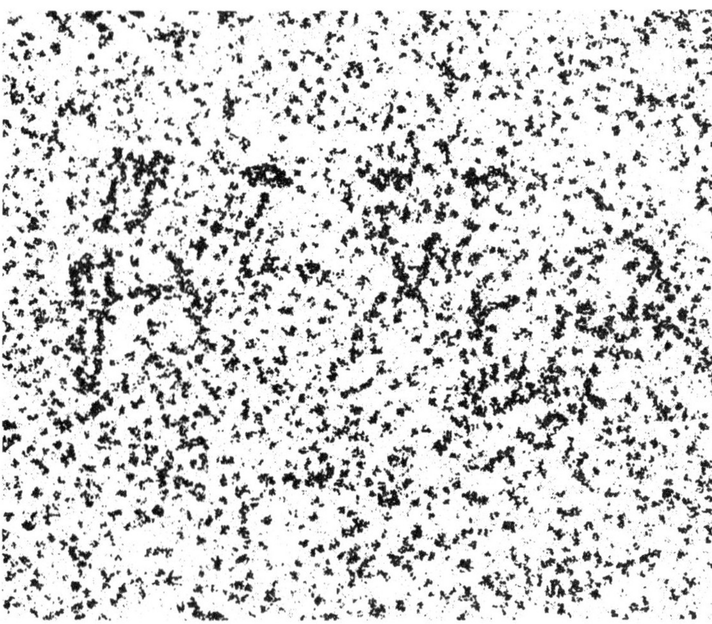

Werfen Sie nun noch einmal einen kurzen Blick auf das Bild. Was verbirgt sich darin? Die Dekoder in Ihrem Gehirn stellen Hypothesen darüber auf, um was für ein Objekt es sich handeln könnte. Könnte es eine Blume sein? Ein Möbelstück? Unmittelbar über Ihren Ohren – im Schläfenhirn – arbeiten die Zentren des Gehirns, die für die Dekodierung und Erkennung von Objekten zuständig sind, unermüdlich daran, das Punktemuster mit realen Objekten zur Deckung zu bringen, die aufgrund früherer Erfahrungen im Gedächtnis gespeichert sind.

Jedesmal, wenn sich Ihre Augen zu einer anderen Stelle des Bildes bewegen, wird eine neue Serie von Signalen zu den Hinterhauptlappen und von dort zu den Dekodern im vorderen Hirnbereich geleitet. Neue Hypothesen werden aufgestellt und wieder verworfen. Die Augen werden angewiesen, das Bild erneut abzutasten und ihre Suche nach dem, was es bedeuten könnte, fortzusetzen. Weitere elektrische Ströme, weitere Hirnaktivität – doch die Dekoder tappen noch immer im Dunkeln.

Schlagen Sie jetzt Seite 318 auf und werfen Sie einen kurzen Blick auf das Bild, bevor Sie hierher zurückkehren. Sie sollten die Umrisse eines Nashorns erkannt haben. Betrachen Sie nun erneut das erste Bild. Sehen Sie das Tier, das Sie bislang nicht erkannt haben? Sie sollten es jetzt erkennen. Falls nicht, halten Sie das Buch auf Armeslänge von sich. Das scheinbar chaotische Punktemuster sollte nun eine konkrete Gestalt zeigen. Neuronen – Nervenzellen –, die auf die Objekterkennung spezialisiert sind, entladen sich jetzt in den Schläfenlappen Ihres Gehirns. Noch vor ein paar Sekunden waren die Bilder scheinbar sinnlose Anhäufungen von Punkten, und die für die Objekterkennung zuständigen Nervenzellen im Gehirn sprachen kaum an. Jetzt, da Sie plötzlich eine Bedeutung erkennen, die Ihnen bislang entging, feuern sie mit geballter Kraft.

Sie haben gerade Ihr Gehirn verändert. Wenn Sie in einer Woche das gleiche Punktemuster betrachten, werden Sie das Nashorn darin erkennen, weil die objekterkennenden Nervenzellen im Gehirn aufgrund dieses als *priming* (Bahnung) bezeichneten Prozesses beim Anblick dieser Bilder automatisch feuern. Eine kurze Erfahrung – ein flüchtiger Blick auf das Bild auf Seite 318 – hat sie gleichsam konditioniert zu feuern. Auf diese Weise instruiert, haben diese Zellen eine Art »Aha«-Erlebnis, wenn das gleiche Punktemuster an sie übermittelt wird, und sie reagieren bereits auf die schwachen Stimuli, die fast in dem Chaos von Punkten untergehen, mit heftigen Entladungen.

Diese flüchtige Erfahrung hat die Verbindungen zwischen den Neuronen in Ihrem Gehirn verändert. Das ist aktive »neuroplastische« Gestaltung – die Ausformung von Nervengewebe durch die Fülle der Reize, die ständig aus der Außenwelt auf unsere Sinne einströmen, ähnlich der Gestaltung von Ton durch die Hand des Töpfers. So drückt Ihnen ein Bruchteil der in der Welt vorhandenen Energie ihren Stempel auf und verändert Sie für immer. Sie wiederum wandeln diese Energie in vielfacher Weise um und geben sie an die Welt zurück: durch das, was Sie sagen, tun, denken und fühlen; durch die flimmernden Millivolt, die sich in diesem Augenblick aus Ihrem Gehirn in den Kosmos ausbreiten.

Ein Netz aus 100 Milliarden Nervenzellen

Alles, was unser Ich ausmacht – Erinnerungen und Hoffnungen, Schmerz und Lust, Sittlichkeit und Gewissenlosigkeit –, ist in ein vibrierendes Netz aus 100 Milliarden Nervenzellen eingewoben. Im Schnitt ist jede Zelle mit 1000 anderen Neuronen verbunden, was insgesamt 100 000 Milliarden Verbindungen ergibt. Damit gibt es mehr neuronale Kontaktstellen im menschlichen Gehirn als Sterne in unserer Galaxie.

Eine Kontaktstelle zwischen zwei Zellen wird »Synapse« genannt; sie wurde erstmals um die Jahrhundertwende von dem in Oxford lehrenden Physiologen Sir Charles Sherrington beschrieben. Eine Nervenzelle gleicht vage einer Zwiebel mit einem rundlichen Mittelstück, einem langen Sproß an einem Ende und einer Vielzahl dünner, wurzelförmiger Fasern an dem anderen. Eine Zwiebel nimmt Nährstoffe aus dem Boden auf, verarbeitet diese in der Zwiebelknolle und befördert die Produkte in den wachsenden Sproß. Nervenzellen funktionieren in ähnlicher Weise.

Das Büschel dünner Fasern, welche wie die Wurzeln einer Zwiebel in der Nervenzelle zusammenlaufen, besteht aus den sogenannten Dendriten. Durch diese nimmt die Nervenzelle, auch hier einer Zwiebel ähnlich, durch ihre Wurzeln »Nährstoffe« in sich auf. Allerdings bestehen die »Nährstoffe« in diesem Fall aus elektrochemischen Impulsen anderer Nervenzellen. Die Ranken dieser anderen Zellen heften sich an die Oberfläche unserer Zelle und versuchen sie zu aktivieren; zumindest einige davon, während andere sie zum »Schweigen« zu bringen versuchen – also zu hemmen.

Ob sich eine Nervenzelle entlädt, hängt von der Gesamtbilanz der gegenläufigen Inputs ab – all der »Los!«-Inputs minus all der »Stop!«-Inputs. Sobald ein bestimmter positiver Schwellenwert überschritten wird, entlädt sich die Nervenzelle (sie »feuert«) und sendet einen elektrochemischen Impuls den Ausläufer entlang, der bei ihr dem Sproß einer Zwiebel entspricht.

Dieser Sproß der Nervenzelle wird »Axon« genannt. Jede Zelle hat nur ein Axon, das ihr einziger Kommunikationskanal mit dem übrigen Gehirn ist. Die Länge eines Axons kann zwischen einem zehntel Millimeter und zwei Metern betragen! Wenn die Nervenzelle ein Signal über ihr Axon weiterleitet, tut sie dies in Form eines einzigen starken Impulsstoßes und nicht in Form einer beständigen Serie schwacher Impulse. Dieser Impuls dauert etwa eine tausendstel Sekunde und pflanzt sich mit einer Geschwindigkeit zwischen 3 und 320 Kilometern pro Stunde fort.

Am Ende des Axons löst der Impuls eine Entladung an der Kontaktstelle zu den Dendriten einer anderen Nervenzelle aus.

Diese Kontaktstelle ist die Synapse. Die Reaktion setzt sich durch das gesamte vibrierende Netz von Neuronen, die durch Synapsen miteinander verschaltet sind, fort, so daß es zu einer Kettenreaktion kommt, bei der sich Hunderte, Tausende oder sogar Millionen von Zellen quer durch das dreidimensionale Netz entladen. Einige dieser Zellen werden durch die Impulse, die ihre Dendriten erreichen, aktiviert, andere werden abgeschaltet und gehemmt.

Während Sie diesen Satz lesen, kommt es zu einer solchen Kaskade neuronaler Entladungen in Ihrem Gehirn, die sich über die Verbindungsstellen – die Synapsen – ausbreiten. Zu Beginn des Kapitels, als Sie in dem Punktemuster die Gestalt eines Nashorns erkannten, waren es Änderungen in den Synapsen jener Areale des Gehirns, die für die Objekterkennung zuständig sind, die Sie das vertraute Tiermuster sehen ließen. Zunächst sahen Sie das Nashorn nicht, weil seine Silhouette nicht so deutlich hervortrat, daß die Nervenzellen, die auf die Objekterkennung spezialisiert sind, aktiviert worden wären. Doch sobald diesen Zellen ein deutlich erkennbares Objekt gezeigt wurde, begannen sie zu feuern.[1]

Natürlich hatte das Punktemuster im ersten Bild eine gewisse Ähnlichkeit mit der Tierfigur im zweiten Bild, und diese Ähnlichkeit reichte aus, um die Entladung der objektdekodierenden Zellen auszulösen, als Sie die Punkte ein zweites Mal betrachteten. Das ist nicht weiter erstaunlich und entspricht der Situation, wenn man eine Knoblauchzehe ißt, worauf eine Zeitlang alles nach Knoblauch schmeckt. Die objekterkennenden Zellen werden dadurch, daß man ihnen das deutliche Bild zeigt, gewissermaßen trainiert und sind folglich etwas geschmeidiger, wenn ihnen das nächste Mal das Punktemuster präsentiert wird. Was hat das nun mit neuroplastischer Modellierung zu tun?

Obgleich die Knoblauch-Analogie bis zu einem gewissen Grad zutrifft, steckt doch noch mehr dahinter. Hierzu müssen wir uns mit dem zentralen Kunstgriff des Gehirns befassen –

und dieser Trick ist der Grund dafür, daß sich unser Gehirn so hervorragend formen läßt. Wir haben gesehen, daß sich eine Nervenzelle entlädt, wenn sie von den Axonen anderer Nervenzellen, die an ihrer Oberfläche angreifen, einen hinreichend starken Aktivierungsschub erfährt. Als Sie das Nashorn deutlich sahen, wurde eine Kaskade von Impulsen über Tausende von Dendriten in die Nervenzelle geleitet, worauf das Neuron einen Impuls entlang seinem Axon aussandte, der seinerseits dazu beitrug, eine andere Zelle zu aktivieren.

All dies führt schließlich dazu, daß Zellen, die eigentlich nicht viel miteinander zu tun haben, sich mehr oder minder gleichzeitig entladen. Und zwar nicht etwa deshalb, weil sie eng miteinander verbunden wären, sondern schlicht, weil beide zufälligerweise von derselben Kaskade im Gehirn aktiviert wurden – dem elektrischen Spannungsstoß, der durch den Anblick des Tieres ausgelöst wurde. Wir können es vergleichen mit der Situation, daß man mit einer anderen Person in einem Flugzeug sitzt, das Verspätung hat: Zunächst hat man nichts mit der Person neben einem zu tun, doch nach ein bis zwei Stunden äußert man gemeinsam seinen Unmut. Etwas Ähnliches geschieht mit den Nervenzellen. Nach einigen gleichzeitigen Entladungen schließen sie sich zusammen. Wenn zwei verbundene Neuronen mehrfach gleichzeitig aktiviert worden sind, verändern sich die zwischen ihnen liegenden Zellen und Synapsen chemisch so, daß die Entladung der einen Zelle mit hoher Wahrscheinlichkeit die Entladung der anderen auslöst. Anders gesagt, sie werden Partner und entladen sich in Zukunft viel eher zusammen als früher. Dieses Phänomen wird nach dem kanadischen Psychologen Donald Hebb »Hebbsches Lernen« genannt, während die chemischen Veränderungen in den Zellen und Synapsen als »Langzeitpotenzierung« (LTP) bezeichnet werden.

Bei dem Punktemuster, das Sie vorhin betrachtet haben, entluden sich die entsprechenden Zellen erst, als sie durch das leicht zu erkennende Nashorn aktiviert worden waren. Doch sobald dies mehrfach geschehen ist, wird die durch die Punkte ausgelöste Hirnaktivität mit einer »Aha«-Erfahrung in den objektdekodierenden Zellen assoziiert. Anders gesagt, durch das Hebbsche Lernen wird die durch das undeutliche Muster ausgelöste Hirnaktivität mit der Aktivierung der objektdekodierenden Zellen verknüpft.

Betrachten Sie noch einmal das undeutliche Bild. Sie werden das Tier jetzt vermutlich leicht erkennen. Dies ist darauf zurückzuführen, daß die Synapsen zwischen Schlüsselneuronen durch den Anblick des deutlicheren Bildes des Nashorns verändert worden sind. Somit hat die bloße Lektüre dieses Kapitels die Verbindungen zwischen Nervenzellen in Ihrem Gehirn umgeformt. Während der Begriff »Hebbsches Lernen« bislang in Ihrem Gehirn keine spezifische Reaktion ausgelöst hat, werden diese Worte in Zukunft eine Wiedererkennungsreaktion hervorrufen.

Im Lauf unseres Lebens werden wir nach und nach von Erfahrungen geprägt. Dabei werden in unserem Gehirn neue Verbindungen geknüpft, während alte Verbindungen aufgelöst werden. Wir lernen und wir vergessen. Zorn verwandelt sich in Vergebung, Liebe in Gleichgültigkeit, Resignation in Hoffnung. Sie melden sich zu einem Spanischkurs an, und während Sie mit Grammatik, Vokabeln und Phonetik ringen, verändern sich ein paar Millionen Synapsen. Dann nimmt Ihr Beruf Sie so sehr in Anspruch, daß Sie nicht weitermachen können, und die Verbindungen schwinden. Doch wenn Sie im nächsten Jahr Urlaub in Spanien machen, werden Sie überrascht sein, was Ihnen alles über die Lippen kommt, wenn Sie sich bei einem guten Glas Rioja entspannen. Wörter und Redewendungen, die Sie vergessen zu haben glaubten, kommen Ihnen spontan über die Lippen. Sie verstehen sogar Bruchstücke des Gesprächs, das zwei Einheimische am Nachbartisch führen. Spuren aus Ihrem Abendkurs haben sich in Ihrem Gehirn erhalten, eingewoben in das vibrierende Netz aus Zellverbindungen, und wie der Kuß des Prinzen die schlafende Schönheit weckte, so hat der Klang der spanischen Sprache in Ihrem Urlaub diese ruhenden Verbindungen aktiviert. Dort, in der Chemie der Synapsen, ist die Erinnerung an die Veränderungen gespeichert, die Erfahrung und Lernen erzeugt haben.

Einige Erfahrungen prägen sich unserem Gehirn so fest ein, daß sie selbst bei Demenz nicht verschwinden. Menschen, die an Alzheimerkrankheit im Spätstadium leiden, können sich meist nicht mehr an Personen erinnern, die ihnen nahestanden, und sie verlieren jegliches Gefühl für Zeit, Raum und personale Identität. Doch zu der Zeit, als Margaret Thatcher britische Premierministerin war, konnten viele Alzheimerpatienten, die sich ansonsten an fast nichts mehr erinnerten, ihr Gesicht und ihren Namen wiedererkennen.[2]

Und Sie vergessen auch nicht den Duft frisch gebackenen Brotes aus der Bäckerei in der kleinen französischen Stadt, in der Sie einen wunderschönen Urlaub verbrachten; das Gefühl, das Sie hatten, als Sie erstmals Ihr Kind im Arm wiegten, oder den Augenblick, in dem Sie eine furchtbare Nachricht erhielten … Einige Erfahrungen hinterlassen einen so nachhaltigen Eindruck in unserem Gehirn, daß die Veränderungen, die sie in den Synapsen verursachen, nie mehr rückgängig gemacht werden. Dies gilt besonders dann, wenn diese Ereignisse die emotionalen Zentren im Gehirn aktivieren, denn dann werden die Erfahrungen auf noch breiterer neuronaler Basis verankert – womit sie leichter abrufbar sind.

Kurz, Erfahrungen sind in das *Muster* der Verbindungen zwischen Neuronen eingewoben, nicht unbedingt in spezifische Verbindungen zwischen bestimmten Paaren von Neuronen. Dies ist nicht bloß eine gute Nachricht, sondern auch notwendig für unsere Selbsterhaltung, da die neuronalen Verbindungen in unserem Gehirn während unseres gesamten Lebens im Fluß sind.

Wenn all unsere Erfahrungen und Erinnerungen sowie unsere Persönlichkeit auf sehr spezifischen Verbindungen zwischen bestimmten Neuronen beruhen würden, dann würden Gedächtnis und Persönlichkeit auf viel drastischere und unvorhersehbarere Weise verfallen, als sie es normalerweise tun. Dies bringt uns zu dem Thema von Tanz und Tod.

Der Tod von Zellen und der synaptische Tanz

Die Verbindungen zwischen Neuronen wandeln sich unentwegt. Man schätzt, daß die durchschnittliche Lebensdauer einer synaptischen Verbindung in bestimmten Regionen des Gehirns, in denen sich die Verbindungen besonders schnell ändern, nur acht Stunden beträgt. Man hat Neuronen gefilmt und dabei herausgefunden, daß sich ihre synaptischen Verbindungen zu anderen Neuronen beständig wandeln.[3]

Daher hat es seinen guten Grund, daß unser neuroplastisch modelliertes Gehirn seine Struktur nicht verliert, wenn einige Synapsen verschwinden: Andernfalls würden wir Neugeborenen gleichen, welche die elementaren Fertigkeiten des Lebens jeden Tag aufs Neue erlernen müßten. Grundsätzlich aber unterscheidet sich die Funktionsweise des Gehirns kaum von der sozialer Organisationen – von Unternehmen, Vereinen oder Universitäten. Diese sozialen Institutionen funktionieren auch dann weiter, wenn ein bestimmtes Individuum krank wird oder ausscheidet, es sei denn, sie sind schlecht organisiert. Wenn eine Person – und sei es eine hohe Führungskraft – den Dienst quittiert, erfüllt die Organisation weiterhin ihre Aufgaben. Sie tut dies, weil ihr Arbeitsauftrag weitgehend durch die *Beziehungen* zwischen den Mitarbeitern definiert wird, deren Verhalten wiederum durch Rollen und Regeln festgelegt wird. Daher kommt die Organisation nicht zum Stillstand, wenn der Buchhalter mit der Leiterin der Poststelle durchbrennt. Andere Mitarbeiter werden herangezogen, um ihre Rollen zu übernehmen. Für den Außenstehenden arbeitet die Organisation so weiter, als ob nichts geschehen wäre.

Das Gleiche geschieht im Gehirn. Heute verändern sich die Verbindungen zwischen Ihren Neuronen, und dennoch werden Ihre Familienangehörigen und Kollegen morgen keinerlei Veränderung an Ihnen bemerken. Dies ist darauf zurückzuführen, daß die Milliarden von Verbindungen, die Ihr Ich ausmachen, die *Muster* erhalten, in denen Ihre Erfahrungen und Erinnerungen gespeichert sind, auch wenn einige der Verbindungen in diesen Mustern verschwinden.

Dies ist eines der Schlüsselprinzipien in diesem Buch: Das Ganze ist mehr als die Summe seiner Teile. Und das Ganze kann überleben, wenn einige seiner Teile verschwinden. Aber weshalb sind die Synapsen so rastlos? Weshalb wandeln sie sich beständig? Weshalb werden in einem fort Verbindungen hergestellt und wieder gelöst? Dies bringt uns zu unserem zweiten Schlüsselprinzip.

Gleichzeitig entladen, miteinander verdrahten

Sagt Ihnen der Begriff »Hebbsches Lernen« etwas? Wenn ja, dann deshalb, weil die Lektüre dieses Buches die Synapsen in den Sprachzentren Ihres Gehirns so geformt hat, daß diese Worte jetzt eine – wenn auch vielleicht vage – Bedeutung besitzen. Wie wir ein paar Seiten zuvor sahen, schließen sich Nervenzellen zusammen, wenn sie ungefähr zur selben Zeit aktiviert werden. Die Synapsen, welche diese Zellen verbinden, entwickeln eine Art erhöhter Reizbarkeit, so daß die Entladung einer Zelle fast automatisch die Entladung aller anderen Zellen nach sich zieht.

Diese neuronale »Verbrüderung« ist ein wesentlicher Grund für die rastlose Ab- und Zunahme der neuronalen Verbindungen im Gehirn. Jede Sekunde jeden Tages haben wir Erlebnisse, die verschiedene Gruppen von Neuronen in unserem Gehirn aktivieren. Die Reklametafel, die Sie auf Ihrem Weg zum Arbeitsplatz flüchtig anschauen, zeigt ein Auto, das von einer schönen Frau durch ein Buschfeuer in einer exotischen Tropenregion gelenkt wird. Diese Bilder aktivieren Neuronen in den emotionalen Zentren Ihres Gehirns. Gleichzeitig registrieren die Neuronen des Sprach- und Sehzentrums in Ihrem Gehirn das Firmensymbol und den Markennamen des Autos. Zack! Zwei Gruppen von Neuronen in verschiedenen Regionen des Gehirns werden gleichzeitig angeschaltet. Wenn Sie mehrere Wochen lang jeden Morgen an dieser Reklametafel vorbeifahren und abends ähnliche Bilder im Fernsehen betrachten, dann bildet sich ein Komplex aus Neuronen, die miteinander verschaltet sind, weil sie sich gleichzeitig entladen. Und was geschieht? Sie sehen das Auto in einem Ausstellungsraum, und ein Fragment der Emotion, mit dem es aufgeladen wurde, wird ausgelöst – hofft jedenfalls das Marketingteam!

Werbefachleute setzen alles daran, unsere Synapsen durch Hebbsches Lernen zu beeinflussen. Sie sind bestrebt, die von ihnen beworbenen Produkte mit emotionalen Schaltkreisen im Gehirn zu verkoppeln. Ihre Methoden der emotionalen Manipulation sind derart effizient, daß die Tätigkeit von Werbeagenturen gesetzlich reglementiert werden mußte. So ist es beispielsweise in Großbritannien verboten, mit sexuell konnotierten Bildern für alkoholische Getränke zu werben. Allerdings ist die Assoziation eines Produkts mit den sexuellen Schaltkreisen des Gehirns durch Hebbsches Lernen eine derart erfolgreiche Methode der Absatzförderung, daß sich Werbefachleute regelmäßig hart an der Grenze des Erlaubten bewegen und diese immer wieder überschreiten.

Marketingfachleute möchten ihre Produkte mit den Neuronen in den emotionalen Zentren unseres Gehirns in Verbindung bringen, weil sich diese synaptischen Verbindungen sehr viel schwerer auflösen lassen als Verbindungen zwischen anderen Gruppen von Neuronen. Versuchen Sie einmal, sich an das zu erinnern, was Sie in dem Spanischkurs gelernt haben, und Sie werden dies bestätigt finden!

Die Repräsentation des Körpers im Gehirn

Betrachten Sie die Rückseite Ihrer linken Hand. Nehmen Sie nun den Zeigefinger Ihrer rechten Hand, und streichen Sie langsam über die Rückseite des Mittelfingers Ihrer linken Hand. Schließen Sie die Augen und wiederholen Sie dies mehrfach, wobei Sie auf die Empfindungen in Ihrem Mittelfinger achten sollten.

Selbst mit geschlossenen Augen spüren Sie genau, welcher Finger berührt wird. Während Sie mit Ihrem Zeigefinger langsam über den Fingerrücken streichen, aktiviert der sanfte Druck auf jeden Teil des Fingers unterschiedliche Gruppen von Neuronen. Aufgrund der Tatsache, daß jeder Teil des Fingers in einzigartiger Weise mit einer bestimmten Menge von Neuronen im Gehirn verschaltet ist, wissen Sie, welche Stelle Ihres Mittelfingers gerade berührt wird. Tatsächlich ist die gesamte Oberfläche unseres Körpers auf einem dünnen Rindenstreifen auf der Oberseite des Gehirns (der Großhirnrinde) exakt repräsentiert. Diese »Körperfühlsphäre« erstreckt sich etwa von der Schädelmitte bis knapp über beide Ohren.

Wenn Ihr Mittelfinger berührt wird, entladen sich sensorische Neuronen und senden elektrochemische Impulse Ihren Arm entlang ins Rückenmark. Der elektrische Strom wird über dünne, markhaltige (»weiße«) Leitungsbahnen – Axone – weitergeleitet, bis er die erste Synapse im Rückenmark erreicht. Die elektrochemische Entladung, die durch die Berührung ausgelöst wird, aktiviert dann die Synapse im Rückenmark, die sich ihrerseits entlädt. Ihre Entladung pflanzt sich durch die langen, fortlaufenden, hauchdünnen Axone im Rückenmark fort, bis sie eine zweite Synapse im untersten Teil des Gehirns – der Medulla oblongata – erreicht.

Der elektrische Strom, der an diesem winzigen synaptischen Spalt eintrifft, löst die Entladung des Neurons auf der anderen Seite des Spalts aus. Dies ist erst die zweite derartige Synapse, die der berührungsinduzierte Strom auf seinem langen Weg von Ihrer linken Hand zur Rindenoberfläche Ihres Gehirns überwinden mußte. Die Nervenfasern zweigen jetzt zur rechten Hirnhälfte ab.

Der dritte axonale Faden erstreckt sich von der Unterseite Ihres Gehirns zu einer »Nachrichtenzentrale« tief im Zentrum des Gehirns, die Thalamus genannt wird. Hier erreicht der durch die Berührung induzierte Strom seine dritte Synapse in der rechten Hälfte des Thalamus. Die Nachricht überspringt die synaptische Hürde und legt die letzte Teilstrecke ihres Weges zurück – die wenigen Zentimeter zwischen dem Thalamus und der Körperfühlsphäre der Großhirnrinde.

Da Sinnesempfindungen von der rechten Körperhälfte in der linken Hirnhälfte verarbeitet werden, hat die rechte Großhirnrinde die Berührung auf Ihrem linken Mittelfinger registriert. Erinnern wir uns daran, daß der elektrochemische Impuls auf seinem Weg von Ihrer Hand zu Ihrem Gehirn nur drei Synapsen übersprungen hat.

Jetzt ein weiteres kleines Experiment. Schließen Sie wieder die Augen, und streichen Sie mit dem Zeigefinger Ihrer rechten Hand senkrecht über Ihre Wange. Versuchen Sie dabei auf die subtilen Empfindungen in dem Teil Ihres Gesichts zu achten, der von dem Finger berührt wird. Streichen Sie nun, noch immer mit geschlossenen Augen, mit Ihrem Finger an Ihrer Wade entlang. Achten Sie erneut auf die Empfindungen in dem berührten Hautgebiet.

Vergleichen Sie die beiden Empfindungen. Sie sollten in Ihrem Gesicht eine viel feinere und präzisere Empfindung gespürt haben als in Ihrer Wade. Dies liegt unter anderem daran, daß die Zahl der Neuronen, die jeden Quadratzentimeter Gesichtsfläche im Gehirn abbilden, größer ist als die entsprechende Zahl für die Wade.

Die gesamte Körperoberfläche ist in einer wohlgeordneten, sogenannten Eins-zu-Eins-Repräsentation im Gehirn abgebildet. Anders gesagt, sämtliche Fasern der Hand laufen in der

Körperfühlsphäre der Großhirnrinde zusammen, und sogar jeder Finger hat sein eigenes Block-Abonnement aus Neuronenbündeln in der Großhirnrinde. Selbst die 1,5 bis 1,8 Meter langen Leitungsbahnen von der Zehe zum Gehirn vereinigen sich schließlich im Kortex wie Flüchtlinge nach einer langen Reise. Allerdings haben die Flüchtlinge keine angemessene demokratische Vertretung. Die großen Tiere – Gesicht, Hände, Genitalien – bekommen sehr viel mehr Platz im Kortex zugewiesen als die »niedrigeren« Körperteile wie Füße, Beine und Brust. Man könnte korrupte Grenzschutzbeamte dafür verantwortlich machen, doch vermutlich hat der Evolutionsdruck mehr damit zu tun.

Zudem sind die verschiedenen Körperteile in einer etwas seltsamen Weise im Gehirn repräsentiert. So sitzen beispielsweise die »Hand-Abonnenten« neben den »Gesichts-Abonnenten«. Dies kann gespenstische Konsequenzen haben, wenn man einen Körperteil verliert – mehr dazu später.

So weit, so gut. Wenn wir das Kleinkindalter erreichen, haben sich unsere Nervenzellen miteinander verschaltet, und, ähnlich Steuerberatern mit treuen Klienten, die Zellen der sensorischen Rinde widmen ihr Arbeitsleben dem tadellosen Dienst an ihrem zugehörigen Körperteil. Oder etwa nicht?

Als privilegierten Gliedmaßen des Körpers steht allen Fingern ein großes Rindenfeld zur Verfügung. Nun gibt es jedoch eine seltene Erbkrankheit, die als »Syndaktylie« bezeichnet wird; die davon Betroffenen werden mit einer faustförmig verkümmerten Hand geboren: Obgleich man die Umrisse von Fingern erkennen kann, sind diese miteinander verwachsen, so daß sie sich nie einzeln, sondern immer nur als Gruppe bewegen.

Wie sind bei diesen Personen die Hände in der sensorischen Rinde repräsentiert? Die Antwort lautet, daß die Rindenfelder, welche die einzelnen Finger abbilden, weitgehend miteinander verschmolzen sind. Anders gesagt, das Gehirn behandelt die Finger nicht als einzelne Gliedmaßen, sondern weitgehend als

Gruppe, indem es der ganzen Hand ein geschlossenes Rindenfeld zuweist.

Weshalb? Sind vielleicht dieselben Erbfaktoren, welche das Verwachsen der Finger verursachten, auch für die anormale kortikale Repräsentation verantwortlich? Es gibt eine Möglichkeit, dies zweifelsfrei herauszufinden. Chirurgen haben Verfahren zur Trennung der verwachsenen Finger entwickelt, so daß die Patienten ihre Finger unabhängig voneinander bewegen können. Was geschieht daraufhin im Gehirn? Falls die kortikale Organisation durch genetische Faktoren ein für allemal determiniert wird, sollte nichts geschehen.

Tatsächlich aber geschieht etwas Dramatisches. Vor der chirurgischen Trennung war den Fingern als Ganzes ein geschlossenes Rindenareal zugewiesen. Doch weniger als einen Monat nach der Trennung hat das Gehirn jedem Finger sein eigenes Neuronenfeld zugeordnet. Kurz, die kortikale Organisation hat sich gewandelt, weil sich die Form der Hand verändert hat.[4]

Weshalb? Erinnern wir uns an die Überschrift des vorigen Abschnitts: »Gleichzeitig entladen, miteinander verdrahten«. Solange die Finger der Hand verwachsen waren, bewegten sich alle Finger, sobald sich ein Finger bewegte. Dies bedeutete gemäß dem Grundsatz des Hebbschen Lernens, daß die Neuronen, die auf die einzelnen Finger reagierten, synaptisch miteinander verschaltet wurden. Anders gesagt, sobald sich ein Neuron entlud, entluden sich alle anderen.

Wenn eine Gruppe von Neuronen in Reaktion auf verschiedene Reize gemeinsam feuert, kann das Gehirn diese verschiedenen Reize nicht unterscheiden. Wenn beispielsweise die Neuronen, die auf unterschiedliche Obstsorten ansprechen, durch Hebbsches Lernen in Ihrem Gehirn verknüpft würden, würden Sie die Fähigkeit verlieren, eine Banane von einer Pflaume zu unterscheiden. Beide würden in Ihrem Gehirn als weitgehend dasselbe Objekt registriert.

Das gleiche gilt für die verwachsenen Finger. Es war so, als ob die Block-Abonnements in einem Stadion für vier verschiedene

Fangruppen in einen Topf geworfen worden wären. Doch als die Finger chirurgisch getrennt wurden, begann die Regel »Gleichzeitig entladen, miteinander verdrahten« ihre Gültigkeit zu verlieren. Wenn sich der Zeigefinger bewegte, bewegte sich nicht mehr unbedingt der kleine Finger. Infolgedessen begannen sich die synaptischen Verbindungen zwischen den Arealen, welche die beiden Finger repräsentierten, abzuschwächen, so daß die Entladung der einen Neuronengruppe nicht mehr unbedingt die Entladung der anderen auslöste. Folglich bildete sich für jeden Finger ein eigenständigeres und spezialisierteres Rindenareal heraus.

Daher wissen wir mittlerweile, daß jeder Finger einer normalen Hand in einem normalen Gehirn über seine spezifische neuronale Repräsentation (man spricht hier von einer »Karte«) verfügt. Dies ist zum Teil darauf zurückzuführen, daß die Nervenzellen, die jeden Finger repräsentieren, durch fortwährende synchrone Entladung in der frühen Kindheit miteinander verdrahtet wurden. Wenn dies zutrifft, dann würde daraus folgen, daß Ihr Gehirn, falls Ihre Mutter Sie dazu gezwungen hätte, lange Zeit einen engsitzenden Fausthandschuh zu tragen, eine Karte Ihrer Hand in Form eines Fausthandschuhs entwickelt hätte, ohne einzelnen Fingern eigenständige Neuronen zuzuweisen.

Tatsächlich kann das Gehirn in dieser Weise trainiert werden, um seine Karten der Körperoberfläche zu verändern. So hat man beispielsweise in einer amerikanischen Studie Meerkatzen über längere Zeit *quer* über die Finger einen harmlosen Schwingungsreiz verabreicht. Die Spitzen aller Finger wurden viele tausend Mal synchron von einem vibrierenden Stab berührt. Im normalen Leben entladen sich die Nervenzellen im Gehirn, die einen Finger repräsentieren, gleichzeitig, wenn sich dieser Finger bewegt und etwas berührt, doch in diesem Experiment wurden die Nervenzellen, die gleiche Segmente *verschiedener* Finger repräsentieren, durch den vibrierenden Stab auf künstliche Weise dazu gebracht, sich immer wieder gleichzeitig zu entladen. Dies führte dazu, daß sich die Neuronen, welche die Spitze jedes Fingers repräsentieren, durch Hebbsches Lernen miteinander verschalteten. Tatsächlich bedeutete dies, daß im Gehirn ein neuer *horizontaler* Finger quer über die Hand angelegt wurde – während sich gleichzeitig die alten Finger »auflösten«! Dies geschah, weil diese Neuronen sich über einen längeren Zeitraum wiederholt gemeinsam entluden.[5]

Allerdings lassen sich diese Karten nach Abschluß des Trainings wieder leicht in den normalen Zustand zurückversetzen. Sobald die Finger nicht mehr gleichzeitig demselben horizontalen Berührungsreiz ausgesetzt waren, setzte wieder die normale Stimulation der Finger ein. Da sich jeder Finger für gewöhnlich einzeln bewegt, bedeutete dies die Rückkehr in den alten Zustand, in dem Neuronen, die denselben Finger repräsentieren, in der Regel zusammen ausgelöst werden. Dies ist aktive neuroplastische Gestaltung; Neuronen verdrahten sich neu entsprechend den Erfahrungen, welche die Außenwelt vermittelt.

Angenommen, eine Nervenzelle entlädt sich aufgrund einer Berührung auf der Haut. Nehmen wir nun weiter an, eine andere Zelle ganz in der Nähe, die durch diesen äußeren Stimulus *nicht* aktiviert wird, wird dazu gebracht, sich mehrfach gleichzeitig zu entladen. Dann sollten diese beiden Zellen nach dem Prinzip des Hebbschen Lernens miteinander verschaltet werden. Nun sollte die berührungsneutrale Zelle beginnen, sich zu entladen, wenn die Haut berührt wird, weil sie sich mit der anderen berührungsempfindlichen Zelle zusammengeschlossen hat.

Dies ist in der Theorie gut und schön, doch wie kann man Zellen dazu bringen, sich in dieser Weise gleichzeitig zu entladen? Etwa dadurch, daß man die Oberfläche des Gehirns mit schwachen elektrischen Strömen reizt. Wenn man dies tut, bringt man eine ganze Gruppe von Zellen dazu, sich gleichzeitig zu entladen, auch wenn sie dies normalerweise in Reaktion auf äußere Stimuli nicht tun würden. Macht man dies lange genug – über mehrere Stunden –, erzeugt man in der stimulierten Region des Gehirns neue sensorische Körperkarten.[6]

Sie haben Ihr Gehirn verändert, als Sie am Anfang dieses Kapitels das Bild eines Nashorns betrachteten. Gedanken und Erfahrungen verändern die Verdrahtung unseres Gehirns, und das gleiche vermögen schwache elektrische Ströme, die durch das Gehirn geleitet werden. Dennoch basieren diese beiden völlig verschiedenen Methoden zur Veränderung des Gehirns auf ein und demselben Prinzip – dem Hebbschen Lernen.

Getrennte Entladung, schwindende Verdrahtung

Wie wir sahen, wurden die kortikalen Fingerkarten von Meerkatzen, die durch die künstliche Stimulation der Finger verändert wurden, nicht dauerhaft umgeformt: Die künstlich erzeugten horizontalen Fingerkarten im Gehirn lösten sich rasch wieder auf, als die Meerkatzen zu ihrem normalen Leben zurückkehrten. Urlaubsaffären und -freundschaften überleben die Rückkehr zum normalen Arbeitsalltag meist nicht. In gleicher Weise lösen sich die Bande zwischen Zellhaufen, die sich aufgrund gemeinsamer Erfahrung zusammenschlossen, sobald diese Erfahrung endet.

Dies ist sinnvoll. Denn wenn diese Verdrahtungen dauerhaft wären, würde die lebenslange neuroplastische Modellierung des Gehirns zu nachhaltigen mentalen »Staus« führen. Schließlich hätten wir für nichts anderes mehr Zeit, wenn wir die Hunderte von Urlaubsbekanntschaften, die wir während unseres gesamten Lebens schließen, aufrechterhalten wollten. Die Evolution hat Mechanismen in das Gehirn eingebaut, die solche Staus verhindern.

Denn es trifft nicht nur zu, daß Zellen, die sich gleichzeitig entladen, miteinander verdrahtet werden, vielmehr gilt auch umgekehrt, daß Zellen, die sich nicht gleichzeitig entladen, eine Schwächung der Synapsen erfahren, die sie miteinander verbinden. Wenn ein Signal am synaptischen Cañon eintrifft, aber auf der anderen Seite des Tals kein Signal ausgelöst wird, dann erfährt diese konkrete Synapse eine Schwächung, und die Erregungsschwelle zwischen ihr und der Zelle, die normalerweise ihre Entladung auslöst, erhöht sich entsprechend.[7]

Man kann sich die Situation als eine Art von freiem Wettbewerb zwischen aktiven und inaktiven Synapsen vorstellen. Anders gesagt, wenn Sie sich in einem Verbrechersyndikat einen Namen als erstklassige Synapse machen wollen, dann sollten Sie dafür sorgen, daß Sie sichtbar bleiben, indem Sie gleichzeitig mit den anderen feuern. Wenn Sie nachlässig zu werden beginnen und nicht gleichzeitig mit dem Rest der Gruppe in Aktion treten, sind Ihre Tage in der Bande gezählt.

Weshalb fallen Neuronen im Gehirn manchmal aus der Rolle und entladen sich nicht länger synchron? Das hängt damit zusammen, daß ein einzelnes Neuron im Gehirn Inputs von bis zu 10 000 verschiedenen Synapsen empfängt. Einige dieser Synapsen fördern die Entladung, andere dagegen unterdrücken bzw. hemmen sie. Wenn an diesen hemmenden Synapsen Signale ausgelöst werden, wirken diese einer Erregung des Neurons auf der anderen Seite des synaptischen Spalts entgegen.

Ob sich dieses Neuron entlädt, hängt zu jedem beliebigen Zeitpunkt von dem Saldo der Signale ab, die Tausende von erregenden und Tausende von hemmenden Neuronen gleichzeitig in seine Ohren brüllen. Dabei geht es ähnlich zu wie an der Börse: Ob der Kurswert einer bestimmten Aktie steigt oder fällt, hängt von dem Saldo Tausender von Verkaufs- und Kaufaufträgen für diese Aktie ab. Wenn mehr Kauf- als Verkaufsaufträge eingehen, steigt der Aktienkurs; wenn mehr Verkaufs- als Kaufaufträge erteilt werden, fällt der Kurs.

Anders gesagt, ein Neuron stellt die Zusammenarbeit mit der Gang ein, wenn der Gesamtinput der hemmenden Synapsen, die an diesem Neuron angreifen, den Gesamtinput der positiven, erregenden Synapsen übersteigt. Ein Neuron kann jedoch auch dann aus dem Team ausscheiden, wenn es bessere

Angebote von anderen Nervenzellen erhält, mit denen es verbunden ist.

Nehmen wir beispielsweise Beethovens Neunte Symphonie. Während vieler Jahre meines Lebens formte dieses Werk eines genialen Komponisten einen erlesenen Verbund synaptisch vernetzter Zellen in meinem Gehirn. Das Stück sprach nicht nur die emotionalen Zentren in meinem Gehirn an, sondern rief auch plastische Bilder von holzgetäfelten Konzertsälen hervor, in denen grauhaarige Cellisten herzzerreißende Töne erzeugten und große Chöre eine edle Hymne auf die menschliche Brüderlichkeit anstimmten. Doch ein einjähriger Aufenthalt in Italien zerriß diesen erlesenen neuronalen Verbund gründlicher, als es ein psychochirurgischer Eingriff vermocht hätte. Dies war darauf zurückzuführen, daß der italienische Rundfunksender für klassische Musik ein paar entstellte Töne aus dem Lied »Freude, schöner Götterfunken«, das den Höhepunkt des Stückes bildet, als Erkennungsmelodie benutzte. Wochenlang ein Dutzend Mal pro Tag gehört, verdrängten die neuronalen Gruppen, welche die Musik mit Zähneputzen und raschem Frühstück assoziierten, schon bald die älteren, pathetischeren Verbände. Die bloße Häufigkeit und Einprägsamkeit der Erkennungsmelodie war zu viel für die zarten Synapsen der alten Verbände, die zerfielen und nur einen dürftigen Rest eines zugrundegerichteten Meisterwerks übrig ließen, der über mein Gehirn verstreut war.

Ruhm und Extinktion

Wenn jemand berühmt ist, dann wegen einer bestimmten Aktivität oder eines bestimmten Merkmals. Und je berühmter eine Person ist, desto eher wird sie als typischer Vertreter dieser Aktivität bzw. dieses Merkmals im Bewußtsein der Öffentlichkeit gelten. Schauspieler und Tänzer? John Travolta. Tenor? Luciano Pavarotti. Politikerin? Margaret Thatcher. Und so weiter. Doch das Finden der richtigen Antwort setzt voraus, daß man alle anderen plausiblen Antworten auf die Frage verwerfen muß. Um auf John Travolta zu kommen, mußten wir alle anderen möglichen Kandidaten wie etwa Rudolf Nurejew ausscheiden. In ähnlicher Weise bedeutet die Erinnerung an Pavarotti, daß man nicht Plácido Domingo aus dem Gedächtnis abruft.

Somit gibt es für die Berühmten eine besonders schmerzliche Wahrheit. Wenn sich die Öffentlichkeit an eine bestimmte Person erinnert, dann verstärkt dies nicht nur die Gedächtnisspur dieser Person, sondern es unterdrückt auch die Erinnerungen an andere Personen in derselben Kategorie. So verstärkt etwa die Erinnerung an Margaret Thatcher deren bereits starke Gedächtnisspur in Ihrem Bewußtsein, und gleichzeitig schwächt sie die Gedächtnisspuren anderer Politikerinnen. Wie viele unter Ihnen erinnern sich beispielsweise noch an den Namen der ersten türkischen Premierministerin?

Bezogen auf die glanzvolle Welt der Berühmten, sind diese Befunde eine schlechte Nachricht, wenn Sie ein Rockmusiker sind, dessen Stern im Sinken begriffen ist. Denn wenn die Öffentlichkeit immer wieder dazu angeregt wird, sich an den Namen und das Bild eines anderen Rockstars zu erinnern, dann wird Ihre Gedächtnisspur immer weiter verblassen. Der Erinnerungsverlust kann ziemlich lange währen, wie Ihnen jeder in Vergessenheit geratene Rockstar wehmütig bestätigen wird.[8]

Werbefachleute sind vor vielen Jahren zufällig auf dieses Prinzip gestoßen. Die besten Werbeanzeigen drängen den Verbrauchern den Namen des Produkts nicht plakativ auf. Vielmehr versuchen raffinierte Werber die Konsumenten so zu manipulieren, daß sie das von ihnen beworbene Produkt auf der Grundlage von Andeutungen und Hinweisen aus ihrem Gedächtnis herauskramen. Daher die Reklametafeln mit scheinbar bizarren und surrealen Bildern, die den Betrachter verwirren und seine Aufmerksamkeit fesseln sollen, bis er plötzlich ein Logo erblickt, das ein kognitives »Aha«-Erlebnis in ihm auslöst.

Wird der Betrachter durch ein scheinbares Rätsel herausgefordert, schenkt er dem Produkt größere Aufmerksamkeit. Zudem wird er dazu gebracht, sich aktiv an das Produkt zu erinnern (statt es nur passiv wiederzuerkennen): So stärken die Werbefachleute bei den Konsumenten die Gedächtnisspur ihres Produkts *und* schwächen gleichzeitig die Spuren ihrer Wettbewerber.

Dies ist allerdings noch weit von dem Prozeß entfernt, durch den eine einzelne hemmende Synapse die Entladung einer Nervenzelle unterbindet. Zudem wissen wir noch nicht, ob die Hemmung der Abrufung eines Gedächtnisinhalts auf genau denselben Prozessen beruht wie die Hemmung auf der Ebene der Einzelzelle. Wir können jedoch der Einzelzelle näherkommen, wenn wir ein Phänomen untersuchen, das »monokulare Dominanz« genannt wird.

Wenn Sie einen Finger in etwa 7,5 Zentimeter Entfernung vor Ihre Augen halten, werden Sie zwei Bilder davon sehen. Je nachdem, welches Auge Sie schließen, sehen Sie den Finger jeweils aus einem anderen Blickwinkel. Im Alltagsleben jedoch sehen wir keine Doppelbilder. Denn die beiden sich geringfügig unterscheidenden Bilder eines Objekts werden im Gehirn zu einem Bild verrechnet: Aus diesem Grund sehen Sie nur einen Punkt am Ende dieses Satzes, nicht zwei.

Die binokulare Sicht der Welt, der wir das Einfachsehen statt des Doppelsehens verdanken, rührt daher, daß Zellen in der Sehrinde in »okularen Dominanzsäulen« angeordnet sind. Der Input von jedem Auge wird zwischen einer Reihe alternierender Säulen in der Sehrinde aufgeteilt – links, rechts, links, rechts usw. Doch zu einem frühen Zeitpunkt der Gehirnentwicklung speisten einige Fasern vom linken Auge ihren Input auch in die Säulen des rechten Auges ein und umgekehrt.

Diese vermischten Säulen beginnen sich selbst zu ordnen, sobald die sichtbare Welt über die Augen auf das Gehirn einwirkt. Die Fasern vom linken Auge, die in einer bestimmten Säule enden, entladen sich in der Regel gleichzeitig, wenn ein visueller Stimulus auf die Netzhaut trifft. Gemäß dem Hebbschen Grundsatz, wonach sich Zellen, die sich »gleichzeitig entladen, miteinander verdrahten«, stärkt diese Koaktivierung die Verbindungen zwischen den Synapsen vom linken Auge in dieser konkreten Säule.

Was aber geschieht mit den Fasern vom rechten Auge, die in diese Säule münden? Erinnern Sie sich an die beiden unterschiedlichen Ansichten Ihres Fingers je nachdem, welches Auge Sie schlossen? Dies zeigt, daß sich die Inputs, die von beiden Augen im Gehirn eintreffen, geringfügig unterscheiden. Anders gesagt, während sich die vom linken Auge eintreffenden Synapsen in den vermischten okularen Dominanzsäulen gleichzeitig entladen, werden die vom rechten Auge kommenden Fasern nicht in genau der gleichen Weise aktiviert, weil sich die Ansicht des rechten Auges geringfügig von der des linken Auges unterscheidet.

Gemäß dem Prinzip, daß bei Zellen, die sich getrennt entladen, die Verdrahtungen schwinden, führt diese unabgestimmte Entladung allmählich zu einer Stutzung der Fasern vom rechten Auge, die in die Säulen des linken Auges münden, und umgekehrt. Auf diese Weise bestellen Erfahrung und Lernprozesse den Garten des Gehirns, indem sie die Dahlien des linken Auges aus den Rosenbeeten des rechten Auges jäten und umgekehrt. In dem Maße, wie die Gartenarbeit voranschreitet, gedeihen die Rosenbeete des rechten Auges unter den Hebbschen Düngern ebenso wie die Dahlien in ihren gesonderten Blumenbeeten.

Ein wichtiger Bestandteil des Düngers ist der »Nervenwachstumsfaktor«. Wenn er auf der anderen Seite des synaptischen Cañons freigesetzt wird, fördert er das Wachstum zusätzlicher Axonterminals auf dem anderen Ufer des synaptischen Cañons und baut so stärkere und größere Brücken über die Kluft. Allerdings wird der Wachstumsfaktor nur freigesetzt, wenn sich genügend Zellen gleichzeitig entladen, so daß ein hinreichend starker Stromimpuls auf der anderen Seite der Synapse erzeugt wird.

Die Vorräte an diesem Wachstumsfaktor sind jedoch begrenzt, und nach der erbarmungslosen Ökonomie des Gehirns werden die Gangs von Terminals, die zusammen feuern, den Wachstumsfaktor aufsaugen und so neue synaptische Mitglieder gewinnen. Die Terminals von Zellen dagegen, die sich nicht genau zur selben Zeit entladen, werden unter einem Mangel an diesem Wachstumsfaktor leiden und verkümmern. So wird die Minderheit der Fasern vom rechten Auge, die sich in aller Unschuld in Säulen verzweigen, die überwiegend von Fasern des linken Auges gespeist werden, ausgehungert wie Opfer einer ethnischen Säuberung. Dies führt im Endergebnis zu einer Reihe »ethnisch reiner« Säulen des linken und rechten Auges.

Was aber geschieht, wenn ein Auge geschädigt und der Input in die Zellsäulen für dieses Auge abgeschnitten wird? Die Verbindungen zwischen Zellen stehen in ständigem Wettbewerb miteinander; sie schmieden Bündnisse, wenn sich Zellen gleichzeitig entladen, und sie lösen sie wieder auf, wenn sie sich getrennt entladen. Die Synapsen, die von dem geschädigten Auge keine Stimuli mehr erhalten, werden geschwächt, und die siegreichen Säulen, die das gesunde Auge repräsentieren, erweitern ihr Territorium im Gehirn. So paßt sich das Gehirn von selbst an den Input an, den die Welt liefert.

Einige Kinder werden mit einer Sehstörung geboren, die »Strabismus« – Schielen – genannt wird und bei der sich die Augen nicht koordiniert auf das Sehobjekt richten. Früher warteten die Ärzte, bis die betroffenen Kinder das Alter von acht oder neun Jahren erreicht hatten, bevor sie das schielende Auge operierten, um es in Übereinstimmung mit dem anderen Auge zu bringen. Doch als sie erkannten, daß das Gehirn durch Erfahrungen plastisch geformt wird, änderten sie ihre Praxis rasch. Das Schielen wird heute aufgrund der Erkenntnisse darüber, wie das Gehirn auf den Input von beiden unkoordinierten Augen reagiert, in einem viel früheren Lebensalter korrigiert. Ursprünglich sehen die Kinder auf beiden Augen gut, da die Bewegung der Augen jedoch nicht koordiniert ist, kann das

Gehirn die Bilder in den beiden Augen nicht zur Deckung bringen. Infolgedessen bevorzugt das Kind oftmals ein Auge, und den Hirnzentren, die das andere Auge versorgt, wird langsam die Stimulation entzogen. Wenn dies über längere Zeit nicht korrigiert wird, verliert das Kind möglicherweise die Sehkraft in dem vernachlässigten Auge. Eine frühzeitige Operation verhindert diesen Verlust der Sehkraft, während eine Operation im Alter von acht oder neun Jahren mit hoher Wahrscheinlichkeit zu spät kommt. Dies hängt damit zusammen, daß dieser besondere Typ der neuronalen Plastizität des Gehirns eine »kritische Phase« hat, in der Erfahrungen die Hirnstruktur verändern können. Jenseits dieser Altersgrenze läßt sich der weitgehende Verlust des Sehvermögens in dem vernachlässigten Auge nicht durch die neugewonnene Sehkraft ausgleichen, die eine chirurgische Korrektur der Fehlstellung bringt.

Letztlich beruht unser gesamtes Sehen, Denken, Lernen und Handeln auf der Entladung von Nervenzellen und der Weiterleitung elektrochemischer Impulse durch ein riesiges, vibrierendes Netz. Unsere geistigen Aktivitäten verändern fortwährend die Verbindungen zwischen neuronalen Netzwerken. Betrachten wir nun, wie einige dieser Prozesse im mentalen Fitneßcenter genutzt werden können.

Kapitel 3

Mentales Fitneßtraining

Der Hürdenläufer kauert in den Startblöcken und denkt an nichts anderes als an seinen sichelförmig gekrümmten Körper aus angespannten Muskeln. Der Startschuß fällt. Er stürmt los, als wäre eine Leine gekappt worden, und sprintet in schnellem Tempo schnurgerade zur ersten Hürde. Seine Arme sind Präzisionsklingen, welche die Luft durchschneiden. Er springt ab und nimmt die Hürde glatt, worauf sich seine Spikes wieder knirschend in die Bahn bohren. Er nimmt die ersten 200 Meter wie im Fluge. Doch plötzlich verlassen ihn die Engel der Energie, und er kämpft gegen seine bleischweren Beine auf diesem kraftzehrenden Parcours, der Schnelligkeit und Durchhaltevermögen erfordert und die 400-Meter-Hürdenläufer einem wahren Martyrium unterzieht. Ganz auf sich gestellt, jeder Schritt ein Willensakt, jeder Sprung ein Lehrsatz, der bewiesen werden muß, die Luft ein zäher Klebstoff auf den gefühllos gewordenen Händen. Er taumelt über die Ziellinie, mit vor Anstrengung aus den Höhlen hervortretenden Augen die Uhr suchend. Verdammt! Zwei Sekunden über der Bestzeit!

Er geht langsam auf und ab, um seinen Herzschlag zu normalisieren, die Hände aus Enttäuschung zu Fäusten geballt – zwei Sekunden, die vielleicht zwei weitere Jahre bis zum Meistertitel bedeuten. Noch mal laufen. Die Beine zittern nicht mehr, die Finger sind locker, der Nacken ist wieder durchgestreckt. Noch ein Mal. Er geht zu den Blöcken zurück und macht sich langsam startbereit. Der Startschuß treibt ihn aus den Blöcken, und er nimmt die ersten Hürden wie ein gejagter Hirsch, der noch 800 Meter zu leben hat. Zweihundert Meter, und sein Körper sagt ihm, daß die Zeit gut ist. Doch plötzlich – was ist los? Er wird langsamer. Seine Beine haben sich in Gummi verwandelt, seine Arme kreisen weit über seinem Kopf. Er schert aus der Bahn aus und fällt auf den Rasen, wo er sich übergibt.

Der Sportler schafft es von dem Sessel, in dem er zwei Rennen gegen die Uhr gelaufen ist, gerade noch ins Badezimmer. Noch während er sich erbricht, dämmert ihm sein Fehler. Zwei 400-Meter-Hürdenläufe hintereinander überfordern schlicht den Körper – und kein Sportler würde dies auf einer Rennbahn versuchen, ohne zwischendurch eine angemessene Pause einzulegen. Und auch der Geist vermag es nicht auf seinem mentalen Sportplatz. Denn der mentale Lauf vom Sessel aus ist eine exakte Nachbildung seines realen Vorbildes, bis hin zur Zeitnahme, auf Sekundenbruchteile genau. Der Unterschied ist nur für den Beobachter offenkundig, der nichts von dem mentalen Lauf des regungslosen Athleten mitbekommt. Doch für den Läufer ist es eine völlig reale Erfahrung – bis hin zum Erbrechen aus Überanstrengung.

Der britische Speerwerfer und Medaillengewinner bei den Olympischen Spielen Steve Backley schildert in seinem Buch *The Winning Mind* einen solchen Hürdenläufer, dessen mentales Training so wirklichkeitsgetreu war, daß es diesen dramatischen Effekt hervorrief. Weltklasseathleten trainieren sehr häufig auf dem mentalen Sportplatz bzw. im mentalen Fitneßcenter. Backley hatte sich selbst einmal nur vier Wochen vor Beginn der Wettkampfsaison den Fußknöchel verstaucht. Er konnte sich zwei Wochen lang nicht bewegen – normalerweise ein gravierender Nachteil für einen Sportler in diesem Stadium der Wettkampfvorbereitung. Doch während dieser zwei Wochen warf er von seinem Stuhl aus den Speer tausendmal in jedem bedeutenden Stadion der Welt. Zunächst fiel es ihm schwer, die mentalen Würfe zu visualisieren, ohne daß der verstauchte Knöchel ihn zum Hinken zwang! Er stellte jedoch fest, daß er flüssige, häufig perfekte Würfe in allen Einzelheiten visualisieren konnte, wenn er sich in seinen mentalen Bildern auf die unverletzte Seite seines Körpers konzentrierte. So konnte er nach den zwei Wochen das reale Training wiederaufnehmen und dort weitermachen, wo er vor der Verletzung aufgehört hatte.

Neurowissenschaftler erforschen mittlerweile dieses Phänomen, das Sportler seit Jahrzehnten intuitiv praktizieren. Wir werden in diesem Kapitel sehen, wie sich die neuronalen Verbindungen im Gehirn im mentalen Fitneßstudio so trainieren lassen, daß sie an Kraft und Geschmeidigkeit gewinnen. Wir werden außerdem sehen, daß Trägheit im mentalen Fitneßcenter tiefgreifende Auswirkungen auf das Gehirn haben kann.

Der Körper in unserem Gehirn

Halten Sie Ihre linke Hand, mit der Innenfläche zu sich gewandt, in Augenhöhe. Numerieren Sie nun die Finger im Geiste durch, indem Sie dem Zeigefinger die 1 zuordnen, dem Mittelfinger die 2, dem Ringfinger die 3 und dem kleinen Finger die 4. Nun wenden Sie den Blick von Ihrer Hand ab und berühren die Finger mit dem Daumen in der Reihenfolge 4–1–3–2–4. Wiederholen Sie dies mehrfach in dieser Reihenfolge, ohne Ihre Hand anzuschauen: kleiner Finger, Zeigefinger, Ringfinger, Mittelfinger, kleiner Finger und so weiter.

In dem Augenblick, in dem Sie damit anfangen, erhöht sich die Entladungsrate der Synapsen im Bewegungszentrum Ihrer rechten Hirnhälfte. Würde Ihre Hirnaktivität jetzt von einem Tomographen registriert, würde sich eine verstärkte Durchblutung zeigen, die erforderlich ist, um die Energie für die erhöhte Entladungsrate der Synapsen bereitzustellen.

Wenn Sie Lust dazu haben, können Sie diese Folge von Fingerbewegungen drei Wochen lang 10 bis 20 Minuten täglich üben.[1] Sie werden dann – was nicht weiter erstaunlich ist – die Aufgabe immer schneller und besser ausführen. Anfangs werden Sie im Schnitt knapp unter 2 Sekunden pro Folge benötigen, während Sie nach drei Wochen für einen Durchgang etwa eine Dreiviertelsekunde brauchen werden.

Jeder, der gelernt hat, Schreibmaschine zu schreiben bzw. ein Musikinstrument zu spielen, weiß, daß man durch Übung besser wird. Seit Jahrzehnten befassen sich Psychologen mit der Frage, wie wir Fähigkeiten erlernen, doch bis vor kurzem fehlten ihnen die technischen Apparate, mit denen sie erkunden konnten, was im Gehirn geschieht, wenn wir lernen. Heute können wir mit den neuesten bildgebenden Verfahren, die uns Aufschluß über die Aktivität des Gehirns bei bestimmten Verrichtungen geben, ins Innere des lernenden Gehirns schauen.

Grob gesprochen, geschieht folgendes: Der Teil des Steuerungssystems für Handbewegungen in Ihrem Gehirn, der am ersten Tag, an dem Sie die 4–1–3–2–4-Aufgabe ausführen, entsteht, vergrößert sich im Verlauf der 21 Tage. Anders gesagt: In dem Maße, wie Ihr Geschick bei der Fingerakrobatik zunimmt, vergrößert sich das entsprechende Hirnareal: Die synaptische Aktivität breitet sich aus.

Erwarten Sie allerdings nicht, daß diese Übung Sie zu einem hervorragenden Taschendieb machen wird: Das Training wirkt sich nicht einmal auf ganz ähnliche Fingerübungen aus. Nehmen wir beispielsweise die Fingersequenz 4–2–3–1–4. (Wenn Sie die erste Folge ein paar Mal geübt haben, probieren Sie jetzt diese neue aus. Spüren Sie den Unterschied?) In der Studie, die diese Befunde lieferte, übten die Probanden diese Folge nur sehr kurz am Anfang und dann drei Wochen später, nicht aber zwischendurch. Bei diesem nicht konsequent trainierten Fingeraerobic war anders als bei der systematisch trainierten Fingerübung keine Vergrößerung des aktivierten Hirnareals festzustellen.

Zellen, die sich zusammen entladen, verdrahten sich, und je häufiger sie sich zusammen entladen, um so eher werden sie sich kurzschließen. Jedesmal, wenn Sie Fingerübungen machen – oder andere Fertigkeiten wie etwa Maschineschreiben üben –, entlädt sich dieselbe Gruppe von Nervenzellen in gleicher Folge. Gemäß den Regeln des Hebbschen Lernens werden diese Zellen über Hunderte von Wiederholungen durch die Änderungen in ihren Synapsen miteinander verschaltet.

Daher wird unser Gehirn durch Lernprozesse geformt, die fein ziselierte neue Muster in das vibrierende Netz neuronaler Verbindungen einweben. Aber ist dies nicht lediglich ein Befund künstlicher Experimente? Ist es tatsächlich für unser Alltagsleben von Belang? Durchaus! Betrachten wir, wie eines der wichtigsten Dinge im Leben – die Musik – unser Gehirn formt.

Wie jeder weiß, braucht man eine recht geschickte linke Hand, um die Noten eines Musikstücks kunstgerecht auf dem Griffbrett eines Streichinstruments wie der Geige mit den Fingern zu spielen. Was also geschieht im Gehirn von Menschen, die ein Großteil ihres Lebens ein solches Instrument gespielt haben? Was geschieht in den Rindenarealen, die Berührung und Wahrnehmung für diese virtuosen Körperteile registrieren? Um dies herauszufinden, verabreichte eine Forschergruppe nacheinander sämtlichen Fingern der linken Hand von neun Streichern einen leichten Berührungsreiz und überwachte gleichzeitig ihre Hirnaktivität, um zu sehen, wo und wie sie reagierten.[2]

Im Vergleich zu Nicht-Musikern wurde beim Berühren der linken Finger ein sehr viel größeres Areal in jener Region des Gehirns »eingeschaltet«, in der Berührungsreize wahrgenommen werden. Diese Region war auch sehr viel größer als der entsprechende Teil in der anderen Hirnhälfte der Musiker: Das heißt, wenn ihre rechten Hände berührt wurden, wurden die Berührungszentren in der linken Hemisphäre in normalem Maße aktiviert, jedenfalls sehr viel weniger als die Zentren in der rechten Hirnhälfte. Dies entspricht genau dem Befund bei der künstlichen Fingerberührungsübung, doch ist dies darüber hinaus ein Beweis dafür, daß die jahrelange Übung an den

Instrumenten im Gehirn dieser Musiker neue Schaltkreise gebildet hatte.

Da drängt sich die Frage auf: Besaßen die Musiker, die am fleißigsten übten, auch die größten kortikalen Repräsentationsareale für die linke Hand? Nein! Die Größe des die linke Hand abbildenden Rindenareals hing von dem Lebensalter ab, in dem sie ihr Instrument zu lernen begannen. Dies dürfte Musiklehrer kaum überraschen, wissen sie doch aus Erfahrung, daß das Gehirn erwachsener Schüler lange nicht so formbar ist wie das jüngerer Schüler.

Tatsächlich wissen wir, daß ein Teil der linken Hirnhälfte, das »Planum temporale«, bei Musikern größer ist als bei Nicht-Musikern. Dieser Teil des Gehirns spielt eine wichtige Rolle beim verbalen Gedächtnis, und wir wissen heute, daß das Spielen eines Musikinstruments im Alter von unter zwölf Jahren zu einer Verbesserung des verbalen Gedächtnisses führt und gleichzeitig allgemeinere physische Veränderungen im Gehirn fördert, von denen andere Fähigkeiten profitieren.[3]

Bedeutet dies demnach, daß Erfahrung und Übung nur das Gehirn von Kindern verändern? Nein. Möglicherweise sind die Übungsunterschiede zwischen Erwachsenen zu gering, als daß sie sich in meßbaren Unterschieden in der Hirnaktivität niederschlügen. Diese Forschungen zeigen jedoch, daß das Gehirn von Kindern durch Lebenserfahrungen besonders stark formbar ist.

Neuronaler Diebstahl

Eine nachträgliche Frage: Woher stammte der zusätzliche neurale »Ton«, aus dem das erweiterte Fingerareal im Gehirn der Musiker geformt wurde? Antwort: Aus dem Hirnareal, das normalerweise die linke Handinnenfläche repräsentiert. Die sensorischen Neuronen der Handinnenfläche scheinen in Reaktion auf die tägliche fleißige Übung der Finger der linken Hand gleichsam »übergelaufen« zu sein: Anstatt weiterhin treu der Handinnenfläche zu dienen, unterstützen sie die Finger bei ihrer anspruchsvollen Aufgabe am Griffbrett.

Vermutlich hat dieser neuronale Diebstahl auch seinen Preis. Wahrscheinlich haben die Musiker eine unempfindlichere Handinnenfläche, weil weniger Neuronen im Gehirn für die Wahrnehmung von Berührungsreizen in diesem Körperteil zur Verfügung stehen. Obgleich dies in dieser Studie nicht eigens untersucht wurde, zeigen andere Forschungsergebnisse, daß eine solche neuronale »Fahnenflucht« die Empfindlichkeit der Körperregionen vermindert, die ihre Repräsentanten im Gehirn verlieren.

Wenn die Nervenzellen, welche die Handinnenfläche abbilden, von ihren fingerrepräsentierenden Kollegen in Beschlag genommen werden, nimmt die Berührungsempfindlichkeit der Handinnenfläche ab. Die meisten von uns machen bei der Sinnesorientierung im Alltag zwar kaum Gebrauch von der Handinnenfläche, so daß dies vermutlich nicht viel ausmacht; doch es gibt Zeitpunkte, zu denen dieser Diebstahl von kortikalen Neuronen große Probleme verursachen *kann.*

Zehntausende von Menschen müssen wegen einer Erkrankung, die »repetitive strain injury« (RSI) genannt wird, ihren Beruf aufgeben. Gefährdet sind Berufstätige, die hunderte bis tausende Male am Tag gleichförmige Bewegungen mit ihren Händen und Armen ausführen. Datentypistinnen sind nur ein Beispiel für Berufstätige, die dieselben Muskelgruppen immer wieder in der gleichen Weise beanspruchen. Die Betroffenen klagen über Schmerzen, steife Gelenke und Muskelschwäche, die so schwerwiegend sein können, daß sie erwerbsunfähig werden.

Wir sahen oben, daß die tägliche Wiederholung einer etwa 20minütigen Fingerübung über mehrere Wochen zu einer Vergrößerung der Hirnareale führt, welche die entsprechenden Bewegungen steuern. Wie muß sich dann erst dieselbe Routinearbeit, die man acht Stunden pro Tag, fünf Tage pro Woche jahrein, jahraus ausführt, auswirken? Eines ist sicher: Sie wird sich zweifellos stärker auswirken als die Fingerübung. Selbst der dichtgedrängteste Arbeitsablauf oder Übungsplan ist jedoch unbedenklich, wenn die Routine immer wieder von anderen Bewegungsabläufen unterbrochen wird und regelmäßig Pausen eingelegt werden. Wiederholt man dagegen in einem fort dieselbe Tätigkeit, ohne eine ausreichende Zahl von Pausen einzulegen und ohne andere Bewegungsabläufe einzuflechten, läuft man Gefahr, sich eine RSI zuzuziehen.

Eine der Gefahren besteht darin, daß durch die fortwährende Entladung derselben neuronalen Netzwerke ein gewaltiges Netz von Verbindungen aufgebaut wird, das auf dem neuronalen Markt schließlich eine so beherrschende Stellung einnimmt, daß es andere Verbindungsmuster, die für andere Bewegungen benötigt werden, verdrängt. Hier geht das Prinzip »Gleichzeitig entladen, miteinander verdrahten« eine unselige Allianz mit seinem Schwesterprinzip ein, das besagt, daß Verbindungen zwischen Zellen, die sich getrennt entladen, verkümmern. Gemeinsam nähren sie ein hungriges Hebbsches Netzwerk durch die unablässige Wiederholung der Handbewegungen, welche die betreffende Person bei der Arbeit ausführt.

Was sind die Folgen? Gemäß dem Prinzip des neuronalen Diebstahls sollte dies unter anderem zu einer Beeinträchtigung der Fähigkeit führen, Objekte durch Berührung mit den Händen zu erkennen, und eine Studie hat tatsächlich gezeigt, daß Menschen mit RSI entsprechend beeinträchtigt sind.[4]

Hier ist das Gegenteil dessen eingetreten, was bei der Person, deren verwachsene Finger chirurgisch getrennt wurden, geschah. In dem einen Fall bewegten sich die verwachsenen Finger immer zusammen, so daß aufgrund des Hebbschen Lernens die Gehirnkarten für die einzelnen Finger miteinander verschmolzen. Nachdem die Finger getrennt worden waren, differenzierte sich das Rindenareal wieder nach einzelnen Fingerzonen, da die Nervenzellen, welche die Finger im Gehirn repräsentieren, sich nicht mehr zusammen entluden.

Im Gehirn von Arbeitern, die an RSI leiden, hat dagegen die beständige Aktivität von neuronalen Netzwerken in denselben Arealen und in denselben Folgen die Eigenständigkeit neuronaler Untergruppen untergraben. Die Neuronen wurden zu tüchtigen Fabrikarbeitern, die zwanzig Jahre lang bei derselben Arbeit hervorragend kooperierten; dann macht die Fabrik dicht, und sie stellen fest, daß ihnen die Kenntnisse und Fertigkeiten fehlen, die auf dem Arbeitsmarkt gefragt sind.

Physische Probleme in den Händen und Armen spielen bei RSI ebenfalls eine Rolle, doch auch die Veränderungen im Gehirn sind von großer Bedeutung. Ableitungen von Nervenzellen in Tiergehirnen zeigen, daß repetitive Tätigkeiten in der Tat zu einer Verwischung der Grenzen zwischen den Hirnarealen führen, die normalerweise auf getrennte Körperteile spezialisiert sind.[5]

Unser Beruf ist in unser Gehirn eingraviert

Folgt aus all dem, daß unser Gehirn durch unsere Berufstätigkeit geformt wird? Ja, in der Tat. Forscher haben die Gehirne von Verstorbenen untersucht und dabei insbesondere gezählt, wie viele Zweige (Dendriten) jedes Neuron in einem bestimmten Hirnareal aufwies. Sie fanden heraus, daß die Zellen in den fingerrepräsentierenden Rindenfeldern von Schreibkräften, Maschinenarbeitern und Haushaltsgerätemechanikern im Vergleich zu Nervenzellen, die andere Körperteile abbildeten, etwa den Rumpf, reicher verzweigt waren.[6] Dies sind vorläufige Ergebnisse, doch sie stehen in Einklang mit unseren Erkenntnissen darüber, wie sich Erfahrungen auf das Gehirn auswirken.

Dieselbe Forschergruppe präsentierte in einer späteren Studie sogar noch verblüffendere Ergebnisse. Sie nahm eine sorgfältige anatomische Untersuchung der Gehirne von Menschen verschiedenen Alters vor.[7] Ihr Befund war bemerkenswert: Je höher das Bildungsniveau einer Person, um so größer die Komplexität und die Anzahl der Zweige (Dendriten) an den Neuronen in den Sprachzentren des Gehirns.

Obgleich sie nicht beweisen konnten, was zuerst da war – die reich verzweigten Neuronen oder das relativ hohe Bildungsniveau –, spricht vieles dafür, daß Bildung das Sprießen von Dendriten auf Hirnneuronen fördert. Tatsächlich wissen wir, daß ein hoher Bildungsstand vor den verheerenden Folgen der Alzheimerdemenz schützt, und dies stützt die Hypothese, daß die Bildung sowohl das Gehirn als auch den Geist prägt. Die Bildung ist ein Grundstein der Zivilisation, und sie zivilisiert, indem sie durch Stimulation des Wachstums neuronaler Verbindungen das Gehirn modelliert. In diesem wesentlichen Punkt hat die Kultur die Evolution als zentrale Gestaltungskraft des menschlichen Schicksals abgelöst.

Unser Gehirn, das durch unsere Berufstätigkeit und Bildung geformt wird, kann durch andere Arten der Stimulation gleichsam ausgeschmückt werden. Blinde Leser der Brailleschrift beispielsweise lesen normalerweise mit dem Zeigefinger ihrer rechten Hand. Sie erkennen die erhabenen Braillezeichen auf dem Papier mit Hilfe der Berührungssensoren in der Haut, und sie speisen die abgetasteten Wörter über ihre Finger statt über ihre Augen in das Gehirn ein. Bedenkt man, welche Veränderungen sich nach jahrelanger Übung im Gehirn von Geigern und Cellisten einstellen, würde man erwarten, daß diese fortwährende Stimulation eines sehr kleinen Hautbezirks zu einer Vergrößerung des Hirnareals führt, das für die Berührungsempfindung am Zeigefinger verantwortlich ist: Und genau dies hat man herausgefunden.[8] Forscher ermittelten, wie groß das Rindenareal war, das durch die Berührung des lesenden Zeigefingers bei erfahrenen im Unterschied zu weniger geübten Brailleschrift-Lesern »angeschaltet« wurde. Wie nicht anders zu erwarten, war bei Brailleschrift-Lesern, die ihre Fingerspitze seit vielen Jahren zum Lesen benutzten, dem Finger ein größeres Rindenareal zugeordnet als bei unerfahreneren Lesern. Und dieses Areal war selbstverständlich größer als das entsprechende Areal auf der anderen Großhirnhälfte, das den nicht zum Lesen benutzten Zeigefinger der anderen Hand repräsentierte.

Nicht alle Brailleschrift-Leser lesen mit nur einem Finger. Manche streichen mit zwei oder sogar drei Fingern gleichzeitig über die erhabenen Oberflächen der Druckbuchstaben. Wenn sie drei Finger zum Lesen benutzen, erhalten diese immer wieder mehr oder minder gleichzeitig dieselbe Stimulation. Anders gesagt, in der Körperkarte des Gehirns entladen sich Zellen für Finger 1 zusammen mit Zellen für Finger 2 und so weiter.

Nun wissen wir jedoch, daß Zellen, die sich zusammen entladen, miteinander verdrahten. Wenn dies zutrifft, sollte sich herausfinden lassen, daß die kortikalen Körperkarten von Blinden, welche die Brailleschrift mit drei Fingern lesen, sich stark von den Körperkarten jener Blinden unterscheiden, die mit nur einem Finger lesen. Unwahrscheinlich? Vielleicht – aber genau dies fand man heraus! Als man Blinde, welche die Brailleschrift mit drei Fingern lesen, bat, anzugeben, welcher ihrer drei Finger berührt worden ist, lieferten sie sehr viel ungenauere Antworten als Blinde, die nur einen Finger benutzten. Auch ihre kortikalen Fingerkarten unterschieden sich erheblich von denen ihrer Leidensgenossen, weil die Karten durch die Erfahrung geformt worden waren, wobei sich die Zellen für die drei Finger miteinander verdrahteten, so daß sie sich gleichzeitig entluden. Wurde beispielsweise der Mittelfinger berührt, entluden sich auch die Zellen für den Zeigefinger und den Ringfinger. Infolgedessen fiel es dem Gehirn schwer anzugeben, welcher Finger berührt worden war, weil die getrennten Karten für jeden einzelnen Finger durch Hebbsches Lernen »verschmiert« worden waren.[9]

Genau das gleiche geschah bei der – im letzten Kapitel beschriebenen – Person, die mit verwachsenen Fingern geboren worden war. Solange sich die Finger immer zusammen bewegten, gab es für sie alle nur eine Karte, doch sobald sie chirurgisch getrennt wurden, begann jeder Finger seine eigene

Karte zu entwickeln. Wenn Brailleschrift-Leser, die drei Finger benutzen, wieder einen Teil der individuellen Empfindlichkeit jedes Lesefingers zurückerlangen wollen, müssen sie daher lediglich beginnen, jeden Finger wieder selbständig zu benutzen. Nach einer gewissen Zeit würden sich die Neuronen für den einen Finger nicht mehr immer gleichzeitig mit den Neuronen für die anderen Finger entladen. Das Prinzip »Getrennte Entladung, schwindende Verdrahtung« käme hier erneut zum Tragen.

Brailleschrift-Leser, die täglich sechs Stunden lang Texte in Brailleschrift korrekturlesen, weisen nach einem Arbeitstag eine Vergrößerung der Gehirnkarten auf, welche die Bewegungen ihrer Lesefinger steuern. Diese Rindenfelder sind dann größer, als sie es sind, wenn dieselben Personen zwei Tage Urlaub hatten.[10] Anders gesagt, unsere Berufstätigkeit formt unser Gehirn nicht nur über die Jahre, sondern sie beeinflußt es auch tagtäglich. Kein Wunder, daß es uns so schwer fällt, unser Gehirn montags morgens in Schwung zu bringen!

Ein Gedanke: Ein großes Rindenfeld im Hinterhauptbereich ist für die Dekodierung der wunderbaren Vielfalt an visuellen Informationen zuständig, die unsere Augen aufnehmen. Was aber geschieht mit diesen Millionen von Neuronen bei Blinden? Dies bringt uns zu unserer nächsten Frage: Was geschieht, wenn das mentale Fitneßstudio geschlossen ist?

Was geschieht, wenn das Fitneßstudio geschlossen ist?

Wenn ein Mensch seine Sehkraft verliert, ist ein großer Teil seines Gehirns von sensorischen Empfindungen abgeschnitten. Allerdings führt die Erblindung nicht dazu, daß dieser Teil des Gehirns einfach abstirbt. Vielmehr können die Sehzentren des Gehirns von anderen Empfindungen wie Berührungs- oder Hörreizen aktiviert werden. Dies ist das Gegenteil dessen, was bei Sehenden geschieht, bei denen die Aktivität der Sehzentren *abnimmt*, wenn sie sich beispielsweise auf Berührungsempfindungen konzentrieren.

Bei Menschen, die in jungen Jahren erblindet sind, läßt sich ein »Anschalten« von Sehrindenfelder nachweisen, wenn sie sich auf Berührungsreize konzentrieren müssen, etwa beim Lesen von Brailleschrift oder beim Erkennen von Formen mit den Händen.[11] Diese Forschungen zeigen uns, daß die kortikalen Neuronen, die von den Sinnesorganen, denen sie dienen, abgeschnitten sind, nicht verkümmern. Vielmehr stellen sie ihre Dienste anderen mentalen Aktivitaten zur Verfügung.

Ein Beinbruch im Gehirn

Blindheit ist nicht die einzige Störung, die dem Gehirn sensorische Reize entziehen kann. Angenommen, Sie brechen sich einen Arm oder Knöchel und müssen mehrere Wochen lang einen Gipsverband tragen. Während dieser Zeit der Zwangsruhe ist der Teil Ihres Gehirns, der normalerweise die Bewegung der entsprechenden Muskeln steuert, stillgelegt. In einer Studie wurden Menschen untersucht, deren Knöchel wegen einer Verletzung in Gips gelegt worden war. Die Forscher grenzten das Rindenfeld ein, das die Bewegung eines bestimmten Muskels – des Musculus tibialis des eingegipsten Beins – steuert. Sie stellten fest, daß die Größe dieses Hirnareals aufgrund der Ruhigstellung geschrumpft war, und zwar um so stärker, je länger der Gipsverband getragen wurde.[12]

Diese Verkümmerung war darauf zurückzuführen, daß das vibrierende Netz von neuronalen Verbindungen im Bewegungszentrum des Gehirns nicht durch normale tägliche Bewegungen stimuliert wurde. Das Gehirn gleicht einem Markt, auf dem ein beständiger, unerbittlicher Konkurrenzkampf um Verbindungen tobt. Neuronale Netze im Gehirn behaupten sich, solange ihre Synapsen sich immer wieder zusammen entladen, wobei die Hebbschen Verbindungen durch fortwährende Übung aufrechterhalten werden. Doch sobald diese Stimulation endet, beginnen andere aktive neuronale Netze im Gehirn, einige der unterforderten Nervenzellen aus dem nichtstimulierten Schaltkreis abzuwerben. Sie gleichen darin Personalberatern, die ein kränkelndes Unternehmen umkreisen, um die besten Mitarbeiter an andere Firmen zu vermitteln.

Doch keine Sorge – wenn Sie sich einen Knöchel brechen, wirkt sich dies nicht dauerhaft auf Ihr Gehirn aus! So bildeten sich die Veränderungen im Gehirn der Betroffenen rasch wieder zurück, als man sie aufforderte, ihren Musculus tibialis bewußt anzuspannen. Anders gesagt, eine kurze Stimulation des Netzes der neuronalen Verbindungen führte rasch zur Regeneration des gesamten Netzwerks. Obgleich die Synapsen zwischen den Neuronen in dem neuronalen Netzwerk, das diesen Muskel im Gehirn abbildet, träge geworden waren, blieben die Verbindungen weitgehend intakt und benötigten nur ein paar synaptische Aktivitätsschübe, um wieder voll funktionstüchtig zu werden.

Wenn man einem Netzwerk jedoch über sehr lange Zeiträume jeglichen Input entzieht, läßt sich der Schrumpfungsprozeß nicht so leicht rückgängig machen. Wenn das mentale Fitneßstudio für lange Zeit geschlossen ist, können die Folgen über bloße Änderungen in den Synapsen hinausgehen. So läßt sich beispielsweise eine Rückbildung der Dendriten beobachten – der verzweigten Zwiebelwurzeln auf den Neuronen. Dies hat tiefgreifende Folgen: Bei Ratten beispielsweise, die in stimulierenden Umgebungen leben, weisen die Neuronen sehr viel mehr Äste auf als bei Artgenossen, die in reizärmeren Umgebungen aufwachsen.[13] Dieser Befund läßt sich höchstwahrscheinlich auf den Menschen übertragen – mehr dazu später.

Daher kann das vibrierende Netz eine große Menge an Verbindungen verlieren, wenn das mentale Fitneßstudio schließt, und wenn dies geschieht, bedarf es viel mehr als eines einfachen Anspannens eines Muskels, um die Verbindungen wiederherzustellen. Wenn Sie jemals über längere Zeit einen Gipsverband an einem Bein oder einem Arm trugen, werden Sie dies nur allzugut wissen: Sie mußten Krankengymnastik treiben, um die Muskeln so aufzubauen, daß sie wieder ihre normalen Bewegungen ausführen konnten – und der Erfolg der Krankengymnastik beruht höchstwahrscheinlich nicht nur darauf, daß sie Muskelgewebe aufbaut, sondern auch darauf, daß sie die geschrumpften Verbindungen in jenen Hirnarealen, welche die Bewegung der Muskeln steuern, zu neuem Wachstum anregt.

Das Astronautengehirn

Astronauten müssen in der Schwerelosigkeit des Weltraums lernen, die Lage ihres Körpers im Raum mit Hilfe ihrer Augen zu bestimmen. Denn im Weltall gibt es keine Schwerkraft, die auf der Erde für die streng vertikale Ausrichtung aller Körper sorgt. Während sie in der Raumfähre schweben, können sie daher nur mit ihren Augen herausfinden, wo sie sich in bezug zum Raumfahrzeug befinden – sie haben keine andere Möglichkeit festzustellen, wo oben und wo unten ist. Schwerelosigkeit bedeutet, daß man jede Bewegung willentlich ausführen muß: daher der unsichere, wankende Gang der Astronauten beim Ausstieg aus dem Raumfahrzeug nach der Landung auf der Erde.

Forscher der NASA in Houston, Texas, haben entdeckt, daß es zwischen vier und acht Tagen dauert, bis das Gleichgewichtssystem eines Astronauten nach einem Weltraumaufenthalt wieder normal funktioniert.[14] Obgleich die Hirnfunktion nicht direkt gemessen wurde, kann man davon ausgehen, daß die Schwerelosigkeit einen Teil des sensorischen Inputs in das Gehirn des Astronauten abschneidet und so vorübergehende Änderungen in der Hirnorganisation verursacht, die den Veränderungen gleichen, die man im Gehirn von Menschen mit eingegipsten Beinen findet.

Diese letzte Annahme ist besonders plausibel, wenn man bedenkt, daß schon die Betäubung der Finger einer Hand, bei der durch ein Lokalanästhetikum der sensorische Input unterbrochen wird, die Hirnkarte dieser Hand verändern kann. In einer Studie grenzte man zunächst die Karten für jeden Finger der Hand ein, worauf man einige der Finger betäubte. Man entdeckte, daß die Hirnareale, welche die nichtbetäubten Finger abbilden, sich auf die geschrumpften Felder ausdehnten, die noch kurz zuvor den jetzt verstummten Fingern treu gedient hatten.[15] Zudem überdauerten diese Veränderungen im Gehirn die Rückkehr der Empfindungsfähigkeit. Allerdings dürfte das Gehirn wieder in seinen Ausgangszustand zurückgekehrt sein, sobald die Finger wieder normal benutzt wurden.

Mentales Training auf dem Sofa

Nehmen Sie sich für die folgende Übung etwas Zeit. Stellen Sie sich vor, vor Ihnen auf dem Boden liegt ein schwerer Stein. Im Geiste – ohne daß Sie sich wirklich bewegen – umgreifen Sie ihn und heben ihn auf, wobei Sie sorgfältig darauf achten, die Knie zu beugen, um Rückenverletzungen zu vermeiden. Jetzt richten Sie sich im Geiste langsam auf. Halten Sie einen Moment inne, und nehmen Sie einen festen Stand ein. Wenn Sie soweit sind, wuchten Sie den Stein zunächst auf Schulterhöhe und dann vorsichtig über Ihren Kopf, bis Ihre Arme durchgestreckt sind. Dann lassen Sie ihn wieder auf Schulterhöhe herab, bevor Sie ihn erneut hochheben, wobei Sie jedesmal die Arme durchdrücken. Machen Sie dies zehn Mal, bevor Sie den Stein wieder vorsichtig auf den Boden legen.

Einige Menschen können sich diese Bewegungen sehr anschaulich vorstellen. Es bedarf einiger Konzentration, um in Gedanken das langsame Auf und Ab der Bewegungen während der zehn Wiederholungen nachzuvollziehen. Manchmal läßt sich der Stein viel leichter hochheben und wieder absenken als in der Realität. Doch wenn Sie diese Übung im Geist ausführen, werden Sie feststellen, daß die Phantasie zumindest gelegentlich den realen Vorgang geradezu unheimlich lebensecht nachbildet. Manche Menschen fühlen sich sogar nach den zehn Wiederholungen körperlich erschöpft und werden aufgrund der »Anstrengung« immer langsamer, je näher sie dem Abschluß kommen! Versuchen Sie ein weiteres Mal, im Geist den Stein zehn Mal hochzuheben, wenn Sie dies bei sich selbst testen möchten.

Verblüffenderweise können derartige mentale Übungen die Körperkraft jedoch tatsächlich steigern. Eine Studie verglich die Wirkungen mentalen und realen Trainings beim Anspannen und Entspannen eines Fingers der linken Hand. Diese Muskelaufbauübung im kleinen wurde an fünf Sitzungen pro Woche über einen Zeitraum von vier Wochen durchgeführt – was insgesamt zwanzig Trainingssitzungen ergibt. Die Hälfte der Probanden führte die Übungen physisch aus, während eine zweite Gruppe dies über dieselbe Zahl von Trainingssitzungen lediglich mental tat.[16]

Am Ende der vier Wochen wurde die Fingerkraft jeder Person mit der von Probanden in einer Kontrollgruppe verglichen, die nicht trainiert hatten. Die Fingerkraft der Gruppe, welche die Übung physisch ausführte, hatte um 30 Prozent zugenommen, während die Kontrollgruppe nur eine geringfügige Kraftänderung zeigte. Anders gesagt, wenn man mit seinen Fingern gleichsam Liegestütze macht, kann man ihre Kraft erhöhen – kein erstaunlicher Befund! Was aber ist mit den Probanden, die nur im mentalen Fitneßstudio trainierten? Ihre Fingerkraft erhöhte sich um 22 Prozent, was fast dem Effekt des physischen Trainings entsprach! Dies ist eine wirklich gute Nachricht für die Faulpelze unter uns, die lieber auf dem Sofa als auf der Laufbahn oder im Fitneßstudio trainieren möchten.

Diese Ergebnisse waren nicht darauf zurückzuführen, daß die beiden Gruppen sich schlicht mehr anstrengten. Kein anderer Körperteil zeigte diese Zunahme der Kraft, die fast ausschließlich die Finger betraf, gleich ob es sich um physisches oder mentales Training handelte. Und der Effekt des mentalen Trainings bestand auch nicht im Muskelaufbau in den Fingern. Anders gesagt, die Steigerung der Kraft wurde durch Veränderungen im Gehirn verursacht – und diese Veränderungen wurden ihrerseits durch die Stimulation des vibrierenden Netzes verschalteter Neuronen, das die Fingerbewegungen steuert, ausgelöst. Indem sich diese neuronalen Schaltkreise immer wieder zusammen entluden, verstärkten und vergrößerten sie sich, wie es auch in den Gehirnen der Geiger und der Brailleschrift-Leser der Fall war.

Doch gibt es direkte Beweise dafür, daß virtuelles Gewichtheben – das Sie ja machten, als Sie im Geist den Stein hochhoben – das Gehirn verändert? Ja, es gibt sie. In einer Studie wurden Veränderungen in Hirnregionen untersucht, als Versuchspersonen eine einhändige Fünffingerübung auf dem Klavier erlernten. Die Teilnehmer an dieser Studie übten fünf Tage lang je zwei Stunden, und es zeigte sich, daß das aktivierte Hirnareal größer wurde, was mit den Befunden anderer Studien übereinstimmt.

Um sicherzustellen, daß die Veränderungen im Gehirn tatsächlich durch das spezifische Erlernen der Notenfolge hervorgerufen worden waren, wurde eine zweite Gruppe gebildet, deren Mitglieder über denselben Zeitraum Klavier spielten, ohne jedoch eine bestimmte Übung oder Notenfolge zu lernen. Ihre Hirnareale vergrößerten sich weit weniger als die der Probanden mit der spezifischen Übung, während die Mitglieder einer Kontrollgruppe, die überhaupt nicht übten, keine Veränderung in den Hirnregionen zeigten, welche die Bewegung der entsprechenden Hand steuern.

Am interessantesten waren jedoch die Ergebnisse einer vierten Gruppe. Es handelte sich um Personen, welche die Fünffingerübung auf dem Klavier fünf Tage lang je zwei Stunden rein mental absolvierten. Was geschah in ihrem Gehirn? Es zeigte ähnliche Veränderungen wie das der Probanden, die real geübt hatten! Anders gesagt, virtuelle körperliche Übungen steigern Kraft und Leistungsfähigkeit durch physische Veränderungen im Gehirn.[17]

Weiter oben sahen wir, wie sich der Speerwerfer Steve Backley trotz eines verstauchten Knöchels durch mentales Training in Form hielt. In Anbetracht unserer heutigen Erkenntnisse über die Auswirkungen mentalen Trainings auf das Gehirn ist dies völlig plausibel: Backley stimulierte weiterhin die Netzwerke aus verschalteten Neuronen, in denen seine Fertigkeit verankert war. Indem er durch mentales Training dafür sorgte, daß sich diese Verschaltungsmuster weiterhin zusammen entluden, bewahrte er sie und schützte sie vor der Konkurrenz auf dem Markt des Gehirns.

Neuronalen Verbindungen ergeht es ähnlich wie Führungskräften in einem multinationalen Konzern, die wegen Krankheit eine Zeitlang arbeitsunfähig sind und bei ihrer Rückkehr feststellen müssen, daß eine andere Person an ihrem Schreibtisch sitzt. Spitzensportler verbringen Jahre damit, diese exquisiten neuronalen Netze aufzubauen, denn in sie ist ihr Talent eingewoben. Doch anders als Stickereien mit echtem Garn, in denen das Muster ein für allemal fixiert ist, bedarf die synaptische Stickerei des Hebbschen Lernens der ständigen Wiederholung – und diese Wiederholung kann entweder in der realen Welt des Sportplatzes oder in der virtuellen Welt des Geistes stattfinden. Die neuronalen Verschaltungen, in denen das Können des Sportlers verankert ist, müssen wie Führungskräfte in einem Unternehmen ihr Profil und ihren Einfluß wahren.

Können wir aber tatsächlich *sehen*, was während des mentalen Trainings im Gehirn geschieht? Erfreulicherweise ja. Mit Hilfe der Positronenemissionstomographie – eines bildgebenden Verfahrens, das zeigt, welche Teile des Gehirns während verschiedener mentaler und physischer Aufgaben aktiv sind – wurde das Gehirn von Probanden untersucht, die sich vorstellten, eine Bewegung auszuführen.[18] Die Bewegungen beruhten auf einer einfachen Aufgabe – der Bedienung eines Joysticks –, und man wollte bei der Untersuchung herausfinden, welche Areale bei der Imagination der Bewegung »eingeschaltet« waren. Die Ergebnisse wurden verglichen mit dem, was im Gehirn derselben Personen geschah, wenn sie sich anschickten, den Joystick zu bewegen, ohne es jedoch tatsächlich schon zu tun.

Man fand heraus, daß bei den zwei verschiedenen Aufgaben zwei weitgehend identische Hirnareale eingeschaltet wurden. Anders gesagt, die mentale Imagination einer Bewegung aktiviert weitgehend dieselbe neuronale Maschinerie im Gehirn wie die Vorbereitung auf die Bewegung. Daraus folgt, daß sich die Imagination einer Bewegung, was die Hirnaktivität betrifft, nicht allzu sehr von der realen Ausführung derselben Bewegung unterscheidet. Lediglich in der letzten Phase – in der das Gehirn Anweisungen an die Muskulatur gibt – aktiviert das Gehirn weitere Zentren, die nicht an der Imagination beteiligt sind.

Wenn Sie das nächste Mal mit einer Erkältung im Bett liegen und nicht Joggen gehen können, können Sie sich also mit einem mentalen Lauf um den Häuserblock trösten. Allerdings müssen Sie dabei tatsächlich das *Gefühl* haben zu laufen, wenn Sie die gleichen Effekte wie beim realen Joggen erzielen wollen. Wir wissen dies aufgrund einer Studie, in der die Hirnaktivität von Probanden, die Handbewegungen *beobachteten*, mit ihrer Hirnaktivität, als sie die Bewegung ihrer eigenen Hände *imaginierten*, verglichen wurde. Bei der Beobachtung der Handbewegungen einer anderen Person wurden lediglich die Sehrindenfelder im Hinterhauptlappen aktiviert. Stellten sich die Probanden dagegen vor, die Bewegungen selbst auszuführen, wurden die motorischen Felder des Gehirns angeschaltet. Sie werden Ihre Fitneß also nicht verbessern, wenn Sie im Bett liegen und sich vorstellen, eine Straße entlangzulaufen; dagegen werden Sie Ihre Form ein wenig steigern, wenn Sie tatsächlich spüren, wie Sie laufen. Dies ist darauf zurückzuführen, daß die Fitneß zum Teil in den neuronalen Verbindungen im Gehirn verankert ist, und Sie stärken die Verbindungen in den motorischen Feldern nicht, wenn Sie sich beim Training von außen beobachten. Nein – Sie müssen das mentale Training mit Ihrem mentalen Körper ausführen!

Der oben beschriebene Hürdenläufer verausgabte sich völlig, weil er zwischen seinem ersten und seinem zweiten mentalen Lauf eine allzu kurze Ruhepause einlegte. Er konnte den imaginären Lauf nicht beenden und übergab sich, als hätte er sich tatsächlich überanstrengt. Diese Anekdote aus der Leichtathletik mag etwas weit hergeholt anmuten, tatsächlich aber gibt es fundierte wissenschaftliche Beweise dafür, daß mentales Training sein physisches Gegenstück in vielfacher Hinsicht nachahmen kann.

In einer Studie beispielsweise wurden die Versuchspersonen gebeten, sich vorzustellen, auf einem Laufband zu gehen, dessen Geschwindigkeit verändert wurde. Obgleich sie sich körperlich nicht bewegten, erhöhte sich ihre Herz- und Atemfrequenz direkt proportional zur Geschwindigkeit des mentalen Laufbandes. Angesichts dieser und anderer, ähnlicher Befunde ist es völlig plausibel, daß sich ein Sportler auf der mentalen Laufbahn überanstrengen kann. Anders gesagt, Steve Backleys Bericht über den Hürdenläufer, der sich übergibt, ist, wissenschaftlich gesehen, glaubwürdig.

Versuchen Sie einmal folgende Übung. Stellen Sie sich vor, Sie möchten Ihren Namen, Ihre Anschrift und Ihre Telefonnummer auf ein Blatt Papier schreiben. Bevor Sie beginnen, stellen Sie eine Stoppuhr auf null, so daß Sie herausfinden können, wie lange diese mentale Übung dauert. Stellen Sie sich Ihre Handbewegungen möglichst präzise vor. Starten Sie nun die Stoppuhr und beginnen Sie. Notieren Sie, wie lange Sie gebraucht haben. Nehmen Sie jetzt ein reales Blatt Papier, und führen Sie die Übung tatsächlich aus. Stoppen Sie die Zeit, und vergleichen Sie die beiden Werte. Normalerweise stimmen die beiden Zeiten weitgehend überein.

Sie werden die letzte Übung mit Ihrer bevorzugten Hand –

für gewöhnlich die rechte Hand – ausgeführt haben. Führen Sie die Übung nun ein weiteres Mal durch, dieses Mal aber mit Ihrer nichtbevorzugten Hand – in der Regel die linke. Messen Sie erneut die Zeit, die Sie für die mentale und die reale Variante benötigen. Es wird Sie nicht weiter überraschen, wenn Sie feststellen, daß Sie mit der linken Hand länger brauchten, um Ihren Namen und Ihre Anschrift aufzuschreiben. Doch womöglich werden Sie mit der gleichen Verwunderung wie die Probanden in einer anderen Studie zur Kenntnis nehmen, daß das *mentale* Schreiben mit der linken Hand (bzw. der rechten, wenn Sie Linkshänder sind) *ebenfalls* länger dauerte als das mit der anderen Hand.[19] Anders gesagt, die mentale Simulation folgt Regeln, die weitgehend mit den Regeln, die für die reale Welt gelten, übereinstimmen.

Das gleiche geschah, als sich die Probanden vorstellten, zunächst in Groß- und dann in Kleinbuchstaben zu schreiben. Wie das reale Schreiben in Großbuchstaben länger dauerte, so dauerte auch der mentale Akt des Schreibens in Großbuchstaben länger als das mentale Schreiben in Kleinbuchstaben. Dasselbe traf auf das Gehen zu: Im Geiste 10 Meter zu gehen dauerte länger, als im Geiste 5 Meter zu gehen. Zudem stimmte die Zeit für das mentale 10-Meter-Gehen annähernd mit der Zeit überein, welche die Probanden brauchten, um *real* 10 Meter zu gehen.

Virtuelles Gewichtheben ähnelt folglich auf unheimliche Weise dem realen Gewichtheben. Somit ist es nicht weiter verwunderlich, daß mentale Übung das Gehirn in gleicher Weise formen kann wie körperliche Übung. Und es sollte Sie auch nicht überraschen, daß sich die meisten Spitzensportler der Welt der mentalen Visualisierung bedienen – ja die meisten sagen sogar, daß es eine grundlegende Technik zur Steigerung ihrer Leistungsfähigkeit ist. Zu den weltberühmten Sportlern, die sich nach eigenem Bekunden dadurch auf Wettkämpfe vorbereiten, daß sie sich selbst bei der Ausführung ihrer sportlichen Routinen »spüren« und »sehen«, gehören der US-Basketballspieler Michael Jordan, der französische Skiläufer Jean-Claude Killy, der Golfspieler Jack Nicklaus und die Eiskunstläuferin Nancy Kerrigan.[20]

Mentale Übung verbessert auch das operative Geschick von Chirurgen und die diagnostischen Fähigkeiten von Internisten. Und der weltberühmte Konzertpianist Glenn Gould übte sogar im späteren Abschnitt seiner Karriere kaum noch am Klavier. Statt dessen las er eine Partitur und übte sie mehrfach mental, bevor er das entsprechende Stück im Tonstudio aufnahm![21]

Kurz, mentales Training verbessert nicht nur unsere Fitneß und Leistungsfähigkeit, sondern verändert auch das Gehirn. Betrachten wir nun etwas genauer, auf welche Weise dies geschieht.

Mehr mentale als physische Kraft

Unser Gehirn ist kein Muskel. Wie wir gesehen haben, deutet vieles darauf hin, daß die nur passive Stimulation von neuronalen Schaltkreisen im Gehirn nicht ausreicht, um das Gehirn zu modellieren – damit das Gehirn durch die Stimulation tatsächlich verändert wird, muß man den Erfahrungen *Aufmerksamkeit schenken.* Daher müssen wir zunächst die Frage beantworten: »Was ist Aufmerksamkeit?«

Wenn Sie die ersten Zeilen dieses Absatzes lesen, richten Sie Ihre Aufmerksamkeit auf diesen kleinen räumlichen Ausschnitt, während Sie alle übrigen Informationen, die in Ihr Auge strömen, ignorieren. Damit geht (möglicherweise) auch die Hemmung von Gedanken darüber einher, was für ein Sandwich Sie zu Mittag essen werden, und die Unterdrückung von Erinnerungen an den letztjährigen Urlaub bzw. von Phantasien über den Hauptgewinn in einer Lotterie. Sie können nach Belieben Ihre gesamte Aufmerksamkeit auf dieses nächste WORT richten, oder Sie können »zurückzoomen« und sich die Geometrie der ganzen Seite bewußt machen, die vermutlich außerhalb Ihres Aufmerksamkeitsfokus lag, als Sie WORT lasen.

Ohne die Fähigkeit, unsere Aufmerksamkeit auf ausgewählte Objekte zu richten, könnten wir nicht überleben. Bestimmte Hirnschäden führen vor allem deshalb zu Behinderungen, weil die davon Betroffenen nicht mehr in der Lage sind, aus der Informationsflut, die auf ihre Sinnesorgane einströmt und aus ihrem Gedächtnis emporwallt, das Wichtige auszuwählen. Unsere Fähigkeit, unsere Aufmerksamkeit auf einen kleinen Ausschnitt der gesamten Informationen zu fokussieren, ist in bestimmten Hirnarealen verankert, inbesondere im vorderen Teil des Gehirns – den Stirnlappen. Allerdings ist die Fähigkeit zur Selektion von Informationen nur ein Typ von Aufmerksamkeit.

Ist es Ihnen schon einmal passiert, daß Sie bei einem nationalen Wetterbericht auf das Wetter in Ihrer Region achten wollten und nach dem Ende der Sendung feststellen mußten, daß Sie sich nicht daran erinnern können? Mit ihrem bestens bekannten Muster aus Kaltfronten, sich ausbreitenden Systemen und stürmischen Schauern enthalten diese Berichte nur selten neue Informationen, die Ihre Aufmerksamkeit erheischen. In diesem Strom den Moment für Ihre Region abzupassen, erfordert Ihre angespannte Aufmerksamkeit während des gesamten Wetterberichts. Das selektive Aufmerksamkeitssystem des Gehirns wird durch einen neuronalen Schaltkreis unterstützt, dessen Aufgabe darin besteht, die gleichmäßige Anspannung Ihrer Aufmerksamkeit im Zeitablauf sicherzustellen. Die rechte Großhirnhälfte spielt dabei eine besondere Rolle. Menschen, die in der rechten Großhirnhälfte einen Schlaganfall erlitten, fällt es schwer, ihre Aufmerksamkeit über einen längeren Zeitraum aufrechtzuerhalten. Dieses »System der Langzeitaufmerksamkeit« funktioniert als eine Art »Monotonie-Überlagerung«, die dafür sorgt, daß unsere Konzentration auf eine Aufgabe auch dann nicht nachläßt, wenn die Aufgabe selbst uns kaum interessiert. Wir brauchen dieses Aufmerksamkeitssystem, um munter zu bleiben, wenn wir nachts auf einer leeren Straße fahren oder versuchen, bei einer langweiligen Lektüre nicht innerlich »abzuschalten«. Menschen, deren rechte Großhirnhälfte geschädigt ist, fällt es schwer, sich auf die Umwelt zu konzentrieren. Außerdem haben sie Schwierigkeiten, sich auf ihren Körper zu konzentrieren, was bedeutet, daß es ihnen große Mühe bereitet, die geschädigten neuronalen Schaltkreise im Gehirn zu stimulieren und so einige der Verbindungen wiederherzustellen.

Als Sie im Geiste den Stein hochhoben, mußten Sie sich auf Ihren Körper konzentrieren, um sämtliche Bewegungen nachzuvollziehen. Genau dies müssen Sportler bei ihrer mentalen Wettkampfvorbereitung tun. Hierzu bedarf es eines wirklich zuverlässigen Systems der Langzeitaufmerksamkeit, und Sie können sicher sein, daß die Aufmerksamkeitsschaltkreise im Gehirn Überstunden machen.

Die Aufmerksamkeitssysteme des Gehirns müssen während schwieriger Aufgaben wie dieser außerdem die »Lautstärke« in anderen Regionen des Gehirns anpassen. Wir wissen dies aufgrund von Studien, die der Frage nachgingen, wie sich die Aufmerksamkeit auf die Aktivität in der Körperfühlsphäre des Gehirns auswirkt.[22] Man registrierte die Hirnaktivität von liegenden Probanden, die erwarteten, einen Berührungsreiz an einer Hand verabreicht zu bekommen. Bevor man ihr Gehirn mit einem Tomographen untersuchte, hatte man ihnen beigebracht, eine Stimulation der Hand zu erwarten. Dann, als die Probanden die gleiche Stimulation antizipierten, die sie immer erhalten hatten, beobachteten die Forscher, was in ihrem Gehirn geschieht, wenn sie die Stimulation erwarteten, ohne sie tatsächlich zu erhalten. Tatsächlich nahm die Hirnaktivität in den Hirnregionen, die Körperteile repräsentierten, an denen *keine* Stimulation erwartet wurde, *ab*. Anders gesagt, die Aufmerksamkeit stellte jene Hirnregionen »leiser«.

Die Konzentration auf einen Sinn vermindert die Aktivität in den Hirnzentren, die andere Sinne abbilden. Während Sie sich beispielsweise auf die Lektüre dieser Seite konzentrieren, sind die berührungsempfindlichen Regionen Ihres Gehirns höchstwahrscheinlich »ausgeschaltet«, so daß Ihre Sehzentren die seltsamen kleinen Formen, aus denen diese Wörter bestehen, besser dekodieren können. Dies ist der Grund dafür, daß Sie, wenn Sie sich wirklich auf ein Buch konzentrieren, möglicherweise nicht hören, was eine andere Person zu Ihnen sagt. Solange Sie sich auf das konzentrieren, was Ihnen Ihre Augen zeigen, stellt Ihr Gehirn Ihren Gehörsinn »leiser«, so daß es manchmal eines verärgerten Rufes bedarf, um Sie an vergessene Pflichten zu erinnern!

All dies zeigt, daß die Aufmerksamkeit die Hirnaktivität beeinflussen kann, indem sie die Rate, mit der sich bestimmte Gruppen von Synapsen entladen, erhöht oder vermindert. Und da wir wissen, daß die wiederholte Entladung einer Gruppe von Synapsen das vibrierende Netz vergrößert und verstärkt, folgt daraus, daß die Aufmerksamkeit ein wichtiger Faktor der neuroplastischen Gestaltung des Gehirns ist. Dies sollte uns angesichts dessen, was wir über die Auswirkungen mentaler Übungen auf das Gehirn wissen, nicht weiter überraschen – schließlich geht es beim mentalen Training auch darum, die Fähigkeit zu fördern, sich auf mentale Bilder zu konzentrieren.

Tatsächlich dürfte die Aufmerksamkeit bei der neuroplastischen Gestaltung des Gehirns fast immer eine zentrale Rolle spielen. Nehmen wir beispielsweise an, Ihre Aufmerksamkeit würde völlig von der Lektüre dieses Kapitels in Anspruch genommen. Nehmen wir weiter an, eine Maschine streiche unentwegt über Ihren Unterarm und stimuliere so das Rindenfeld, in dem Ihr Unterarm abgebildet wird. Normalerweise sollte die Stimulation die dortigen neuronalen Schaltkreise in der in diesem Kapitel beschriebenen Weise »wachsen« lassen, doch wenn Sie nicht auf diese Stimulation *achten* – weil Sie diese Zeilen lesen –, wachsen die Schaltkreise *nicht* in der erwarteten Weise.

Anders gesagt, die Gestaltung des Gehirns bedarf Ihrer aktiven Aufmerksamkeit. Tatsächlich wird dies durch Studien an Tieren zweifelsfrei belegt: Hirnregionen, die nur passiv stimuliert werden, werden nicht durch Erfahrungen geformt. Dies ist eine von vielen Entdeckungen, die eine Forschergruppe unter Leitung von Professor Michael Merzenich – dem weltweit führenden Forscher auf dem Gebiet der Plastizität des Gehirns – gemacht hat. Die neuronale Vernetzung im Gehirn verändert sich im allgemeinen nur, wenn der Stimulation Aufmerksamkeit geschenkt wird.[23] Zudem sind die Aufmerksamkeitssysteme überwiegend in den Stirnlappen lokalisiert, und diese sind für die Umformung des vibrierenden Netzes von Verbindungen beim Erlernen neuer Fähigkeiten, gleich ob sie sich auf Beruf, Sport oder Privatleben beziehen, von entscheidender Bedeutung. So spielen die Stirnlappen etwa beim Erlernen des Golfschwungs eine wichtige Rolle. Doch sobald der Schwung vervollkommnet und zu einer automatischen Handlung geworden ist, werden die Stirnlappen weitgehend überflüssig und überlassen es fortan anderen Hirnregionen, den Ball elegant über den Fairway zu schlagen.

Die Umgestaltung der Verbindungen, an der die Stirnlappen beteiligt sind, ist ein Teil der Umrüstung, die das Gehirn benötigt, um die neue Fähigkeit sicher und geschickt auszuführen. Dabei fungieren die Stirnlappen als eine Art pedantisches, aber kompetentes Kindermädchen für den Rest des Gehirns; sie entscheiden, welche Informationen so wichtig sind, daß sie an andere Hirnzentren weitergeleitet werden müssen – und welche Informationen unterdrückt werden sollten. Es ist so, als würden die Stirnlappen fortwährend bei einem Fernseher den Kanal wechseln bzw. die Lautstärke verändern und so darüber bestimmen, welche Szenen und Informationen ihre Hirn-Kinder sehen und hören dürfen.

Die Stirnlappen können bereits in den frühesten Stadien des Empfangs sensorischer Informationen im Gehirn Pforten öffnen und schließen. So können sie beispielsweise den »Lautstärkeregler« für den Gehörsinn aufdrehen, so daß die besonderen Aspekte akustischer Reize, die von Bedeutung sind, bereits bei ihrem Eintreffen im Gehirn verstärkt werden. Dazu gehört natürlich auch die Unterdrückung von Aspekten der akustischen Reize, welche von den Stirnlappen als nicht so wichtig angesehen werden.

Wenn Sie das nächste Mal auf einer lauten Party ein Gespräch führen, halten Sie einen Augenblick lang inne, um sich bewußt zu machen, was die Stirnlappen Ihres Gehirns leisten, um Sie auf die Stimme der Person einzustellen, mit der Sie sich unterhalten. Handelt es sich beispielsweise um eine Frau mit einer relativ hohen Stimme, dann werden höchstwahrscheinlich jene Bereiche des Hörzentrums in Ihrem Gehirn (der Hörrinde), welche die Lautfrequenz verarbeiten, von den Stirnlappen einen synaptischen Aktivitätsschub erfahren. Dieses »Aufdrehen« – das vermutlich mit einem vorübergehenden Zurückdrehen Ihrer Fähigkeit, Laute niedrigerer Frequenz zu hören, einhergeht – verbessert Ihre Fähigkeit, sich inmitten des allgemeinen Gewirrs konkurrierender Stimmen auf die Äußerungen der Frau, mit der Sie sich unterhalten, zu konzentrieren.

Daher ist es nicht weiter verwunderlich, daß Menschen, deren Stirnlappen geschädigt sind – etwa durch eine Kopfverletzung oder einen Schlaganfall –, unter Konzentrationsstörungen leiden. Einem schlechten Kindermädchen ist es egal, welche Sendungen sich die Kinder in seiner Obhut im Fernsehen anschauen, und es wird sie vielleicht den ganzen Tag lang alle möglichen uninteressanten oder gar schädlichen Filme ansehen lassen. Statt ihre Aufmerksamkeit auf interessante und anregende Spielsachen, Bücher, Videos und Fersehsendungen zu lenken, läßt das schlechte Kindermädchen es zu, daß sich die Kinder beliebigen Stimuli zuwenden, die ihre Aufmerksamkeit erregen. Solchen Kindern wird es später sehr schwerfallen zu lernen, ihre Aufmerksamkeit zu kontrollieren und sich beim Lesen, Spielen, Hören oder Fernsehen längere Zeit zu konzentrieren.

Schädigungen der Stirnlappen lassen sich mit der Anstellung eines schlechten Kindermädchens für den Rest des Gehirns vergleichen. Sie versuchen sich auf die Äußerungen der Figur im Film zu konzentrieren, doch statt dessen wird Ihre Aufmerksamkeit von dem Bild an der Wand hinter dem Fernsehapparat gefesselt. Was ist die Folge? Ein wesentlicher Teil der Handlung entgeht Ihnen, und Sie verlieren den Faden des Films. Eine halbe Stunde später gehen Sie ziel- und ruhelos durch die Wohnung, machen sich einen Tee oder blättern gedankenlos in einer Zeitschrift, während Ihr Partner, völlig in den Film vertieft, im anderen Zimmer sitzt.

Dies sind die typischen Folgen einer Schädigung der Stirnlappen – insbesondere der »dorsolateralen« Stirnlappen, die sich unmittelbar über den Augen seitlich entlang dem Schädelinnern erstrecken. Wir verdanken es diesen Hirnarealen, daß wir ein Buch lesen können, während im Hintergrund leise Musik spielt. Dies ist darauf zurückzuführen, daß die Stirnlappen die Hörzentren des Gehirns »leise stellen«, um den Seh- und Sprachzentren die nötige Ruhe zu verschaffen, mit dem Lesen fortzufahren. Eine Person mit einer Schädigung der Stirnlappen dagegen kann die Hörzentren nicht so leicht »leise stellen«. Infolgedessen kann sie sich nicht auf die Lektüre konzentrieren, weil – zumindest in ihrem Gehirn – die Lautstärke der ablenkenden Musik im Vergleich zu einer Person mit intakten Stirnlappen stark aufgedreht ist. Einige Menschen, die weder einen Unfall noch einen Hirnschlag erlitten haben, scheinen konstitutionell eine verminderte Konzentrationsfähigkeit und gesteigerte Ablenkbarkeit zu besitzen: Die Störung, an der sie leiden, wird als »Aufmerksamkeitsdefizitsyndrom« bezeichnet. Allerdings haben einige von ihnen einfach nicht gelernt, sich richtig zu konzentrieren, weil es ihrem Gehirn nicht beigebracht wurde.

Es sollte uns nicht überraschen, daß Menschen mit geschädigtem Stirnhirn sich nicht so leicht von den Folgen ihrer Verletzungen erholen wie Menschen mit Schädigungen in anderen

Hirnregionen. Die Stirnlappen visieren vielfältige andere Hirnbereiche an, wobei sie die synaptische Aktivierung hier verstärken und dort unterdrücken. Da wiederholte synaptische Aktivierung Wachstum und Umbildung neuronaler Schaltkreise stimuliert, basiert die Reparatur und Umformung geschädigter neuronaler Schaltkreise im Gehirn wahrscheinlich teilweise auf der Fähigkeit der Stirnlappen, diese mit zielgenauem Input zu versorgen.

Lernen im Schlaf

Wäre es nicht wundervoll, wenn wir mühelos lernen könnten, während wir schlafen? Tatsächlich lernen wir im Schlaf – zumindest einige Dinge. Zunächst ein paar Worte über den Schlaf. Man unterscheidet verschiedene Formen des Schlafs, darunter den sogenannten REM-Schlaf – kurz für »rapid eye movement«-Schlaf, der seinen Namen der Tatsache verdankt, daß die Augen im REM-Schlaf hinter den geschlossenen Lidern rasche Bewegungen ausführen. Der REM-Schlaf zeichnet sich durch eine gesteigerte Hirnaktivität und Traumneigung aus.

Vielleicht haben Sie selbst schon einmal beobachtet, daß die Augen Ihres Partners im Schlaf zuckten, während er vielleicht gleichzeitig vor sich hin murmelte oder sprach – das ist ein Beweis für die Hyperaktivität des Gehirns während des REM-Schlafs, der im Schnitt etwa 20 Prozent des nächtlichen Schlafs ausmacht. Natürlich gibt es zahlreiche exotische Erklärungen der Bedeutung von Träumen – die von mystischer Offenbarung bis zu mentaler Entsorgung reichen –, in die ich mich hier nicht vertiefen möchte. Jedenfalls scheinen der REM-Schlaf und seine Träume bei der neuroplastischen Modellierung des Gehirns eine wichtige Rolle zu spielen.

Das Netz verschalteter Neuronen wird sanft von den Kaskaden elektrochemischer Impulse geformt, die sich, ausgelöst von Empfindungen, Gedanken, Erinnerungen und Handlungen, in ihm ausbreiten. Stimulation kann Netze zum Wachstum anregen, und diese Aktivität stärkt die Lernfähigkeit und die Erinnerungen, die in dieses Muster eingewoben sind.

Der REM-Schlaf geht möglicherweise mit einer bestimmten Art der Stimulation der neuronalen Schaltkreise einher, die dazu beiträgt, die neuen Lern- und Gedächtnisinhalte, welche die Tageserfahrungen notdürftig in unser Gehirn eingeflochten haben, zu festigen und zu stärken. Belege hierfür liefern Studien, die darauf hindeuten, daß während des REM-Schlafs das geflochtene Gewebe geordnet und gestrafft wird, mit der Folge, daß wir während der Nacht – mühelos – lernen.[21]

Forscher benutzten einen Wahrnehmungstest, von dem sie wußten, daß die Probanden besser abschneiden würden, nachdem sie ihn überschlafen hatten! Bei diesem Sehtest muß man kleine Unterschiede in einem komplexen Muster erkennen. Wenn die Probanden eine Nacht darüber geschlafen hatten, schnitten sie bei der Aufgabe besser ab als am Tag zuvor. Anders gesagt, ihr Gehirn trainierte im Schlaf und straffte und ordnete das Flechtwerk des Lernens vom vorigen Tage, wodurch sich die Leistungsfähigkeit am Tag darauf verbesserte.

Die Forscher untersuchten dann, wie sich dieses Lernen über Nacht veränderte, wenn sie den REM-Schlaf unterbrachen, indem sie die Probanden jedesmal aufweckten, sobald diese Anzeichen von REM-Schlaf zeigten (zwischen zwanzig und sechzig Mal pro Nacht!). Tatsächlich trat bei den Probanden, deren REM-Schlaf immer wieder unterbrochen worden war, dieser Lerneffekt über Nacht nicht auf. Dies war nicht nur auf ihre Müdigkeit zurückzuführen – denn wenn man sie gleich oft während des Nicht-REM-Schlafs aufweckte, ließ sich am nächsten Morgen das normale Lernen über Nacht nachweisen.

Sportmanager und Trainer sind sehr darauf bedacht, daß ihre Sportler(innen) in den Wochen und Monaten vor Wettkämpfen genügend Schlaf bekommen. Die Wahrscheinlichkeit ist hoch, daß sich während des REM-Schlafs die Bewegungs- und Wahrnehmungsfertigkeiten, die sie im täglichen Training ausgefeilt haben, konsolidieren. Wie das mentale Training ist auch dies ein Beispiel dafür, daß volkstümliche Weisheiten auf solidem wissenschaftlichem Boden stehen können.

Mentales Training verändert also das Gehirn. Geist über Materie – die Formung des Geistes wird zur Formung des Gehirns. Was aber geschieht, wenn das Fitneßstudio für immer schließt? Was geschieht im Gehirn, wenn es unwiderruflich eines Teils seines Inputs beraubt wird? Die Gespenster, die im Gehirn herumspuken, sind das Thema des nächsten Kapitels.

Kapitel 4

Geister und Phantome

Er wußte nicht genau, wann es passiert war, doch irgendwann in den letzten Monaten war sein dritter Arm aufgetaucht. Er verlief diagonal über seinen Torso und wuchs aus der oberen linken Ecke seiner Brust. Seine Ärzte sagten, sie könnten ihn nicht sehen, also zeichnete er ihn für sie auf. Das war recht einfach, weil er nicht unter seine Kleider paßte. Der Arm fühlte sich manchmal kalt an – so kalt, daß er glaubte, er sei abgestorben und nicht mehr mit seinem Körper verbunden. Und doch war diese seltsame überzählige Extremität noch immer Teil seines Körpers. Der Gehirnschlag, den er erlitten hatte, hatte die linke Körperhälfte gelähmt. Er konnte seinen linken Arm nicht mehr bewegen und hob sein lebloses Gewicht oftmals mit seiner unbeschädigten rechten Hand hoch, um zu zeigen, was ihm der Schlaganfall angetan hatte. Er wußte, daß es verrückt war, dennoch spürte er ganz genau, daß er drei Arme hatte. Und es war auch keine Wahnidee. Er war ein intelligenter fünfundsechzigjähriger Mann aus Oxford, der von einem unmöglichen und doch entsetzlich realen Geist verfolgt wurde; doch anders als die Gespenster, die in den Treppenhäusern alter Schlösser spuken, war dies ein halbtotes Phantom aus Fleisch und Blut, das im Gewebe seines Körpers verwurzelt war. Es war ein Gespenst wie aus einem Alptraum – ein Gespenst, das einem auf den Fersen folgt, gleich wie schnell man läuft.

Sechzig Jahre zuvor hatte ein anderer Mann in Deutschland ähnliche Phantomempfindungen gehabt. Auch er hatte einen Schlaganfall erlitten. Er klagte über ein »Nest von Händen« in seinem Bett und bat seinen Arzt, sie doch bitte zu amputieren und in einem Beutel zu entsorgen. Sechs Tage nach dem Gehirnschlag klagte er, im Vollbesitz seiner geistigen Kräfte, gegenüber seinem verwirrten Arzt über weitere seltsame Erscheinungen. Seine gelähmte »alte« linke Hand begann zu schrumpfen, und eine neue Hand wuchs aus seinem Körper heraus. Er hatte nunmehr zwei linke Hände. Aber er hatte keinen Arm auf der linken Seite – vielmehr waren die beiden armlosen Hände auf groteske Weise auf sein linkes Knie gepfropft. Der Patient – ein gebildeter Mensch – fragte seinen Arzt höflich, wie hoch die Wahrscheinlichkeit eines solchen Ereignisses sei. Der perplexe Mediziner kratzte sich am Kopf und murmelte beruhigende Worte, die wenig überzeugend klangen.[1]

Dinge, die wir als selbstverständlich erachten. Das Gefühl, daß unsere Gliedmaßen wohlgeordnet aneinandergefügt sind, macht die Integrität unseres »Körper-Ich« aus. Schließen Sie für einen Augenblick die Augen. Spüren Sie Ihre beiden Arme, deren Krümmung, den Druck der Flächen, auf denen sie ruhen. Achten Sie auf das, was Sie sich während des Tages nur selten bewußt machen – auf die Stellen, an denen sie an den Schultern mit Ihrem Körper verwachsen sind, auf die Empfindungen in ihnen, ihr Gewicht, ihre Wärme, den ganzen Komplex von Empfindungen, aus dem sich das trügerisch einfache Bewußtsein von Ihren beiden Armen zusammensetzt.

Dennoch ist es alles andere als einfach zu wissen, wo und in welchem Zustand sich Ihr Arm befindet. Dieses Wissen ist das Produkt von Tausenden von Rechenoperationen, die Millionen von Gehirnneuronen ausführen – Neuronen, die den Input von Gelenken verarbeiten, anderen, die Berührungs-, Druck-, Temperatur- und unzählige andere Empfindungen registrieren. Einiges davon wissen wir nur durch die Erkenntnisse über die Schwerkraft. Nach einer gewissen Zeit im Weltraum verlieren Astronauten oftmals ihr Gespür für ihre Gliedmaßen und müssen sie mit Hilfe der Augen lokalisieren. Nichts ist selbstverständlich, nicht einmal das Wissen, wo sich der eigene Arm befindet. Werden die Gehirnneuronen manipuliert, die dies berechnen, können die Rechenoperationen fehlerhaft sein und so aus dem synaptischen Chaos Gespenster heraufbeschwören. Mit den Phantomen und Gespenstern, die im vibrierenden Netz des Gehirns gefangen sind, befassen wir uns in diesem Kapitel.

Kriegsgespenster

Der Yom-Kippur-Krieg im Oktober 1973 forderte, wie alle Kriege, seinen Tribut an Körpern der Soldaten, die in ihm kämpften. Viele verloren in den erbitterten Gefechten in der Wüste Arme und Beine. Später, als ihnen in Rehabilitationszentren künstliche Gliedmaßen angepaßt wurden, wurde eine Gruppe von dreiundsiebzig dieser Kriegsversehrten darüber befragt, welche Erfahrungen sie nach dem Verlust einer Gliedmaße gemacht hatten.[2] Die meisten waren Mitte Zwanzig, und einige waren erst einen Monat zuvor versehrt worden; alle hatten ein Bein oder einen Arm verloren, einige besonders tragische Fälle auch mehr als eine Gliedmaße. Die Interviewer interessierte ein Phänomen, das erstmals in einer Studie über Opfer eines anderen Krieges fast genau 100 Jahre zuvor beschrieben worden war. Doktor Mitchell hatte aufgrund seiner Arbeit in den vom Wundbrand heimgesuchten Sanitätszelten des amerikanischen Bürgerkriegs den Ausdruck »Phantomglied« geprägt, um eine unheimliche Empfindung zu beschreiben, von der ihm viele der jungen verstümmelten Patienten berichtet hatten. Es war das gespenstische Gefühl, daß die abgetrennte Gliedmaße noch immer an ihrem ursprünglichen Platz war.[3]

Anders als die beiden Patienten, deren Schicksal ich in der Einleitung zu diesem Kapitel schilderte, hatten diese Männer keine Hirnschädigungen erlitten. Dennoch war die Empfindung, daß die Gliedmaße noch vorhanden sei, ausgesprochen stark. Nur das Zeugnis ihrer Augen – und die grausame Tatsache ihrer Behinderung – ließ sie die Illusion als das erkennen, was sie war: ein tückisches Trugbild ihrer vormaligen körperlichen Integrität. In dem am Anfang dieses Kapitels beschriebenen Fall erlebte der Mann aus Oxford, der einen Gehirnschlag erlitten hatte, die nicht mehr vorhandene Extremität als einen ebenso realen Teil seines Körpers, allerdings handelte es sich in seinem Fall um eine zusätzliche Gliedmaße, die zudem – bizarrerweise – aus seiner Brust wuchs.

In diesen beiden Beispielen benutzt das Gehirn Tricks, um trügerische, aber höchst lebensecht anmutende Erlebnisse heraufzubeschwören. Die Ursachen waren jeweils verschieden – Hirnschädigung in dem einen Fall, Amputation von Gliedmaßen in dem anderen –, doch beiden gemeinsam war die Phantomempfindung einer nicht mehr vorhandenen Gliedmaße. Bevor wir versuchen, dieses Rätsel zu lösen, wollen wir noch einige weitere Erfahrungen dieser unglücklichen Opfer des arabisch-israelischen Konfliktes betrachten.

Alle dreiundsiebzig israelischen Soldaten sagten, sie hätten die Empfindung gehabt, daß sich die Phantome ihrer amputierten Gliedmaßen an deren ursprünglichem Ort befanden. Als ob dieses unsichtbare Phantom noch nicht genug wäre, klagten viele der Soldaten zudem über Schmerzen in der nicht vorhandenen Extremität. Einige wurden sogar von einem Juckreiz in dem Phantomglied gequält, den sie nicht durch Kratzen lindern konnten.

Professor Ramachandran von der Universität von Kalifornien in San Diego hat diesen Formen von Phantomempfindungen eine eingehende Studie gewidmet. Einer seiner Patienten hatte bei einem Unfall auf einem Fischerboot seinen rechten Unterarm verloren.[4] Wie die israelischen Soldaten hatte dieser Mann ein Phantomglied, doch es hatte sich verkürzt – das heißt, er hatte das Gefühl, daß die Hand direkt –

ohne zwischengeschalteten Unterarm – an den Stumpf angewachsen war.

Faszinierenderweise konnte dieser Mann den Phantomarm jedoch so weit »ausstrecken«, daß er – zumindest in seinem Geiste – seine normale Länge erreichte. Er spürte sogar, wie er versuchte, damit nach Gegenständen zu greifen, und einmal wollte er einen drohenden Schlag mit seinem Gespensterarm abwehren! Wenn er stolperte, streckte er den Phantomarm aus, um den Sturz abzufangen.

Einmal wurde der Mann gebeten, nach einer Kaffeetasse zu greifen, die sich in Reichweite befand. Plötzlich und ohne es anzukündigen zog sein Arzt die Tasse ruckartig außer Reichweite. Worauf der Patient sogleich vor Schmerzen schrie: »Aua! Das tut weh!« Er hatte »gespürt«, wie die Tasse seinen Geisterfingern entwunden worden war, und anschließend den Schmerz erlebt, den er empfunden hätte, wenn jemand tatsächlich heftig an seinem Arm gerissen hätte.

Viele der israelischen Soldaten sagten den Interviewern, sie spürten manchmal, wie sich ihr Phantomglied bewege. Die meisten hatten diese Empfindung nur, wenn sie es bewußt bewegen wollten, doch einige klagten darüber, daß sich die Gliedmaße von selbst bewege. Andere beschrieben sogar, daß sie Krämpfe in ihren unsichtbaren Extremitäten empfänden, und einer wurde von einer ständig geballten Phantomfaust gequält. Die Phantomglieder schwitzten auch, und die imaginären Körperteile konnten sich – wie bei dem am Anfang dieses Kapitels beschriebenen Mann mit dem überzähligen Arm – heiß oder kalt anfühlen. Selbst in ihren Träumen waren ihre Körper unversehrt.

Wie die Gespenster von Spukschlössern haben auch diese Arm- und Beingeister die Tendenz, zu kommen und zu gehen. Fast alle israelischen Soldaten beispielsweise gaben an, daß sie sich der Phantomglieder deutlicher bewußt waren, wenn sie ruhten und insbesondere kurz vor dem Zubettgehen. Einige spürten, wie ihre Phantomglieder erschienen, wenn sie Sex hatten. Versuchen wir nun zu verstehen, wie diese seltsamen Wahrnehmungen entstehen können.

Gekreuzte Leitungsbahnen und seltsame Karten

Wie die Welt in einer geordneten, wenn auch unvollkommenen Weise auf geographischen Karten abgebildet wird, so ist der Körper in kortikalen Karten repräsentiert. Eine der Schwächen der Kartographie liegt darin, daß Gegenden wie Grönland sehr viel weniger Raum erhalten, als ihnen aufgrund ihrer Fläche eigentlich zustünde. Europa dagegen ist überrepräsentiert, zumindest in manchen Kartenprojektionen. Doch obschon dies im Hinblick auf die physische Geographie ungerecht sein mag, ist es bezüglich der anthropogeographischen Bedeutung vollauf gerechtfertigt. Schließlich passiert auf Grönland nicht besonders viel, abgesehen von dem Ächzen von Gletschern und dem Knarren von Eisschollen, im Gegensatz zu der lauten Geschäftigkeit in den Städten des übervölkerten Europa.

Das gleiche gilt für die kortikalen Karten des Körpers. Die europäischen Städte von Gesicht und Händen nehmen einen sehr viel größeren Teil des Kartenraums ein als die grönländischen Eiswüsten des unteren Rückens. Was aber geschieht nun, wenn einer dieser übervölkerten europäischen Körperteile durch eine Granatenexplosion vom Körper abgerissen wird? Plötzlich gibt es da ein großes Areal in der kortikalen Karte – das Handareal beispielsweise –, das nichts mehr repräsentiert. Es ist, als hätte sich eine geologische Katastrophe ereignet und als wäre Europa in den Fluten des Atlantiks versunken, so daß große Areale auf den Landkarten keine Entsprechung mehr auf der Erdoberfläche haben.

Was geschieht mit diesen Neuronen? Verkümmern sie und sterben sie ab? Werden die Kartographen Europa einfach durch einen weißen Fleck ersetzen, den sie mit der Anmerkung versehen: »Existiert nicht mehr«? Bevor wir diese Frage beantworten, wollen wir einige weitere seltsame Dinge betrachten, die Menschen erleben, die ein Körperglied verloren haben.

Ein siebzehnjähriger Junge hatte seinen linken Arm unmittelbar oberhalb des Ellbogens verloren. Auch sein Phantomarm war »eingeschrumpft«: Er hatte das Gefühl, daß seine Hand direkt auf dem Stumpf saß.[5]

Wenn man diesem jungen Mann mit einem Wattestäbchen übers Gesicht strich, empfand er die Berührung nicht nur dort, sondern auch auf seinem Phantomarm. Außerdem waren die Finger der Phantomhand gleichmäßig auf seine Gesichtsoberfläche projiziert. Wenn beispielsweise sein Kinn berührt wurde, nahm er einen Reiz auf dem kleinen Finger seiner linken Geisterhand wahr. Streichelte man seine Wange, hatte er das Gefühl, als ob sein Daumen gestreichelt würde. Eine Berührung der Haut zwischen Nase und Lippe erlebte er als Berührung seines Zeigefingers. Ließ man warmes Wasser auf seine linke Gesichtshälfte tropfen, spürte er die Wärme in seiner ganzen Phantomhand, und wenn die Wassertropfen über sein Gesicht rannen, hatte er manchmal sogar das Gefühl, die Flüssigkeit liefe quer über seine Phantomhand. Wenn seine Phantomhand juckte, brachte es ihm Linderung, wenn er sich in der unteren Gesichtshälfte kratzte!

Wenn der Arm vor der Amputation gelähmt war, können die Betreffenden ihr Phantomglied meist nicht willkürlich bewegen. Es ist, als ob die Lähmung des realen Arms vor der Amputation zur virtuellen Lähmung des Phantomglieds führt.[6]

Was löst die Bildung derart seltsamer Karten aus? Weshalb wird die Phantomhand wie bei einer Mutante dem Gesicht aufgepfropft? In der kortikalen Karte des Körpers sind zwar alle Körperteile exakt lokalisiert, aber sie sind nicht eins-zu-eins abgebildet. Vielmehr ist der Körper im Gehirn wie in einem grotesk verzerrenden und fragmentierenden Spiegel repräsentiert. In diesem Spiegel sieht man ein riesiges Gesicht, gewaltige Hände, imposante Genitalien, aber einen sehr kleinen Torso und winzige Beine und Füße (ein sogenannter Homunkulus).

Und die Hand schmiegt sich in der verzerrten Karte direkt an das Gesicht an.

Nach dem Verlust eines Arms erhalten die Neuronen im Handareal der Großhirnrinde plötzlich keinen sensorischen Input mehr. Was tun sie? Schließlich besteht ihr einziger Daseinszweck darin, Körperempfindungen zu registrieren. Verkümmern sie demnach, wenn der Körperteil, den sie repräsentieren, verschwindet? Die Antwort lautet: nein. Vielmehr stellen diese Neuronen ihre treuen Dienste einem anderen Körperteil zur Verfügung, der sie mit den ersehnten Empfindungen versorgt. Wem? Der unmittelbar angrenzenden Region auf der kortikalen Karte. Daher spürte der junge Mann die Reizempfindungen, als sei die Phantomhand auf sein Gesicht transplantiert worden. Wie Übung und Erfahrung die Verknüpfungen zwischen Gehirnneuronen verändern können, so kann offenbar auch der sensorische Reizentzug, der durch eine Amputation verursacht wird, die Hirnarchitektur verändern.

Auch Füße und Genitalien liegen auf dieser Karte unmittelbar nebeneinander. Dies erklärt, weshalb Menschen, die ein Bein verloren haben, beim Geschlechtsverkehr Phantomempfindungen haben: Die das verlorene Bein repräsentierenden Neuronen suchen nach neuen Kontakten, und ihre unmittelbaren Nachbarn auf der Körperkarte – die Genitalien – bieten sich hierfür an. Tatsächlich wurde die faszinierende Hypothese aufgestellt, daß ein Mann, dessen Penis amputiert worden ist, durch Reiben eines Fußes einen Teil der Empfindungen, die ihm sein Penis zu gewähren pflegte, wiedererlangen könne.[7]

Das Gesicht ist nicht das einzige Areal, das der kortikalen Handkarte benachbart ist: Auf der anderen Seite liegt die Karte, die einen anderen Körperteil repräsentiert, den Rumpf. Bieten die handrepräsentierenden Neuronen ihre Dienste auch diesem – wenn auch nicht so glanzvollen – Körperteil an? Ja, das tun sie. Karten von Phantomhänden prägen sich manchmal ebenso dem Rumpf wie dem Gesicht ein.

Forscher untersuchten, welche Bereiche der sogenannten

Körperfühlsphäre »aufleuchteten«, wenn der Rumpf berührt wurde.[8] Wie sich aus der Theorie der »guten Nachbarn« vorhersagen ließ, aktivierte das Reiben des Rumpfes das Handareal der Körperfühlsphäre. Der Handbezirk der Großhirnrinde hatte längere Zeit keinen Input mehr erhalten und sich daher in den Dienst des Rumpfes begeben. Dies ist eindeutig ein Fall, in dem sich das Gehirn aufgrund neuer Erfahrungen selbst plastisch umformt.

Der Mann, dem ein dritter Arm quer über die Brust wuchs (und den wir zu Beginn des Kapitels kennenlernten), erlebte, wie aus dem Chaos eines zerrissenen Netzes synaptischer Verbindungen ein Phantom geboren wurde. Obgleich das Gehirn von Amputierten nicht in dieser Weise geschädigt worden ist, wird es doch durch die tiefgreifenden Veränderungen des sensorischen Inputs, den es empfängt, eindeutig umgeformt. Ihre Phantomglieder sind ebenfalls Geister, die in der Maschinerie des Gehirns erzeugt und eingefangen werden. Obwohl die Geister durch das anhaltende Schrillen der durchtrennten Nerven im Stumpf und durch Veränderungen im Muster der Verbindungen zwischen den Nervenenden und dem Rückenmark gleichsam genährt werden, sind sie doch weitgehend das Nebenprodukt der Reorganisation des Gehirns.

Was kann man gegen ein juckendes, schmerzendes oder verkrampftes Phantom machen? Wenn es sich dabei um Geister handelt, die im Netz der kortikalen Neuronen gefangen sind, dann muß ihre Austreibung mit einer Umorganisation des Gehirns einhergehen. Das Kratzen der Wange mag bei einigen Betroffenen für Linderung sorgen, insofern das Gehirn durch die seltsame Umbildung der Karte der Illusion aufsitzt, das Phantomglied sei gekratzt worden. Wir werden später andere Verfahren kennenlernen, mit denen man das Gehirn dazu bringen kann, seine Phantome freizulassen.

Die vielleicht radikalste Methode, das Gehirn zu verändern, besteht in der Zerstörung von Hirngewebe. Einige Menschen haben das tragische Schicksal, daß sie zunächst eine Gliedmaße verlieren und dann, Jahre später, einen Gehirnschlag erleiden, der Hirngewebe in jenem Teil des Gehirns zerstört, in dem die Körperkarten lokalisiert sind. In einer Studie untersuchte man eine Gruppe solcher Patienten, deren Phantomglied durch einen Schlaganfall in der Gehirnhälfte »amputiert« worden war, welche diese Körperhälfte repräsentierte.[9]

Solche mentalen Amputationen haben jedoch nur dann den gewünschten Erfolg, wenn der Gehirnschlag die Empfindungen aus der Körperhälfte ausschaltet, auf der sich das Phantomglied befindet. So wurde beispielsweise ein Mann endlich von einem rechten Phantombein befreit, nachdem er einen Schlaganfall in der linken Hirnhälfte erlitten hatte. Doch als die Empfindungsfähigkeit langsam wieder in die rechte Körperhälfte zurückkehrte, wuchs auch das Phantombein wieder nach, wie bei einem Molch, dem ein neuer Schwanz wächst. Anders gesagt: In dem Maße, wie sich das zerrissene Netz von Verbindungen selbst reparierte, rekonstruierte es das Phantomglied.

Während einige Phantome mit der Zeit von selbst verschwinden, klammern sich andere so fest an das Nervengewebe, daß sie nur der Gewalt eines Schlaganfalls weichen. Doch das Gehirn ist nicht bloß eine Sammlung von Schaltkreisen, deren Verbindungen dauerhaft nach festen Mustern verlötet sind. Auch wenn es im Gehirn eine beträchtliche Menge solcher »festverdrahteten Verbindungen« gibt und obgleich die Plastizität des Gehirns beschränkt ist, ist die menschliche Großhirnrinde doch ein wandlungs- und anpassungsfähiges Organ, das fortwährend von Erfahrungen geformt wird. Daher sollte man erwarten, daß sich die Phantomglieder und ihre zugehörigen Karten langsam mit der Zeit und mit neuen Erfahrungen verändern, und genau dies geschieht auch. Phantomglieder können mit der Zeit einschrumpfen, und auch die Art ihrer Projektion aufs Gesicht kann sich verändern. Nehmen wir zum Beispiel eine dreiundvierzigjährige Frau, deren rechter Arm oberhalb des Ellbogens amputiert wurde.[10] Zunächst nahm sie den Phantomarm wie einen normalen Arm wahr, er war genauso lang wie der andere

Arm und war auf normale Weise mit dem übrigen Körper verbunden. Zwar fühlte er sich kälter an als ihr wirklicher Arm, doch er nahm Haltungen und Positionen ein, die wohlkoordiniert mit den Bewegungen ihres übrigen Körpers waren. Beim Gehen beispielsweise bewegte sich ihr Phantomglied mit dem gleichen schwingenden Rhythmus, mit dem sich ihr wirklicher Arm vor der Amputation bewegt hatte.

Nach und nach jedoch änderte das Phantomglied seine Gestalt. Die Hand und die Finger rückten allmählich näher an den Stumpf heran, und obgleich sich diese Hand noch immer kälter anfühlte als die andere, hatte sie jetzt pochende, kribbelnde und pulsierende Empfindungen in ihrem Phantomglied. Manchmal begann ihre Geisterhand von selbst zu greifen und sich zu biegen, und die Phantomfinger bewegten sich gelegentlich gleichzeitig mit den Fingern der linken Hand.

Wie bei dem oben beschriebenen jungen Mann war auch bei dieser Frau eine Karte ihrer Phantomhand auf eine Hälfte ihres Gesichts – in ihrem Fall die rechte Gesichtshälfte – projiziert worden. Bei einer Nachuntersuchung zwei Jahre nach der Amputation hatte sich jedoch die Karte ihres Gesichts verändert. Jetzt war die Karte der rechten Gesichtshälfte chaotisch und ungeordnet, im Gegensatz zu der recht präzisen Karte, die kurz nach ihrer Amputation festgestellt worden war. Noch erstaunlicher war, daß sie jetzt eine ähnliche, wenn auch ebenso ungeordnete Karte ihrer Phantomhand auf der *linken* Gesichtshälfte hatte. Offenbar hatte sich die neuronale Neuverschaltung, die in der linken Hirnhälfte stattgefunden hatte, auf die benachbarten Zellen der rechten Hirnhälfte ausgedehnt.

Obgleich die meisten sensorischen Nervenzellen im rechten Arm in die linke Hirnhälfte projizieren, gibt es auch einige Verbindungen, die in die rechte Hälfte abzweigen. Anders gesagt, auch die rechte Hemisphäre erfährt aufgrund der Amputation eine langfristige Veränderung der Stimulation, wenn diese auch viel weniger dramatisch ist als die Veränderungen, welche die linke Hemisphäre bewältigen muß.

Die seltsamen Veränderungen der Gestalt des Phantomglieds, welche diese Frau erlebte, sind auf dem Hintergrund dessen, was wir über die neuroplastische Formbarkeit des Gehirns wissen, durchaus plausibel. Der reale, bewegliche, empfindungsfähige Arm belegt das Gehirn mit einem fortwährenden Sperrfeuer von Impulsen. Diese wiederholte Stimulation der neuronalen Schaltkreise des Gehirns erhält gemäß den Grundsätzen des Hebbschen Lernens die Ordnung der synaptischen Verbindungen in den relevanten Schaltkreisen.

Doch das Phantomglied ist eben nichts weiter als – ein Phantom; seine Schaltkreise im Gehirn empfangen keine kontinuierliche Stimulation von Fingern, die sich in der realen Welt bewegen und Berührungsreize aufnehmen. Ohne diese disziplinierende Wirkung der Erfahrung verändern und reorganisieren sie sich mitunter von selbst. Sie knüpfen und kappen Verbindungen in undisziplinierter Weise, gleich einem verwahrlosten Jugendlichen, der ohne elterliche Erziehung und Aufsicht aufwächst.

Dieser »Wildwuchs« der Verbindungen sorgt dafür, daß die armen Amputierten sich ständig wandelnde und doch unheimlich reale Sinnesempfindungen haben. So gesehen ist der skurrile dritte Arm des Mannes, der zu Beginn dieses Kapitels beschrieben wurde, vielleicht nicht mehr so grotesk, wie er auf Anhieb schien.

Alles im Gehirn?

Obgleich die Erklärung für diese seltsamen Karten nach dem Prinzip der »guten Nachbarschaft« verlockend ist, liefert sie doch zweifellos nicht die ganze Wahrheit. Dies hängt unter anderem damit zusammen, daß Phantomglieder bei einer Gruppe von Personen, bei denen man sie eigentlich erwarten würde, sehr viel seltener und schwächer ausgeprägt sind. Es handelt sich um Menschen, deren Rückenmark bei einem

Unfall durchtrennt wurde. Je nachdem, wo die Wirbelsäule verletzt ist, verlieren diese unglückseligen Unfallopfer vollkommen die Empfindungs- und Bewegungsfähigkeit in ihren Beinen (Paraplegie) bzw. in allen vier Extremitäten (Tetraplegie).

Da ihr Gehirn, ähnlich wie das Gehirn von Amputierten, keinen sensorischen Input von den gelähmten Gliedmaßen mehr empfängt, sollten wir eigentlich auch bei diesen Personen seltsame Karten und Phantomglieder finden. Doch obgleich sie ihre Gliedmaßen – die, was das Gehirn betrifft, in sensorischer Hinsicht amputiert sind – manchmal »spüren«, ist ihr Erleben doch nur ein schwacher Abklatsch der lebhaften Empfindung von Menschen, deren Beine tatsächlich amputiert wurden.

Dies mag damit zusammenhängen, daß sich die durchtrennten Nervenfasern in den Beinen bzw. Armen von Amputierten weiterhin sporadisch entladen und das Gehirn so mit einem Geschoßhagel anarchischer neuronaler Impulse bombardieren. Dieses Sperrfeuer ist möglicherweise notwendig, um die grundlegende Reorganisation des Gehirns auszulösen, die man bei Amputierten feststellt. Anders gesagt, Phantomglieder und seltsame Karten sind möglicherweise das Produkt der neuroplastischen Umgestaltungen im Gehirn und des verzweifelten Schrillens durchtrennter Nerven, weit weg vom Gehirn.

Dies ist auf dem Hintergrund unserer Erkenntnisse über die Faktoren, die das Knüpfen und Lösen synaptischer Verbindungen in vibrierenden neuronalen Netzen beeinflussen, durchaus plausibel. Der rastlose und unablässige Wettbewerb zwischen den Gehirnneuronen bildet die Grundlage für die neuroplastische Gestaltung. In ähnlicher Weise erhöht alles, was dieses allgemeine Aktivitätsniveau anhebt, die Wahrscheinlichkeit, daß sich die Verbindungen selbst reorganisieren.

Im Fall einer Rückenmarkverletzung führt die Durchtrennung des Rückenmarks nicht zu jener Art von chaotischem sensorischem Input ins Gehirn, den man im Anschluß an eine Amputation beobachtet. Daher ist das Ausmaß der kortikalen Reorganisation in jedem Fall deutlich geringer als bei Amputierten.

Es gibt jedoch einen weiteren wichtigen Unterschied zwischen einer Rückenmarkverletzung und einer Amputation, und dieser betrifft die Schmerzen. Obgleich die Beine, die durch eine Rückenmarkverletzung vom Gehirn abgeschnitten sind, schmerzen können, ist der Phantomschmerz nach Amputationen sehr viel häufiger. Dies mag damit zusammenhängen, daß die Durchtrennung sensorischer Nerven das Aktivitätsniveau in Leitungsbahnen, die Schmerzimpulse ans Gehirn leiten, womöglich erhöht.

Solche schmerzbezogenen Inputs regen möglicherweise auch die kortikale Reorganisation an. Anhaltspunkte dafür lieferte erstmals eine deutsche Studie, die herausfand, daß das Ausmaß der kortikalen Reorganisation nach der Amputation einer Gliedmaße eng mit der Intensität des Phantomschmerzes, den die Betreffenden empfanden, zusammenhing.[11] Die Forscher zeigten weiterhin, daß sich durch Betäubung des Stumpfs von Patienten die Phantomschmerzen manchmal beseitigen ließen und die Reorganisation der kortikalen Körperkarte rückgängig gemacht werden konnte. Dies gelang jedoch nur bei drei von sechs Patienten mit Phantomgliedern, und die Anästhesie hatte keine Wirkung auf die nicht schmerzenden Phantomglieder vier weiterer Patienten. Wenn die Schmerzbahnen demnach die amputationsbedingte kortikale Reorganisation auch nicht allein erklären, spielen sie doch eindeutig eine große Rolle.

Die Geister bändigen

Ein Juckreiz, den man nicht durch Kratzen lindern kann, wird manchmal zu einer Qual – und einen Geist kann man nicht kratzen, es sei denn, man hat Glück wie der Mann, der sich in seinem Gesicht kratzte, um den Juckreiz in seinem Phantomarm zu lindern. Schmerzen in einer nicht vorhandenen Extremität sind ebenfalls ein großes Problem, denn wenn die Gliedmaße nur im Gehirn existiert, dann läßt sich der Schmerz auch nur lindern, wenn man auf das Gehirn – und nicht auf den Körper – einwirkt.

Wir werden später auf das Problem des Phantomschmerzes zurückkommen. Hier mag die Feststellung genügen, daß die Betäubung des Stumpfes in mindestens der Hälfte der Fälle weder das Phantomglied noch den Schmerz beseitigt. Was also kann man tun, um eine gewisse Kontrolle über die Empfindungen, die das Phantomglied verursacht, und über seine Bewegungen zu erlangen? Wie können wir den Verdrahtungen des Gehirns beikommen, um den geisterhaften Juckreiz und Schmerz zu lindern, unter denen diese Menschen leiden?

Ein Mann beispielsweise hatte einen Phantomarm, den er als sehr real empfand, doch er war praktisch »gelähmt« – er konnte ihn nur mit großer Mühe bewegen.[12] Zudem ballte er die Faust oftmals infolge eines schmerzhaften Phantomkrampfs, der bis zu einer halben Stunde dauern konnte. Doch nicht genug damit, daß er die Faust verkrampfte, bohrten sich auch noch die Fingernägel seiner Phantomhand in seine Handinnenfläche.

Wie Sie sich noch vom letzten Schneiden Ihrer Fingernägel erinnern werden, sind die Nägel nervenlos und folglich in der kortikalen Körperkarte nicht repräsentiert. Wie kann das Gehirn dann aber Phantomnägel erzeugen? Die Antwort darauf gibt uns das mittlerweile wohlbekannte Prinzip des Hebbschen Lernens.

Viele tausend Mal in Ihrem Leben haben Sie Ihre Hände zu einer Faust geballt, und dabei werden Sie häufig Ihre Fingernägel in Ihre Handflächen gedrückt haben. Folglich wurden diese beiden Arten sensorischer Erfahrung – das Ballen der Fäuste und das Bohren der Fingernägel in die Handfläche – im Lauf der Zeit im Gehirn miteinander gekoppelt. Zellen, die sich zusammen entladen, verdrahten sich miteinander. Folglich löste die geballte Phantomhand im Gehirn dieses Mannes ihren lebenslangen Hebbschen Partner aus – nämlich die Empfindung, daß sich Fingernägel in die Hand bohren.

Wie können wir das Gehirn dazu bringen, diese seltsamen, gespenstischen Empfindungen zu verändern? Ein gewitzter Forscher wartete mit einer eleganten Antwort auf diese Frage auf.[13] Er konstruierte ein Gerät, das eine »virtuelle Realität« erzeugt; es handelte sich schlicht um einen Kasten mit einem Spiegel, und der Mann mit den sich schmerzhaft in seine Phantomhand bohrenden Fingernägeln wurde aufgefordert, seinen »echten« Arm in den Kasten zu legen. In dem Spiegel sah er nun jedoch ein spiegelverkehrtes Bild seines funktionstüchtigen Arms. Anders gesagt, er sah ein visuelles Trugbild einer gesunden Extremität an der Stelle, an der sie sich vor der Amputation befunden hatte.

Anschließend wurde der Mann aufgefordert, seine beiden »Hände« – eine reale und eine illusorische – gleichzeitig zu bewegen. So ballte er etwa die Fäuste und öffnete sie wieder, oder er ließ sie kreisen, als ob er ein Orchester dirigiere. Dabei sah er aufgrund der optischen Täuschung durch den Spiegel, wie sich seine »beiden« Hände bewegten – doch zu seinem Erstaunen löste diese optische Täuschung in ihm die Empfindung aus, als bewege sich sein Phantomglied. Plötzlich spürte er, daß er seine geballte Faust öffnen und sich von dem Schmerz befreien konnte, den die Geisternägel, die sich in die Phantomhandfläche bohrten, verursachten!

Wie ließ sich das Gehirn überlisten, seinen Griff auf diese Weise zu lockern? Nun, die neuronalen Schaltkreise, die früher die Bewegungen in dem amputierten Arm gesteuert hatten, hatten kein »Ventil« mehr für ihre Aktivität, denn schließlich war der Arm verschwunden. Sie glichen Gelehrten, die in einem Elfenbeinturm eingesperrt sind, abgeschnitten von der Realität und ihre Arbeit fortsetzend, ohne sie an der Wirklichkeit zu überprüfen. Wie Gelehrte, die krampfhaft an einer Theorie festhalten, die nicht mit der Realität übereinstimmt, lösten sie eine schmerzhafte Verkrampfung der Phantomhand aus, ohne die Mittel zu besitzen, sie wieder zu lösen.

Als der Mann jedoch »sah«, wie sich seine Phantomhand im Spiegel bewegte, waren diese Gelehrten im Elfenbeinturm plötzlich mit einer Art Wirklichkeit konfrontiert, nämlich einer scheinbar »echten« Bewegung in der realen Welt. Es machte nichts, daß dies ein Trick war und daß sich in Wirklichkeit der funktionstüchtige Arm bewegte; entscheidend war, daß die Öffnung der Hand auf einer sehr real anmutenden optischen Täuschung beruhte. Daher konnten die visuellen Bilder dieser Bewegung durch ihre Verbindungen mit den hermetisch abgeschotteten Schaltkreisen die seltsamen Gewohnheiten der abgeschnittenen Teile des vibrierenden Netzes verändern. Auf diese Weise veränderten sie das Muster der Verbindungen und halfen ihnen »aus dem eingefahrenen Gleis« der schmerzhaft verkrampften Phantomhand.

Ein anderer Mann hatte zehn Jahre früher seinen Arm verloren.[14] Seine Phantomhand war leblos und stocksteif, und er konnte sie überhaupt nicht bewegen. Man forderte ihn auf, seine »beiden« Hände in den Spiegelkasten zu legen und diese dann in der gleichen Weise zu bewegen, wie es der Mann vor ihm getan hatte. Solange er die Augen geschlossen hielt, war seine Phantomhand »gefroren«, wie er sagte, doch als er die Augen öffnete und das Spiegelbild seiner »bewegten« Hand sah, spürte er plötzlich, daß er erstmals seit zehn Jahren seine gelähmte Phantomhand wieder bewegen konnte.

Nachdem er ein paar Wochen lang 15 Minuten täglich mit der Spiegelkiste geübt hatte, stellte er fest, daß sich sein Phantomarm im Verlauf des Trainings verkürzt hatte.[15] Nun baumelten seine Scheinfinger und ein Teil ihrer gespenstischen Handinnenfläche direkt am Stumpf nahe der Schulter. Dies war eine Erleichterung für den Patienten, der viele Jahre lang einen schmerzenden Phantomellbogen besessen hatte; doch da er jetzt keinen Ellbogen mehr hatte, hatte er auch keine Schmerzen mehr!

Die gelähmte Gliedmaße war in ihrem Elfenbeinturm gefangen gewesen, abgeschnitten von jeglichem korrektiven Feedback von Körper oder Augen. Was die Augen im Spiegel sahen, war – obgleich eine optische Täuschung – dem realen Objekt so ähnlich, daß die Stimuli endlich die weltabgeschiedenen Verbindungen erreichten. Die Erfahrung formte diese eingefrorenen Verbindungen durch die Aktivität um, die sie in diesem vibrierenden Netz von Synapsen zwischen dem Sehzentrum des Gehirns und der Körperfühlsphäre auslöste. Die Bewegung, die der Mann im magischen Spiegel sah, genügte, um die neuronalen Verbindungen des Phantomglieds im Gehirn neu zu knüpfen und es aus seinem Gefängnis zu befreien.

Manche Patienten können in ihren Phantomhänden auch Berührungen »spüren«. In einigen Fällen, in denen die reale Hand berührt wurde und sie dies im Spiegel sahen, »spürten« sie den Druck auf ihre nicht vorhandene Hand, die sie im Spiegel erblickten. Möglicherweise bildeten sich neue Verbindungen zwischen den Körperfühlzentren der beiden Großhirnhälften (vielleicht wurden auch bestehende reaktiviert), denn es ist kaum ersichtlich, auf welche Weise die Berührung der einen Hand als Berührung der anderen (wenn auch Phantomhand) empfunden werden könnte, es sei denn durch eine entsprechende Signalleitung über Fasern, welche die beiden Hemisphären verbinden.

In meinem Labor haben wir eine ganz ähnliche Entdeckung gemacht. Wir untersuchten einen Mann, der, obgleich sein linker Arm nicht amputiert worden war, aufgrund einer Schädigung der rechten Hemisphäre diesen Arm nicht spürte – außer, wenn er sah, daß seine Hand berührt wurde.

Existierte vielleicht in seiner Hand eine Art »schlafender« Tastsinn, der durch visuelle Stimuli »aufgeweckt« wurde? Doch dies war nicht der Fall, denn als wir eine Plastikhand auf den Tisch legten – und seine reale Hand unter dem Tisch unmittelbar unter der Plastikhand versteckten – und sie berührten, empfand er sogar noch deutlicher eine reale Berührung seiner realen Hand.

Die Plastikhand ähnelte – wie die gespiegelte Hand in dem magischen Spiegel – der realen Hand. Als wir sie berührten, aktivierten die kortikalen Neuronen, welche die Berührung

»sahen«, ihre ehemaligen Partner, die Neuronen, die normalerweise Berührungen in jenem Teil des Körpers registrieren. Dies ist ein weiteres Beispiel dafür, wie kortikale Neuronen überlistet werden können, wenn an einem Teil des vibrierenden Netzes heftig gezogen wird, was Veränderungen bei seinen fernen, aber verknüpften Nachbarn auslöst.

All dies ist aktive neuroplastische Gestaltung – die Reorganisation der neuronalen Verbindungen durch Erfahrung. Im Fall des magischen Spiegels war die Erfahrung allerdings gezielt darauf abgestellt, das Gehirn zu verändern. Genau darum geht es bei der Rehabilitation. Dabei sollen neuronale Schaltkreise durch Training – in diesem Fall: durch eine List – dazu veranlaßt werden, ihre Verbindungsmuster zu verändern. Wir werden später noch weitere Beispiele hierfür kennenlernen.

Große Unterschiede in den Empfindungen, die Menschen in ihren Phantomgliedern spüren, hängen vermutlich teilweise mit individuell unterschiedlichen Reaktionen auf die Empfindungen zusammen. Die Erforschung dieser unterschiedlichen Reaktionen könnte den Wissenschaftlern Anhaltspunkte dafür liefern, wie die Behandlung von Hirnschäden – einschließlich altersbedingter Schäden – durch neuroplastische Modellierung verbessert werden könnte.

So könnten beispielsweise einige Menschen lernen, diese seltsamen Karten ihres Gesichts und anderer Körperteile zu ignorieren. Die neuroplastische Umgestaltung bedarf der Aufmerksamkeit, und möglicherweise entscheidet das, worauf man seine Aufmerksamkeit richtet (und umgekehrt, das, was man ignoriert), darüber, wie sehr man von Geistern verfolgt wird. So können Betroffene vermutlich dadurch lernen, die Empfindungen, die sie bei Berührungen des Stumpfs in ihrem Gesicht wahrnehmen, zu ignorieren, indem sie sich mit Hilfe ihrer Augen davon überzeugen, daß nur ein Teil ihres Körpers berührt wird – nämlich der Stumpf. Durch Fokussierung der Aufmerksamkeit auf den Stumpf können sie vielleicht die gekreuzten Leitungsbahnen dazu veranlassen, das Phantomglied infolge unzureichender Aufmerksamkeit zum Verschwinden zu bringen. Tatsächlich haben einige Ärzte über die erfolgreiche Behandlung von Phantomgliedern mit hypnoseartigen Verfahren berichtet, die auf eben dieser Fokussierung der Aufmerksamkeit beruhen. Bislang ist es wissenschaftlich nicht zweifelsfrei erwiesen, daß diese Methode Phantome aus dem vibrierenden Netz vertreiben kann, doch theoretisch spricht vieles dafür.

Die Verschaltungen im Gehirn lassen sich auch dadurch verändern, daß man die Stumpfregion reizt, etwa durch Reiben. Es wurde behauptet, daß eine solche Stimulation möglicherweise die kortikalen Arm- und Handareale vor dem beherrschenden Einfluß des benachbarten Gesichtsareals schützen könnte. So dürften einige Menschen durch das, was sie nach der Amputation tun, ihr Gehirn unabsichtlich neuroplastisch formen.[16]

All diese therapeutischen Ideen sind noch spekulativ und wissenschaftlich nicht erwiesen. Wir verstehen bislang noch nicht genau, wie sich das Gehirn nach einer Amputation verändert. Möglicherweise besteht die neuroplastische Umformung hauptsächlich darin, daß sich die Stärke der Verbindungen in dem vibrierenden Netz ändert – so werden vielleicht vorhandene Verbindungen, die bis dahin gehemmt waren, »reaktiviert«.

Vor der Amputation waren diese Verbindungen möglicherweise von stärkeren Verbindungen an der wettbewerbsintensiven Börse des vibrierenden Netzes »drangsaliert« worden. Vielleicht wachsen auch neue physische Verbindungen. In Reaktion auf die neue Erfahrung sprießen vielleicht Dendritenzweige und Axonäste. Höchstwahrscheinlich finden beide Prozesse statt, doch während das synaptische Jonglieren Sekunden und Minuten dauert, nimmt das neue Wachstum Wochen, Monate oder gar Jahre in Anspruch.[17]

Phantome im Ohr und der Geschmack von Wolken

Taubheit ist eine Art Amputation – das Abgeschnittenwerden von akustischen Reizen. Was geschieht mit den Regionen des Gehirns, die Schallsignale registrieren, wenn sie keinen Input mehr erhalten? Es wäre erstaunlich, wenn die Hörrinde ganz anders reagieren würde als die Körperareale des Gehirns.

Wir würden erwarten, eine neuroplastische Umgestaltung in den Hörzentren des Gehirns zu finden, und genau das ist der Fall. In einer japanischen Studie an Menschen, die auf einem Ohr taub waren, stellten die Forscher fest, daß das Gehirn in der Tat durch diese unausgewogene sensorische Kost umgestaltet worden war.

Außerdem können Phantome das akustische Vakuum füllen, so ähnlich wie sie das körperliche Vakuum nach einer Amputation füllen. Tinnitus – ein Summen oder Klingen im Ohr – stellt möglicherweise die chaotische Reaktion des Gehirns auf die Entziehung von akustischen Reizen dar. So begann beispielsweise eine siebzigjährige Frau nach der Entfernung eines Hirntumors plötzlich an Tinnitus zu leiden. Die Operation führte dazu, daß sie auf einem Ohr völlig taub wurde, und dies wiederum führte dazu, daß sie in diesem Ohr ein Summen hörte, das kam und ging.[18]

Das Seltsame bei dieser Frau war freilich die Tatsache, daß die Phantomgeräusche ausgelöst werden konnten, indem man über eine bestimmte Stelle an ihrem linken Handgelenk strich. Außerdem konnte sie das Ohrensausen einschalten, wenn sie mit den Augen nach links schaute. Dies entspricht der Projektion der Karten von Phantomhänden auf reale Gesichter, was zeigt, daß das Gehirn auf Reizverlust mit der Neuorganisation seiner Verbindungen reagiert, die manchmal Hirnareale verknüpfen, die normalerweise nichts miteinander zu tun haben.

Im Fall dieser Frau erstreckte sich die neuroplastische Umgestaltung weit über die Hörzentren hinaus, und das durch die Operation ausgelöste Chaos im vibrierenden Netz führte dazu, daß seltsame Verbindungen zwischen den Körperarealen, den Augenbewegungsregionen und den Hörzentren geknüpft wurden.

Eine solche Interferenz zwischen den Sinnen kann auch auf natürliche Weise entstehen, ohne eine Schädigung des Gehirns, des Körpers oder der Sinne. Einige wenige Menschen werden mit der Fähigkeit zur »Synästhesie« geboren – das heißt, sie haben eine Mitempfindung in einem Sinnesorgan, wenn ein anderes gereizt wird. So »sehen« beispielsweise bestimmte Menschen musikalische Klänge in ihrer charakteristischen »Farbe«; andere »sehen« Farben, wenn sie bestimmte Wörter hören. Ein Mann sagte, als er das Wort »Moskau« hörte, habe er die Farbe »Dunkelgrau mit Spinatgrün und Blaßblau« lebhaft vor seinem inneren Auge gesehen.[19]

Wolken zu schmecken oder den Duft von Rosen zu spüren sind nicht bloß Einbildungen müßiger Geister. Diese Personen sehen wirklich, was sie hören, und sie spüren, was sie schmekken. Wir wissen dies, weil wir ihre Hirnaktivität gemessen haben, während sie diese seltsamen Empfindungen hatten.[20] Wenn sie Wörter hörten, sahen sie verschiedene Farben, und ihre Hirnaktivität unterschied sich nachhaltig von der solcher Personen, die keine Farben sahen, wenn sie Wörter hörten. Tatsächlich »leuchtete« ihr Gehirn genau in den Bereichen der Sehrinde auf, in denen Farben registriert werden.

Möglicherweise hat das Gehirn dieser Menschen aus irgendeinem Grund Verbindungen zwischen verschiedenen sensorischen Feldern aufrechterhalten, die normalerweise in der Kindheit in dem Maße »ausgeputzt« werden, wie das Gehirn wächst. Allerdings gibt es viele weitere mögliche Ursachen. Diese Beispiele zeigen, daß der Fall der Frau, die in ihrem Ohr Phantomgeräusche hörte, wenn man ihr Handgelenk berührte, nicht so skurril ist, wie es zunächst schien.

Die Synästhesie zeigt uns, daß die seltsamen Erfahrungen der von Gespenstern gequälten Menschen, die wir in diesem Kapitel schilderten, nicht auf eine unerklärliche Verrücktheit zurückzuführen sind, die man leicht abtun kann. Ein überzähliger Arm, der aus Ihrer Brust wächst, kann sich genauso real anfühlen wie der Arm, der dieses Buch hält. Eine Phantomhand kann sich genauso zur Faust ballen und genauso jucken wie eine reale Hand. All dies zeigt uns, wie dynamisch das Gehirn ist und wie stark es durch Erfahrungen geformt wird.

Wir haben gesehen, wie das Gehirn auf drastische Veränderungen seiner sensorischen Kost reagiert. Betrachten wir nun die andere Seite der Medaille: wie das Gehirn reagiert, wenn es etwas von seiner Substanz verliert. Verhalten sich Hirnareale solidarisch, wenn einige ihrer Nachbarn sterben? Dies ist die Frage, mit der wir uns im nächsten Kapitel beschäftigen werden.

Kapitel 5

Das zerrissene Netz

Sie sah das Auto nicht, noch sah der Fahrer des Autos sie. Kein Kreischen von Bremsen – lediglich der dumpfe Aufschlag, den man hört, wenn ein Auto mit einer Geschwindigkeit von 40 Kilometern pro Stunde auf einen menschlichen Körper trifft. In dieser Sekunde überschlugen sich die Erinnerungen, Gedanken und Emotionen einer jungen Frau, die am Beginn der geistigen und persönlichen Blüte ihres Lebens stand. In der nächsten Sekunde war sie ohnmächtig.

Der Unfall ereignete sich in Cambridge, an einem Dezemberabend des Jahres 1992, als die zwanzigjährige Jessica Mnatzaganian auf dem Heimweg von einem Konzert in der King's College Chapel die Straße überquerte. Die musikalisch und intellektuell hochbegabte Jessica war Mitglied des Kammerchors der Universität Cambridge, an der sie Naturwissenschaften studierte.

Jessica hörte nichts von dem Heulen der Sirene des Krankenwagens, als dieser durch den Nebel zum Addenbrooke's Hospital raste. Im Bruchteil einer Sekunde war diese aufgeweckte und lebhafte Studentin durch den Aufprall in ein Koma geschleudert worden, in dem alles Bewußtsein erlosch. Als Jessica im Krankenhaus eintraf, öffnete sie weder die Augen, noch bewegte sie ihre Gliedmaßen, nicht einmal, wenn ihr ein schmerzhafter Reiz verabreicht wurde. Glücklicherweise hat sie keinerlei Erinnerung an die folgenden vier Monate, in denen drei ihrer Gliedmaßen gelähmt waren und ihre Vitalfunktionen einschließlich Atmung und Ernährung über ein Netzwerk von Schläuchen und Maschinen aufrechterhalten wurden.

Jessicas Mutter Madeleine verbrachte die nächsten drei Monate an ihrer Seite. Sie redete die ganze Zeit mit ihrer Tochter, und als Jessica zwölf Tage nach dem Unfall erstmals die Augen öffnete, zeigte sie ihr Photos, um auf diese Weise ihr Gedächtnis zu stimulieren. Sie spielte Jessica auch Musik vor, unter anderem eine Aufnahme eines Stücks für Klavier, Cello und Gesang, in dem Jessica gesungen hatte. »Als Jessica die Musik hörte, schluchzte sie, öffnete aber kein einziges Mal die Augen«, sagte mir Frau Mnatzaganian. »Ich bemerkte, daß sich ihre Atmung veränderte, wenn ich ihr Musik vorspielte – dies war zu einem Zeitpunkt, als wir glaubten, sie würde sich nie mehr erholen.«

Dann, sechzehn Tage nach Beginn des Komas, kam der Sohn einer muslimischen Familie, die regelmäßig eine andere Patientin im selben Zimmer besuchte, zu Jessica herüber und sagte zu ihr: »Meine Mutter betet jeden Abend für dich. Würdest du für sie beten?« Zum Erstaunen derer, die sich um sie versammelt hatten, antwortete sie: »Ja.« Dies war das erste Wort, das sie seit dem Unfall gesprochen hatte. Ihre nächsten Worte waren: »Mein Mund tut weh ...« und dann: »1, 2, 3, 4 ... O mein Gott, was ist aus meinem Verstand geworden?«

Doch Jessica hatte, auch nachdem sie zu sprechen begonnen hatte, keinerlei Erinnerung an das, was tags zuvor oder auch nur vor einer Minute gewesen war. Mit der einen Gliedmaße, die sie bewegen konnte – »ihrer manischen linken Hand«, wie ihre Mutter sie nannte –, fuchtelte sie wild umher, wobei sie mehrfach an den Schläuchen und Kabeln zog, die sie am Leben hielten. Sie wußte nicht, wo sie war – manchmal glaubte sie in Leicestershire zu sein, dann wieder in Südfrankreich.

»Sie schaute zu mir auf und sagte: ›Wo ist meine wirkliche Mutter?‹«, sagte mir Frau Mnatzaganian. »Sie war verwirrt und meinte, sie sei sechzehn Jahre alt. Doch dann erkannte sie, daß sie Erfahrungen gemacht hatte, die nicht zu diesem Alter paßten. So verfiel sie auf den Gedanken, daß sie eine Zeitreise gemacht haben mußte. Die Wissenschaftlerin in ihr versuchte herauszufinden, weshalb sie sich so seltsam fühlte.«

Trotz ihrer Verwirrtheit fragte Jessica schon kurz nachdem sie ihre Sprechfähigkeit wiedererlangt hatte nach wissenschaftlichen Fachbüchern. »Natürlich konnte sie die Bücher nicht lesen«, sagte mir ihre Mutter, »aber ungeachtet ihrer Verwirrtheit war sie fest entschlossen, ihr Studium wiederaufzunehmen. Eines Tages, als ihr besonders elend zumute war, klagte sie bitterlich: ›Warum kann ich nicht mehr klar denken?‹, und sie wollte einfach nicht einschlafen. Also spielte ich ihr ein Tonband vor, das ihr Tutor für sie mitgebracht hatte und auf dem eine Unterrichtsstunde zum Thema Blutdruckmessen aufgenommen war. Als sie das hörte, fiel sie völlig entspannt aufs Bett zurück! Am nächsten Tag brachte ihr ein Freund ein Buch über Hirnhistologie vorbei. Während sie gelähmt in ihrem Rollstuhl zusammengesackt saß und den nach einer Operation, bei der ein großes Blutgerinnsel aus ihrem Gehirn entfernt worden war, halbseitig rasierten Kopf schlaff nach einer Seite hängen ließ, sagte Jessica: ›Wartet nur ab, ich werd' wieder so schlau wie früher.‹«

»Wir müssen auf Außenstehende wie eine verschworene Gemeinschaft von Narren gewirkt haben!« sagte Frau Mnatzanagian lächelnd. »Wir alle glaubten fest daran, daß sie wieder aufs College gehen würde – natürlich hat sie es uns eingegeben –, alles kam von Jessica. Ihre Freunde und Tutoren besuchten sie regelmäßig; sie brachten Bücher mit, unterhielten sich mit ihr und spielten ihr Musik vor ... Wir wußten, daß die statistische Wahrscheinlichkeit entsetzlich gering war, aber wir wollten es gar nicht wissen – wir wollten nichts hören, was unseren festen Glauben an ihre völlige Genesung bedrohen konnte ...«

Sogar als Jessica wieder zu gehen begann, konnte sie sich noch immer nicht an das erinnern, was jeweils tags zuvor geschehen war – sie befand sich zwei Monate nach dem Unfall noch immer in einem Zustand »posttraumatischer Amnesie«, was darauf hindeutete, daß ihr Gehirn tatsächlich schwer geschädigt worden war. Der Durchbruch kam, als Richard – ihr Freund, der den Unfall mit angesehen hatte – bei einem Konzert in Cambridge Cello spielen sollte. »Ich dachte, daß es ihr gut täte, wenn sie das Konzert besuchen würde«, sagte Jessicas Mutter.

Jessica hörte sich am Tag des Konzerts eine Aufnahme davon an. »Ich erinnere mich noch, wie ich dachte: ›Ich werde mich jetzt ausweinen, damit ich unbeschwert ins Konzert gehen kann‹«, sagte mir Jessica, »und ich weinte mir die Augen aus. Als ich aufhörte, beschlich mich die Angst, daß meine Erinnerungen an die Musik nicht ausreichen würden, um das Konzert zu genießen. Doch als ich dort war, saß ich wie gebannt auf meinem Platz und konzentrierte mich auf jede Note.« Dieses Konzert am 7. Februar 1993 war der Wendepunkt für Jessica: Ihr Gedächtnis kehrte langsam zurück – auch wenn sie für immer die Erinnerung an den größten Teil des Semesters vor dem Unfall sowie – glücklicherweise – die Monate des Komas und der amnesiebedingten Verwirrtheit verloren hat. Ob das Konzert ihre Genesung beschleunigt hat oder ob es eine bloß zeitliche Koinzidenz war, wissen wir nicht. Jedenfalls begann sie Anfang 1994 im Clare College Chapel Choir zu singen, und im Oktober 1994 nahm sie ihr Studium wieder auf (im Juni 1995 legte sie ihre Vordiplomprüfung in Naturwissenschaften ab). Wenn man sich heute mit ihr unterhält, käme man nie auf die Idee, daß sie einmal einen so schweren Unfall gehabt hat – sie ist so lebendig und spritzig, wie es eine Studentin nur sein kann.

Doch sie hatte das Glück einer außergewöhnlich guten Rekonvaleszenz nach einer so schweren Verletzung, und sie zeigte keine der Persönlichkeitsveränderungen, die das Leben so vieler Menschen mit ähnlich schweren Verletzungen zerstören. Ob eine intensive Stimulation von Komapatienten deren Genesungschancen erhöht, ist bislang wissenschaftlich nicht erwiesen, und Jessica wäre möglicherweise auch genesen, wenn sie keine so nachhaltige Stimulation von Verwandten und Freunden erhalten hätte.

»Ohne dich wäre ich verloren gewesen«, sagte Jessica zu ihrer Mutter, als wollte sie diese wissenschaftlichen Überlegungen in meinem Kopf beantworten. »Ich stand zwischen ihr und der Welt«, antwortete Frau Mnatzaganian ruhig. Da fällt es einem sehr schwer, die starke Gefühlsbindung zwischen den beiden Frauen als einen wesentlichen Faktor in Jessicas bemerkenswerter Rehabilitation auszuklammern.

»Man sollte immer hoffnungsvoll sein, ohne sich doch selbst etwas vorzumachen«, fügte Frau Mnatzaganian hinzu, die wie ihre Tochter meine Gedanken zu lesen schien. »Natürlich kommt für viele der Zeitpunkt, wo man sich damit abfinden muß, daß die Genesung nicht so gut verlaufen wird wie bei Jessica. Wenn jemand im Koma liegt, muß man sich damit abfinden ... aber nicht zu früh.«

Der heilende Skulpteur

Jessica hatte Glück. Viele andere Menschen, deren vibrierende neuronale Netze zerrissen wurden, machen keine so bemerkenswerte Genesung durch. Sie profitierte nicht nur von ihrer Willenskraft und der Unterstützung durch ihre Familie, sondern darüber hinaus auch von ihrer hohen Intelligenz. Menschen mit einem hohen IQ genesen im Schnitt besser als Menschen mit niedriger Intelligenz, wenn ihr Gehirn bei einem Unfall geschädigt wird.[1] Dies mag unter anderem auf die hohe Bildung zurückzuführen sein, die mit hoher Intelligenz einhergeht.

Wir sahen weiter oben, daß das Gehirn von Menschen mit hohem Bildungsniveau komplexere und reicher verschaltete neuronale Netze aufweist als das von Menschen mit niedrigem

Bildungsniveau. Natürlich ist es möglich, daß nicht die Erziehung selbst diese reichen Verschaltungen hervorbringt, sondern daß derselbe genetische Faktor sowohl für hohe Intelligenz als auch für eine komplexe Gehirnstruktur verantwortlich ist. Dies ist jedoch sicherlich nicht die ganze Wahrheit – Bildung und Erfahrung können die Hirnstruktur verändern.

Weshalb sollte sich ein dichter verschaltetes Netzwerk von Neuronen besser von Schädigungen erholen können als weniger eng verflochtene Netze? Eine Antwort auf diese Frage könnte im Hebbschen Lernen liegen. Je mehr Neuronen sich durch gemeinsame Entladung miteinander verdrahtet haben, um so wahrscheinlicher ist es, daß die Fähigkeiten und Erinnerungen, die in diese verschalteten Verbindungen eingeflochten sind, wiedererlangt werden können.

Wenn Ihr Gehirn geschädigt wird – etwa durch einen Schlag auf den Kopf oder einen Gehirnschlag –, verlieren Sie vielleicht die Fähigkeit, komplexe Hand- und Fußbewegungen auszuführen, wie sie beim Autofahren erforderlich sind. Erinnern wir uns daran, daß diese Fähigkeit in Verschaltungsmustern im Gehirn gespeichert ist, die während der mehrjährigen Fahrpraxis durch Hebbsches Lernen aufgebaut wurden. Nachdem Ihr Gehirn geschädigt wurde, verlieren Sie diese Fähigkeit, weil viele neuronale Verbindungen durchtrennt worden sind. Dies führt letztlich dazu, daß Sie die »Erinnerung« daran verlieren, wie man ein Auto fährt.

Nehmen wir nun an, Sie versuchten im Rahmen Ihrer Rehabilitation wieder Auto fahren zu lernen. Sie dürfen auf einem Gelände üben, wo Sie keinen großen Schaden anrichten können. Sie sitzen im Auto und stecken den Schlüssel in das Zündschloß. Ihr Fahrlehrer erklärt Ihnen dann die richtige Folge von Hand- und Fußbewegungen an der Gangschaltung, der Bremse und der Kupplung. Was geschieht während dieses Trainings in dem geschädigten Netzwerk?

Zunächst werden einige der Zellen in dem Netz, in dem die Erinnerungen ans Autofahren gespeichert waren, »angeschaltet«, wenn die Bewegungen ausgeführt werden. Doch nicht nur das, sie werden überdies in einem Muster angeschaltet, das weitgehend dem ursprünglichen Muster der Verbindungen, die beim Autofahren aktiviert wurden, entspricht. Wenn dies geschieht, werden auch die anderen Zellen im Netz, die noch immer mit den angeschalteten Zellen verbunden sind, aktiviert; diese alten Verbindungen wurden während der jahrelangen Fahrpraxis durch Hebbsches Lernen aufgebaut. Dies führt dazu, daß die meisten relevanten Zellen angeschaltet werden, wenn Sie wieder in die Routine des Autofahrens hineinkommen. Da gilt, daß Zellen, die sich gleichzeitig entladen, miteinander verdrahten, werden sich auch Zellen, deren Verbindung durch die Hirnschädigung zerrissen wurde, infolge des Hebbschen Lernens wieder verknüpfen. Je mehr Sie üben, um so stärker sollten diese Verbindungen werden, so daß Sie schließlich vielleicht wieder fahren können. Die erhalten gebliebenen Neuronen wurden wieder zusammengenäht, nachdem sie durch die erneute Fahrpraxis als Gruppe aktiviert worden waren.

Genau das gleiche geschieht auch im Krieg, wenn sich eine Kompanie neu formiert, nachdem sie einige ihrer Leute verloren hat. Vielleicht wurde der Gefreite verwundet, so daß die Befehlskette zwischen Feldwebel und gewöhnlichen Soldaten unterbrochen ist, doch dann werden neue Verbindungen hergestellt – etwa durch Ernennung eines gewöhnlichen Soldaten zum verantwortlichen Gefreiten –, und so ist die Kompanie wieder einsatzfähig, obgleich sie einige ihrer Mitglieder verloren hat.

In ähnlicher Weise kann ein Hirngeschädigter trotz der Tatsache, daß einige der Gehirnneuronen, die ihm beim Fahren halfen, abgestorben sind, wieder fahren lernen. Wie bei der Kompanie ist die einstmalige Fähigkeit in dem beschädigten *Muster* der Verbindungen *zwischen* Zellen verankert. Armeen sind auf starke Rollen – Ränge – angewiesen, die sicherstellen, daß der Verlust eines Individuums ihre Kampffähigkeit nicht beeinträchtigt. Gewöhnliche Soldaten können die Rolle anderer Soldaten übernehmen, die gefallen sind. In gleicher Weise können Sie Ihr Wissen und Ihre Fähigkeiten durch die richtige Art von neuronaler »Umspannung« wiedererlangen, selbst wenn einige der Zellen absterben. Wenn Sie eine große Anzahl von Neuronen verlieren, ist das vibrierende Netz möglicherweise so stark zerrissen, daß keine Muster mehr zusammengeflochten werden können, auch nicht durch die sorgfältigste Stimulation. Das gleiche gilt für Kompanien. Wenn sie zu viele Männer verlieren, lassen sie sich nicht mehr als schlagkräftige Kampfeinheit einsetzen.

Allerdings liegen die Dinge nicht immer so einfach. Manchmal üben gesunde Schaltkreise im Gehirn einen negativen Einfluß auf ein geschädigtes Netzwerk aus, das seine alten Fähigkeiten zurückerlangen möchte. Dies ist einer von mehreren Gründen, warum sich viele Menschen von Hirnschädigungen nicht so gut erholen wie Jessica.

Dabei haben intelligente und hochvernetzte Gehirne wie das von Jessica vermutlich eine höhere Chance, durchtrennte Verbindungen wiederherzustellen, als nicht so gut gerüstete Gehirne. Das dichte Flechtwerk des vibrierenden Netzes erklärt höchstwahrscheinlich den Zusammenhang zwischen Intelligenz und der Genesung von Hirnschäden.

Jessica erlitt ein sogenanntes gedecktes Schädelhirntrauma. Wenn der Kopf gegen einen harten Gegenstand stößt, wird das weiche Hirngewebe im Schädel durcheinandergeschüttelt, gedehnt und verdreht. Dadurch werden die langen, weichen, markhaltigen Verdrahtungen – die Axone der Neuronen –, die den Großteil des Schädelinnern ausfüllen und die dünne Schicht aus grauer Substanz, aus der die Großhirnrinde besteht, verschalten, gequetscht und zerrissen. Obgleich auch die kortikalen Neuronen bei einem Schädelhirntrauma oftmals geschädigt werden – unter anderem durch Reibung an der knochigen Innenseite des Schädels –, ist die konnektive Verdrahtung besonders gefährdet, und wenn die Verbindungen zwischen Zellen geschädigt oder zerstört werden, verkümmern jene Zellen, die normalerweise über diese Fasern Inputs erhalten. Dies ist darauf zurückzuführen, daß sie von der Stimulation abgeschnitten werden, die sie stark und gesund erhält. Neuere Forschungsergebnisse deuten jedoch darauf hin, daß das vibrierende Netz über eine bemerkenswerte Fähigkeit zur Selbstreparatur durchtrennter Faserverbindungen verfügt.[2]

Forscher untersuchten die neuronalen Netze von Ratten und stellten fest, daß in bestimmte Bereiche des vibrierenden Netzes, sofern mindestens 10 bis 15 Prozent der Faserverbindungen unverletzt geblieben sind, im Verlauf von zwei bis drei Wochen weitgehend normale Fähigkeiten zurückkehren können. In einigen Regionen des Gehirns können sogar weitgehend normale Funktionen erhalten bleiben, wenn bis zu 95 Prozent der Zellen durch Krankheit zerstört wurden. Nur wenn dieses minimale Flechtwerk ebenfalls verloren geht, bricht das System vollständig zusammen und kann sich nicht mehr durch Selbstverdrahtung regenerieren.

Ein Beispiel hierfür ist das Parkinson-Syndrom, das durch einen Mangel des Neurotransmitters Dopamin in einer als »Substantia nigra« bezeichneten Region des Gehirns verursacht wird. Menschen, die am Parkinson-Syndrom leiden, haben Schwierigkeiten, sich zu bewegen und zu gehen, doch diese Probleme manifestieren sich erst dann, wenn mehr als vier Fünftel der dopaminproduzierenden Zellen in der Substantia nigra abgestorben sind.[3]

Schaltkreise können sich wieder zusammenschließen, wenn die Verdrahtung zwischen Zellen geschädigt ist. Beim Parkinson-Syndrom jedoch degenerieren die Zellen selbst. Offenbar reagieren die verbleibenden Zellen auf dieses Gemetzel mit einer Erhöhung ihrer Entladungsrate, um so einen angemessenen Dopaminspiegel aufrechtzuerhalten. Dies ist eine weitere Möglichkeit, wie sich das vibrierende Netz bei Schädigung selbst regenerieren kann.

Jessica fiel infolge der Quetschung und Durchtrennung einer riesigen Zahl von Axonen ins Koma, und selbst als sie daraus erwachte, war sie aufgrund der schweren Traumatisierung desorientiert und verwirrt. Durch ihre eigenen Anstrengungen und die Stimulation, die sie von Verwandten und Freunden erhielt, wurden die zerrissenen Netze allmählich wieder neu verknüpft und reorganisiert – zumindest bis zu einem gewissen Grad. Das Endprodukt war die bemerkenswerte Genesung, die dafür sorgte, daß sie ihr Studium an der Universität Cambridge wiederaufnehmen konnte.

Gute Nachbarn?

Die Verstopfung von Arterien, die Herzinfarkte verursacht, hat eine Entsprechung im Gehirn, die Hirninfarkte auslöst. Eine Arterie im Gehirn wird durch Ablagerungen verstopft, so daß der Blutfluß blockiert wird und die Nervenzellen, die auf die Versorgung mit Blut angewiesen sind, absterben. Das von der verstopften Arterie versorgte Hirnareal wird geschädigt. Ein ähnliches Schicksal kann Neuronen ereilen, wenn eine Arterie platzt und eine Blutung im Gehirn auslöst.

Nach einem Schlaganfall kommt es im Gehirn zu einer komplexen Kaskade von Ereignissen. Dieses chemische und physiologische Chaos bereinigt sich allmählich wieder von selbst, und in den folgenden Stunden und Tagen gewinnt das Opfer wieder einige der Fähigkeiten zurück, die es bei dem Schlaganfall einbüßte. Um welche Fähigkeiten es sich dabei handelt, hängt von dem genauen Ort der Schädigung im Gehirn ab. Wenn die Bewegungszentren betroffen sind, ist wahrscheinlich eine Körperhälfte motorisch beeinträchtigt, bis hin zur Lähmung. Oder die Sehfähigkeit in einer Hälfte beider Augen geht verloren, wenn die Leitungsbahnen zwischen den Augen und den Sehzentren im Gehirn geschädigt sind. Einige Patienten bemerken plötzlich, daß sie die sprachlichen

Äußerungen anderer Menschen nicht mehr verstehen. Andere verlieren ihren Orientierungssinn, so daß sie sich ständig verlaufen.

Der amerikanische Schauspieler Kirk Douglas konnte noch unmittelbar nach einem Schlaganfall aus seinem Auto aussteigen und in ein Krankenhaus gehen. Er ahnte erstmals, daß etwas nicht stimmen konnte, als er eine seltsame Empfindung im Gesicht hatte, die in seinem Kopf begann und sich um seine Mundwinkel ausbreitete. Er wollte sprechen, doch er stieß nur sinnloses Geplapper aus. Zunächst war er sich nicht sicher, ob seine Worte sinnlos waren, doch allmählich dämmerte es ihm, daß etwas Furchtbares geschehen war.

Douglas erlangte sein Sprachvermögen langsam wieder zurück; allerdings war er drei Monate nach dem Schlaganfall noch immer nicht über die Artikulationsfähigkeit seiner vierjährigen Enkelin hinausgelangt. Eines Tages aber freute er sich so sehr über den Fortschritt, den er gemacht hatte, daß er zu ihr sagte: »Kelsey, sag das Wort ›transkontinental‹.« Sie konnte es nicht, und so war er endlich dabei, das Niveau einer Vierjährigen hinter sich zu lassen!

Eineinhalb Jahre nach dem Schlaganfall rang Kirk Douglas noch immer mit dem Englischen, als wäre es für ihn eine Fremdsprache; er sprach langsam und suchte manchmal vergeblich und mit wachsender Wut auf sich selbst nach dem richtigen Wort. In seinem Buch *Climbing the Mountain: My Search for Meaning* spricht er über seine anschließende bemerkenswerte Genesung. Die dramatischen Veränderungen, die er in den Wochen nach dem Schlaganfall durchmachte, waren zweifellos das Produkt einer äußerst bemerkenswerten neuroplastischen Reorganisation.

Diese Genesung ließ sich nicht einfach mit einer Normalisierung des Gehirnstoffwechsels erklären. Um die Verbesserungen im Verlauf der Monate und Jahre nach einem Gehirnschlag zu verstehen, muß man berücksichtigen, daß Erfahrung und zielstrebige Übung langsam neue Verbindungen in dem zerrissenen Gewebe knüpfen und so die Muster rekonstruieren, in denen das menschliche Sprachvermögen verankert ist.

Die Amputation eines Arms führt dazu, daß Millionen von Gehirnneuronen keinen Input mehr erhalten. In ähnlicher Weise beraubt der Tod von Neuronen ihre Nachbarn der angenehmen Stimulation und Gesellschaft, an die sie gewöhnt waren. Wie reagieren diese verwaisten Nachbarn auf diesen Verlust?

Wir können herausfinden, was mit ihnen geschieht, wenn wir die Hirnaktivität mit Hilfe von Positronenemissionstomographen untersuchen. Wissenschaftler spähten in das Gehirn von sechs Menschen, deren Sprachvermögen ähnlich stark beeinträchtigt war wie das von Kirk Douglas.[4] Wie Douglas erholten auch sie sich im Lauf der Zeit, aber welche Veränderungen in ihrem Gehirn konnten diese Genesung erklären? Alle sechs Männer hatten ausgedehnte Hirninfarkte in der linken Hemisphäre erlitten, in der die meisten Sprachzentren lokalisiert sind. Eine bestimmte Region der linken Hemisphäre, das sogenannte Wernicke-Zentrum, war bei allen sechs weitgehend zerstört worden. Man nimmt an, daß diese Region des Gehirns für das Sprachverständnis von zentraler Bedeutung ist. Doch wenn sie eine so wichtige Rolle spielt, wie kommt es dann, daß die Patienten wieder lernten, Sprache zu verstehen und zu produzieren?

Um diese Frage zu klären, mußten die Männer mehrere Sprechübungen absolvieren, während die Forscher ihre Hirnaktivität registrierten. Sie stellten fest, daß zusätzliche Hirnregionen außerhalb des Wernicke-Zentrums »aufleuchteten« – was darauf hindeutete, daß diese guten Nachbarn eingesprungen waren, um bei der kniffligen Sprechübung auszuhelfen.

Sowohl die linke Stirnhirnregion, die durch den Gehirnschlag nicht geschädigt worden war, als auch Bereiche der rechten Hemisphäre zeigten beim Sprechen eine erhöhte Aktivität. Anders gesagt, das Netz von Verbindungen, in welches das komplexe Sprachvermögen eingestickt worden war, hatte neue

Verschaltungen ausgebildet und so diesen Männern die Sprache zurückgegeben. Höchstwahrscheinlich kam es im Gehirn von Kirk Douglas zu ähnlichen Veränderungen, als er sich bemühte, die Gabe der Sprache wiederzuerlangen.

Douglas hatte sich wie die sechs anderen Schlaganfallpatienten einer intensiven Sprachtherapie unterzogen, und dies hat höchstwahrscheinlich dazu beigetragen, daß in ihrem geschädigten Gehirn neue Verbindungen geknüpft wurden. Allerdings hat nicht jeder so viel Glück. Auch wenn die Reorganisation des Gehirns in vielen Fällen durch Rehabilitationsmaßnahmen gefordert werden kann, sind deren Wirksamkeit doch Grenzen gesetzt.

Diese Grenzen hängen zum Teil davon ab, ob in dem zerrissenen Netz hinreichend viele Fäden und Zellen miteinander verknüpft geblieben sind. Vielleicht sind nur 10 Prozent erforderlich, doch dies gilt möglicherweise nur für bestimmte Teile des Gehirns wie die Substantia nigra – deren Degeneration das Parkinson-Syndrom verursacht. Im Fall von Kirk Douglas und der sechs Männer blieben gewiß so viele Zellen in einem weitverzweigten neuronalen Schaltkreis unbeschädigt, daß diese durch geeignete Stimulation wieder verschaltet werden konnten.

Die »gutnachbarschaftliche Politik« des Gehirns zeigte sich auf anschauliche Weise auch in einer Studie an Patienten mit Tumoren in den motorischen Zentren des Gehirns.[5] Bei den sechs Patienten – vier Männern und zwei Frauen – hatten die Tumoren die Nervenzellen in jenem Bereich der motorischen Rinde zerstört, der die Bewegung einer Hand steuert. Dennoch konnten alle sechs die fünf Finger ihrer betroffenen Hand bewegen.

Die Forscher stellten mit Verblüffung fest, daß andere Regionen des Gehirns die Steuerung dieser Bewegungen übernommen hatten. Als sie die Tumorpatienten aufforderten, ihre Finger zu bewegen, während sie ihre Hirnaktivität mit einem Positronenemissionstomographen überwachten, sahen sie, daß

Bereiche der motorischen Rinde, die normalerweise ganz andere Körperteile kontrollieren, aktiviert wurden.

Bei einigen dieser Patienten »leuchteten« Hirnregionen auf, die außerhalb des motorischen Zentrums lagen und die Fingerbewegungen zu steuern schienen. Wie bei den Männern, die ihr Sprachvermögen verloren hatten, sprangen andere Teile des Gehirns ein, um gleichsam als gute Nachbarn auszuhelfen.

Diese Studie beweist, daß Regionen des Gehirns, die nahe bei geschädigten Arealen liegen, bei der täglichen Hausarbeit, die früher von ihren Nachbarn selbst erledigt wurde, mithelfen können. Dies ist aktive neuroplastische Gestaltung – die umfassende Neuverdrahtung und Reparatur von neuronalen Netzwerken im Gehirn.

Diese Forschungen zeigen auch, daß die Netze ziemlich lose gestrickt sind und daß Bereiche des Gehirns, die man für funktional spezialisiert hielt, überraschenderweise die Funktion von Nachbarregionen übernehmen können. Wie Menschen können auch Hirnregionen manchmal die Bewährungsprobe einer Notlage bestehen.

Es könnte jedoch sein, daß diese hilfreichen Nachbarn die Hausarbeit auf eine etwas andere Weise erledigen. Anders gesagt, die Ausbesserung ergibt möglicherweise keine originalgetreue Rekonstruktion des ursprünglichen Netzes. Manchmal können Menschen die geistigen und körperlichen Fähigkeiten, die sie nach einer Hirnschädigung verloren haben, zurückerlangen, weil ganz andere Gehirnsysteme eingreifen, um das Notwendige auf völlig andere Weise zu erledigen.

Diese Art der neuroplastischen Modellierung heißt »funktionelle Reorganisation«. Dabei wird die Funktion der geschädigten Schaltkreise von weit entfernten Nachbarn übernommen, und bei dieser Art der Reorganisation wird das zerrissene Netz meist nicht ausgebessert. In Wirklichkeit aber gibt es vermutlich keine klare Trennungslinie zwischen dem Zusammennähen zerrissener neuronaler Knüpfereien und der funktionellen

Reorganisation. Bei den meisten Menschen mit Hirnschäden kommt vermutlich beides zusammen.

Die Reparatur des Netzes selbst hängt davon ab, daß ein kleiner Restbestand an verknüpften Zellen im Schaltkreis erhalten bleibt – 10 bis 15 Prozent ist ein grober Schätzwert für einige Schaltkreise. Doch wie kann ein so kleiner Haufen von Neuronen die Arbeit von fünf- bis zehnmal so vielen Zellen übernehmen?

Wissenschaftler haben sich diese robusten überlebenden Zellen im Gehirn von Menschen, die am Parkinson-Syndrom leiden, unter einem Elektronenmikroskop angesehen.[6] Sie stellten fest, daß diese Überlebenden längere Fäden aus sich herausgesponnen hatten, um miteinander in Kontakt zu bleiben. Sie hatten auch mehr Verbindungen zu anderen Überlebenden geknüpft. Wie Überlebende des Untergangs der *Titanic* haben sie sich die Hand gereicht und sich in dem eiskalten Wasser gegenseitig festgehalten, um so am Leben zu bleiben.

Anders gesagt, die überlebenden Zellen im Nucleus caudatus haben einen »Kampfgeist« entwickelt und auf das Gemetzel um sie herum mit einem »Schließen der Reihen« reagiert, indem sie sich über den Leichen der gefallenen Nachbarn die Hände reichten. Doch wie in jedem Krieg gilt auch hier, daß die wilde Flucht beginnt, sobald eine Kampfeinheit unter eine kritische Sollstärke fällt. Beim Parkinson-Syndrom treten schwerwiegende Bewegungsstörungen auf, sobald die dopaminproduzierenden Zellen auf ein Sechstel bis ein Zehntel ihrer ursprünglichen Stärke reduziert sind.

Ähnliches scheint bei anderen Arten von Hirnschädigung zu gelten. Nehmen wir beispielsweise den Schlaganfall, bei dem es zu einem plötzlichen Absterben von Neuronen im Gehirn kommt. Ein Verfahren, um die Leistungsfähigkeit des Gehirns nach einem Schlaganfall zu überprüfen, besteht darin, einen großen Magneten direkt am Schädel zu positionieren und die Neuronen durch einen kurzen magnetischen Impuls zu stimulieren. Wenn dies unmittelbar über der motorischen Region geschieht und wenn einige der Neuronen noch funktionstüchtig sind, dann sollte der Impuls eine Zuckung in den Muskeln der gegenüberliegenden Körperhälfte auslösen. Auf diese Weise kann man messen, inwieweit die Leistungsfähigkeit dieser Hirnregion unbeeinträchtigt ist, auch wenn die Person ihre gelähmten Gliedmaßen noch nicht bewegen kann.

In einer Studie wurden 100 Schlaganfallpatienten untersucht. Die Forscher stimulierten die motorische Region in der geschädigten Hirnhälfte und untersuchten, ob die entsprechenden Muskelgruppen in dem betroffenen Arm und in der betroffenen Hand gehorsam zuckten.[7] Die Hände einiger Patienten zuckten weitgehend normal, während andere zwar reagierten, aber in einer verlangsamten Weise.

Bei einer dritten Gruppe indes sprachen die Arme nicht auf die magnetische Reizung der Neuronen an und blieben schlaff. Erwartungsgemäß hatte die Genesung dieser Patienten nach einem Jahr nicht annähernd so gute Fortschritte gemacht wie die jener Patienten, die auf die magnetische Stimulation normal reagierten. Sie konnten ihren Arm nur etwa halb so gut bewegen, und ihre Handbewegungen waren sehr viel unbeholfener. Auch das Gehen fiel ihnen schwer, weil sie das Bein der betreffenden Körperhälfte nur schlecht steuern konnten.

Am überraschendsten war der Zustand der mittleren Gruppe – jener Patienten, deren Muskeln nur träge auf die Hirnstimulation reagiert hatten. Zwölf Monate nach dem Schlaganfall schnitten sie bei den Bewegungstests genauso gut ab wie die Grupper derer, die normal reagiert hatten. Vermutlich haben sich die Gehirne dieser Personengruppe unter anderem durch Reorganisation und Neuverschaltung der nicht geschädigten Nervenzellen erholt.

Neuroplastische Prozesse und Neuverschaltungen dieses Typs setzen also voraus, daß einige Zellen und Verbindungen funktionstüchtig bleiben: Wenn zu viele verlorengehen, bricht das System möglicherweise zusammen. Ein sehr ausgedehnter Schlaganfall, der den größten Teil der motorischen Rinde in einer Hirnhälfte zerstört, kann folglich dazu führen, daß eine Körperhälfte des Betreffenden dauerhaft gelähmt bleibt.

Was aber geschieht, wenn ein Schlaganfall des gleichen Schweregrades in Form mehrerer Mini-Anfälle auftritt, die sich über mehrere Monate hinziehen? In beiden Fällen wird die gleiche Gesamtmenge an Hirngewebe zerstört, der einzige Unterschied besteht darin, daß sich der Gesamtschaden im zweiten Fall auf vier bis fünf Ereignisse verteilt.

Welches Szenario ist im Hinblick auf die Rekonvaleszenz günstiger? Das zweite, in dem der Zelltod in mehreren Etappen erfolgt. Weshalb? Weil sich die Zellen zwischen jedem Anfall neu verschalten und reorganisieren können, so daß die zweite Zerstörungswelle auf einen besser verschalteten und daher widerstandsfähigeren neuronalen Schaltkreis trifft. Tritt dagegen der verheerende Schaden auf einmal ein, überleben möglicherweise nicht genügend Zellen, um ein Grundgerüst für die Neuverschaltung abzugeben.

Doch auch in dem letzten, prognostisch ungünstigeren Szenario ist nicht alles verloren. Sie werden später sehen, auf welch raffinierte Weise das Gehirn vollkommen getrennte Systeme in Beschlag nehmen kann, um seine Funktionsfähigkeit wenigstens bis zu einem gewissen Grad zurückzuerlangen. Doch zunächst wollen wir uns einem anderen rätselhaften Phänomen in der Spiegelwelt des Gehirns zuwenden.

Hilfe und Behinderung im magischen Spiegel

Wir sahen bereits, wie sich das Gehirn selbst reorganisiert, wenn ein Arm amputiert wird. So offerieren beispielsweise »arbeitslose« Hirnareale Nachbarn, die für Gesicht oder Rumpf zuständig sind, ihre Hilfe. Normalerweise kommt es zu Änderungen in der Hemisphäre, die der verlorenen Extremität gegenüberliegt, doch manchmal greifen die Veränderungen auf die andere Hemisphäre über. Dies führt dazu, daß auch an der spiegelbildlichen Stelle der gegenüberliegenden Hemisphäre neue Verschaltungen ausgebildet werden.

Die beiden Hemisphären sind zwar keine vollkommenen spiegelbildlichen Kopien voneinander. Jede Hälfte erfüllt recht unterschiedliche Funktionen – die linke Hemisphäre ist für bestimmte Aspekte der Sprache zuständig, während die rechte unser räumliches Umfeld repräsentiert und so weiter. Wie wir später sehen werden, fechten die beiden Hemisphären bis zu einem gewissen Grad einen fortwährenden Kampf miteinander aus. Sie gleichen mitunter zwei Sportlern, die stark miteinander rivalisieren und von denen jeder versucht, den anderen auszustechen.

Stimuliert man beispielsweise die motorische Region in einer Hemisphäre durch magnetische Impulse, wird die Aktivität in der spiegelbildlichen Region der anderen Hemisphäre gehemmt – sie wird gedämpft. Die Aktivität in einer Hemisphäre führt über ein Bündel von Faserverbindungen, das sogenannte Corpus callosum, zur Hemmung der Aktivität in der anderen Hemisphäre. Da ist es nicht verwunderlich, daß in den seltenen Fällen, in denen das Corpus callosum geschädigt ist, eine Hemisphäre durch die Aktivität der anderen nicht so stark gehemmt wird.[8]

Die Schädigung einer Hemisphäre sollte daher ihrer Konkurrentin die Möglichkeit geben, ihre mentalen Muskeln frei spielen zu lassen. Tatsächlich zeigen PET-Aufnahmen von Menschen mit einer geschädigten Hemisphäre oftmals ein ungewöhnlich hohes Aktivitätsniveau in der gegenüberliegenden, nicht geschädigten Hemisphäre.

Die siegreiche Hemisphäre tyrannisiert und unterdrückt ihre Gegnerin allerdings nicht immer nur. Manchmal übernimmt sie auch einen Teil der Funktionen, welche zuvor die geschädigte Großhirnhälfte ausführte. Wir sahen bereits, daß Menschen, deren linkshemisphärische Sprachzentren geschädigt wurden, offenbar ihre unversehrte rechte Hemisphäre stärker in Anspruch nehmen, wenn sie wieder sprechen lernen.

Ein weiteres Beispiel hierfür brachte eine elegante Studie von Forschern in St. Louis, Missouri, zum Vorschein.[9] Von ihren Untersuchungen über die normale Funktionsweise des gesunden Gehirns wußten sie, daß eine kleine Region im linken Stirnlappen aktiviert wird, wenn Probanden eine bestimmte Wortbildungsaufgabe ausführen. Sie mußten Wortfragmente aus drei Buchstaben zu ganzen Wörtern vervollständigen; so sollte etwa die Buchstabenvorgabe »Rum...« zum Wortergebnis »Rumpf« führen.

Einer der Patienten hatte zufälligerweise eine Verletzung in genau der Hirnregion davongetragen, in der diese mentale Aktivität lokalisiert ist. Dennoch konnte der Mann mehrere Monate nach der Verletzung die Aufgabe weitgehend normal bewältigen. Das geschah allerdings nicht mit Hilfe des Hirnareals, das normalerweise dafür zuständig ist, weil die Zellen in diesem Gebiet abgestorben waren.

Da die Wissenschaftler vermuteten, daß der magische Spiegel des Gehirns etwas damit zu tun hatte, kreisten sie den exakt spiegelbildlichen Bereich des Gehirns dieses Mannes ein – in der entsprechenden Region des rechten Stirnlappens.

Wenn sich spiegelbildliche Hirnareale tatsächlich gegenseitig aushelfen können, indem sie die Funktionen ihres Partners in der anderen Hemisphäre übernehmen, dann sollten bildliche Darstellungen des Gehirns des Patienten, während er die Wortvervollständigungsaufgabe ausführt, eine erhöhte Aktivität in der eingekreisten Region des rechten Stirnlappens zur Folge haben – und genau dies fanden sie heraus. Das genaue Spiegelbild des Bereichs im Gehirn, der im Gehirn nicht-hirngeschädigter Personen aktiviert wird, wurde bei diesem Patienten durch die Aufgabe aktiviert.

Ein ähnliches Wechselspiel zwischen den beiden Hemisphären findet offenbar in den motorischen Arealen statt. Beim unversehrten Gehirn löst die magnetische Reizung der Handmotorikfelder in einer Hemisphäre nur Zuckungen und Bewegungen der anderen Körperhälfte aus. Nach Schlaganfällen oder anderweitigen Schädigungen dieser Hirngebiete hingegen löst die magnetische Stimulation der unversehrten motorischen Rinde in einigen Fällen Muskelbewegungen in *beiden* Körperhälften aus. Anders gesagt, das neuronale Netzwerk wurde so umgestaltet, daß jetzt die Aktivität der Neuronen in der einen Hemisphäre Muskelreaktionen auch in *derselben* Körperhälfte hervorrief.

Allerdings hat diese Neuverschaltung nicht immer nur positive Folgen. Bei einer Studie in Cambridge stellten die Forscher fest, daß jene Schlaganfallpatienten ihre Hände und Arme nach zwölf Monaten besser bewegen konnten, die auf die Hirnstimulation *nicht* mit Muskelbewegungen in derselben Körperhälfte reagiert hatten.[10]

Andere Wissenschaftler sind jedoch zu dem Schluß gelangt, daß diese spiegelbildlichen Reorganisationen hilfreich sein *können*. Höchstwahrscheinlich kommt es darauf an, auf welche Weise die neuroplastischen Prozesse ablaufen. In einigen Fällen mag das Übernahmeangebot der unversehrten Hemisphäre das Reparaturpotential der zerrissenen Schaltkreise in der geschädigten Hemisphäre zerstören.

Ein Beispiel für solche »transhemisphärischen« Rettungsoperationen liefert ein einunddreißigjähriger Italiener, der bereits im Alter von zwölf Jahren einen Schlaganfall erlitt.[11] Zunächst war seine linke Körperhälfte gelähmt, doch dann erlangte er allmählich die Fähigkeit zurück, den linken Arm und das linke Bein zu bewegen. Als er erwachsen war, wurde seine Hirntätigkeit aufgezeichnet, während er abwechselnd eine seiner beiden Hände bewegte; dabei zeigte sich das Ausmaß der brüderlichen Liebe zwischen vormals konkurrierenden Hemisphären. Unabhängig davon, welche Körperhälfte er bewegte, wurden immer die sensorischen und motorischen Schaltkreise der linken Hemisphäre aktiviert. Offenbar hatten diese aus Barmherzigkeit die Verantwortung für den verwaisten linken Arm übernommen, während sie weiterhin ihren Verpflichtungen gegenüber dem rechten Arm nachkamen.

Forschungen an Ratten haben gezeigt, daß sich bei Schädigung der einen Hemisphäre die andere in der Regel vergrößert. Je stärker sie sich vergrößert, um so besser können die Ratten laufen, was darauf hindeutet, daß das Wachstum des Gehirns keine unbedeutende Nebensächlichkeit ist, sondern vielmehr eine Form der neuroplastischen Gestaltung, die der Genesung zugrunde liegt.

Eine noch drastischere Form von Neuroplastizität beobachtet man beim Menschen. Es handelt sich um die erstaunliche Neuverschaltung nach der Entfernung einer ganzen Großhirnhälfte.

Mit nur einer Hemisphäre leben

Der kleine Alex hatte eine normale Geburt, doch sechs Tage danach bemerkte seine besorgte Mutter, daß sein rechter Arm und sein rechtes Bein manchmal zuckten. Schließlich diagnostizierten die Ärzte eine seltene Krankheit, das sogenannte Sturge-Weber-Krabbe-Syndrom – eine angeborene Erkrankung des Gehirns. Die Zuckungen in Alex' Gliedmaßen wurden durch epilepsieartige Anfälle in der linken Hemisphäre seines Gehirns verursacht.[12]

Die computertomographische Darstellung des Schädels zeigte, daß die linke Hemisphäre stark fehlgebildet war, und Alex erlitt in den folgenden acht Jahren weiterhin verheerende epileptische Anfälle, die jeweils zwei, drei oder mehr Tage anhielten, mit zehn bis zwanzig Anfällen pro Tag. Man behandelte ihn mit Antiepileptika in hoher Dosierung.

Als Säugling stammelte und gluckste Alex kaum, und er galt als ein »stilles Baby«. Als er sieben Monate alt war, konnte er die rechte Körperhälfte nicht normal bewegen und auf dem rechten Auge nicht sehen. Alex konnte während der ersten acht Lebensjahre praktisch nicht sprechen und machte sich hauptsächlich durch Gesten verständlich.

Computertomographische Aufnahmen seines Gehirns im Alter von sieben Jahren zeigten zweifelsfrei die Ursache für diese Störungen seiner Seh- und Bewegungsfähigkeit in der rechten Körperhälfte sowie für seine sprachliche Retardierung. Die linke Hemisphäre war verkümmert und verhärtet, und infolgedessen war die Aktivität in dieser Hirnhälfte relativ gering. Doch wie zu erwarten, war seine rechte Hemisphäre dank der Plastizität des Gehirns größer als gewöhnlich.

Als Alex acht Jahre alt war, entfernten Neurochirurgen die gesamte nutzlose linke Hemisphäre. Als sie diese aus dem Schädel nahmen, sahen sie, daß sie eine seltsam dunkelblaue Farbe hatte und stark verkalkt war, im Gegensatz zu der puddingweichen Konsistenz des normalen Gehirns. Da das krankhafte veränderte Gewebe entfernt worden war, erlitt Alex keine epileptischen Anfälle mehr, und die starken Medikamente, die er jahrelang hatte einnehmen müssen, wurden neun Monate nach der Operation abgesetzt.

Einen Monat nach dem Absetzen der Medikamente begann Alex, der bis dahin nur ein Wort sagen konnte – »Mamma« –, zu sprechen. Zunächst konnte er nur einzelne Wörter aussprechen, doch nach ein paar Monaten erfand und erzählte er lange Geschichten. Nachfolgend ein Auszug aus einer dieser Geschichten, die von Wissenschaftlern und Ärzten in London, die Alex' Rekonvaleszenz verfolgten, aufgezeichnet wurden:[13]

Es war einmal ein sehr ungezogener Bus. Als sein Fahrer ihn gefügig machen wollte, beschloß er davonzulaufen. Er fuhr auf einer Straße neben einem Zug her. Sie schnitten gegenseitig Grimassen und fuhren um die Wette. Doch der Bus mußte seine Fahrt allein fortsetzen, weil der Zug in einem Tunnel verschwand. Er raste in die Stadt, wo er einem Polizisten begegnete, der hinter ihm herpfiff und schrie: »Anhalten, anhalten!«

Alex' Sprachverständnis war von Anfang an sehr viel besser gewesen als seine Sprechfähigkeit. Dennoch stand er nur vier

Monate, bevor die Hälfte seines Gehirns entfernt wurde, hinsichtlich seines Sprachverständnisses auf der Stufe eines Vierjährigen. Doch im gleichen Maße wie seine Artikulationsfähigkeit verbesserte sich auch sein Sprachverständnis, so daß er im Alter von vierzehn Jahren das Niveau eines Achtjährigen erreicht hatte und beispielsweise Wörter wie »Isolation« und »röhrenförmig« verstand.

Vor der Operation fiel es Alex auch schwer, seinen rechten Arm zu bewegen. Er konnte mit beiden Händen gerade mal eine Tasse halten und einen Ball fangen, doch ansonsten war sein rechter Arm in seiner Bewegungsfähigkeit stark eingeschränkt. Unmittelbar nach der Operation verschlechterte sich diese weiter, doch im Verlauf der nächsten Monate konnte er den rechten Arm wieder wie früher bewegen. Er konnte jetzt sogar mit seiner rechten Hand Gegenstände zwischen Daumen und übrigen Fingern greifen.

Daraufhin wurde Alex' »gutes« Bewegungszentrum in der rechten Hemisphäre magnetisch stimuliert. In der Regel führt die Stimulation der rechten motorischen Rinde zu Zuckungen in der linken Körperhälfte und umgekehrt, doch bei Alex löste die magnetische Stimulation seiner unversehrten rechtshemisphärischen motorischen Region Bewegungen beider Hände aus; dies zeigt, daß sein Gehirn im Hinblick auf Bewegungs- und Sprachfähigkeit eine funktionelle Reorganisation durchgemacht hatte.

Höchstwahrscheinlich haben diese neuroplastischen Vorgänge teilweise vor der Entfernung seiner linken Gehirnhälfte stattgefunden, und möglicherweise hemmte und störte die krankhaft veränderte Hemisphäre die Funktionsweise ihrer rechten Partnerin. Dennoch ist das Bemerkenswerteste an Alex' Fall, daß er vor der Operation nicht sprechen konnte, während er nach dem neurochirurgischen Eingriff ein gutes Sprachniveau erreichte. Dies läßt sich nur mit einer tiefgreifenden neuroplastischen Umgestaltung des Gehirns erklären.

Natürlich ist Alex ein Ausnahmefall, und es gibt viele Kinder, denen eine Großhirnhälfte entfernt wird und die keine so unglaublichen Veränderungen durchmachen. Studien an zahlreichen Kindern, die davon betroffen sind, zeigen jedoch, daß in den meisten Fällen eine gewisse kortikale Reorganisation stattfindet.[14] Inbesondere bei Kindern unter fünf bis sechs Jahren kann die rechte Hemisphäre offenbar Sprachverständnis und Sprachproduktion genauso gut übernehmen wie die linke Hemisphäre. Kinder, denen unterhalb dieser Altersschwelle eine Hälfte der Großhirnrinde entfernt wird, haben viel weniger Probleme mit dem Sprechen und dem Sprachverständnis als ältere Kinder bzw. junge Erwachsene.

Doch selbst ältere Kinder haben weniger Artikulations- und Sprachverständnisprobleme als Erwachsene, die ausgedehnte Schlaganfälle in der linken Hemisphäre erlitten haben. Und dies, obwohl den Kindern die gesamte linke Hemisphäre entfernt wurde, während bei diesen Erwachsenen nur ein Teil der linken Hemisphäre geschädigt ist.

Auch das Gehirn von Erwachsenen kann jedoch neue Verschaltungen ausbilden, selbst wenn die Sprachzentren zerstört worden sind. Während also das Gehirn von kleinen Kindern besonders gut formbar ist, kann das vibrierende Netz von Verbindungen im geschädigten Gehirn doch in jedem Lebensalter bis zu einem gewissen Grad wachsen und sich neu verschalten, wenn auch mit mehr oder minder großer Leichtigkeit.

Notfallhilfe

Manchmal werden Netze so stark zerrissen, daß eine Reparatur unmöglich ist. Zwar können neuronale Netzwerke mit 10 bis 20 Prozent ihres ursprünglichen Bestands an Neuronen überleben, doch wenn auch dieser Mindestvorrat an Zellen durch eine Hirnschädigung zerstört wird, steht die Reparatur des zerfetzten Netzes außer Frage. Daher sind viele Menschen nach einer Hirnschädigung dauerhaft behindert. Einige können die Extremitäten einer Körperhälfte nicht mehr bewegen; andere sind auf einem Auge blind; wieder andere verlieren die Fähigkeit, Gesichter wiederzuerkennen – auch die ihrer Liebsten. Manche verlieren das Gedächtnis, andere ihre Konzentrationsfähigkeit, während einige wenige die Fähigkeit verlieren, alltägliche Gegenstände wie Messer, Kugelschreiber und Türklinken zu benutzen. Und natürlich verlieren manche ihr sprachliches Artikulationsvermögen oder ihr Sprachverständnis oder auch beides.

Menschen können deshalb eine sehr spezifische mentale Fähigkeit verlieren, weil das menschliche Gehirn, zumindest bis zu einem gewissen Grad, »modular« aufgebaut ist. Zwar können benachbarte Hirnareale unter bestimmten Umständen »aushelfen«, wenn Neuronen in verschiedenen Modulen absterben; doch in vielen Fällen bedeutet der Verlust eines ganzen »Moduls« den dauerhaften Verlust der Funktion, die dieses Hirnareal ausführt.

Glücklicherweise gibt es in der Regel jedoch mehrere Wege, um an ein Ziel zu gelangen. So werden beispielsweise verschiedene Aspekte unseres Sehvermögens an getrennte Hirnareale »vergeben«. Daher kann man etwa die Bewegung eines Gegenstands »sehen«, ohne den Gegenstand selbst zu sehen. Dies hängt damit zusammen, daß sich das Bewegungswahrnehmungszentrum in einer anderen Hirnregion befindet als das System, das uns die normale bewußte visuelle Wahrnehmung von Gegenständen vor uns erlaubt. Wird letzteres bei einem Unfall zerstört, liefern die unversehrten Sehfelder des Gehirns möglicherweise weiterhin gewisse Informationen über die sichtbare Welt.

Ein weiteres Beispiel: Wenn ein Patient nach einem Schlaganfall das rechte Bein nur eingeschränkt bewegen kann, wird er in diesem Bein vielleicht nie mehr seine volle, normale Beweglichkeit zurückerlangen. Allerdings wird der Schlaganfallpatient vielleicht wieder recht behende gehen können, wenn er lernt, seinen Körper leicht nach links zu neigen und so sein rechtes Bein geringer zu belasten. Er kann diese träge, etwas ungehorsame Gliedmaße aus der Hüfte nach vorn schwingen und so die schlechte Kontrolle der Bewegung im unteren Teil des Beines ausgleichen. Mit zunehmender Übung erlangt der Schlaganfallpatient womöglich eine solche Gelenkigkeit, daß nur das Auge eines Fachmanns einen Unterschied zwischen seinem Gang und dem eines Gesunden feststellen kann.

Anders gesagt, Menschen können sich nach einer Hirnschädigung frühere Verhaltensweisen wiederaneignen, die dann jedoch von völlig anderen Gehirnsystemen gesteuert werden. In der Tat lassen sich einige Rekonvaleszenzen, die wir in diesem Kapitel betrachtet haben, möglicherweise eher durch kompensatorische Reorganisation als mit dem ausbessernden Zusammennähen des zerrissenen Netzes in den geschädigten neuronalen Schaltkreisen erklären.

In Wirklichkeit lassen sich Reparatur und Kompensation nur schwer voneinander abgrenzen, und höchstwahrscheinlich kommt es nach allen Hirnschädigungen außer den leichtesten zu beiden Formen neuroplastischer Modellierung.

Im nächsten Kapitel werden wir eine seltsame Erkrankung kennenlernen, die »halbseitige Vernachlässigung«. Sie kann nach Schlaganfällen auftreten, welche die rechte Hemisphäre betreffen, und sie führt dazu, daß die Patienten andere Personen, Gegenstände und Ereignisse im Bereich der linken Körper- bzw. Raumhälfte vernachlässigen. Wissenschaftler in Schottland und Kanada haben eine Gruppe von Menschen untersucht, die von halbseitiger Vernachlässigung genesen sind. Anders gesagt, im Alltagsleben schien ihnen nichts mehr zu »entgehen«, was im Bereich der linken Raumhälfte geschah.[15] Die Forscher gaben sich jedoch damit nicht zufrieden. Vielmehr baten sie ihre Probanden, in einem abgedunkelten Raum Platz zu nehmen und auf Lichter zu zeigen, die frontal auf sie zukamen. Die genesenen Schlaganfallpatienten streckten die Hand aus und berührten alle Lichter ebensogut wie Probanden, die keinen Schlaganfall erlitten hatten. Eine an der Decke angebrachte Videokamera brachte jedoch das Geheimnis ihrer Genesung an den Tag. Sie zeigte, daß die Probanden, die keinen Schlaganfall erlitten hatten, ihre Hand in einer relativ geraden Linie zu den Lichtern ausstreckten, während die Patienten nicht direkt nach den Lichtern griffen, sondern ihre Hände erst nach rechts außen bewegten, bevor sie plötzlich nach links in die richtige Richtung umschwenkten. Wie kam es dazu?

Die Erklärung liegt darin, daß sich die neuronalen Schaltkreise im Gehirn, die normalerweise die Aufmerksamkeit steuern, nicht vollständig regeneriert haben. Wenn sich der Arm zu bewegen beginnt, wird er schräg nach rechts ausgelenkt, was darauf hindeutet, daß die Aufmerksamkeit dieser Personen noch immer nach rechts tendiert. Die Korrektur auf halbem Weg ist eine Art »Hoppla, wir gehen offenbar in die falsche Richtung – werfen wir einen Blick auf die Karte«-Reaktion des Gehirns.

Dies ist auf dem Hintergrund dessen, was wir über die Aufmerksamkeitssysteme des Gehirns wissen, durchaus plausibel. Wenn beispielsweise ein großer Nachtfalter in den äußersten linken Rand Ihres Gesichtsfeldes hineinflattert, während Sie dieses Buch lesen, würde das Tier Ihre Aufmerksamkeit unwillkürlich einen Augenblick lang auf sich ziehen. Ihr rechtshemisphärischer Scheitellappen ist maßgeblich daran beteiligt, daß Sie Ihre Aufmerksamkeit auf das Tier richten. Denn diese unwillkürliche bzw. reflexhafte Aufmerksamkeit auf die Umgebung ist eine der Funktionen dieses Hirnareals im Hinterhauptbereich.

Schauen Sie nun ein zweites Mal in die linke obere Ecke des Raumes, in dem Sie sitzen. Diese willkürliche Bewegung Ihrer Augen wurde von einem eigenständigen System im Stirnlappen gesteuert, weit weg vom Scheitellappen. Menschen, die an halbseitiger Vernachlässigung leiden, nehmen vielfach Gegenstände in der linken Raumhälfte wahr, wenn man sie auffordert hinzuschauen, aber sie beachten Gegenstände auf der Linken nicht automatisch. Dies hängt damit zusammen, daß die halbseitige Vernachlässigung in der Regel durch eine Schädigung von Hirngebieten in der Umgebung des Scheitellappens verursacht wird. Obgleich es ihnen also schwerfällt, ihre Aufmerksamkeit unwillkürlich auf Vorgänge in der linken Raumhälfte zu richten (etwa einen flüchtigen Blick auf den Nachtfalter zu werfen), können sie doch vielfach ihren unversehrten Stirnlappen dazu verwenden, bewußt auf Stimuli auf der linken Seite zu achten, so wie Sie es taten, als Sie in die obere Ecke Ihres Zimmers schauten.

In dem plötzlichen Schwenk auf halbem Weg spiegelt sich möglicherweise das »Einschalten« des willkürlichen Aufmerksamkeitssystems wider, das dem auf Abwege geratenen unwillkürlichen Aufmerksamkeitssystem zur Hilfe kommt. Dies ist ein Beispiel für eine Art »Nothilfe« eines gesunden Gehirnsystems für ein geschädigtes Netzwerk, dem es nicht gelungen ist, sich wieder von selbst zusammenzunähen.

Damit Ihnen noch deutlicher wird, auf welche Weise viele verschiedene Gehirnsysteme bei vielen unserer Aktivitäten zusammenwirken, nehmen Sie sich einen Augenblick Zeit, um die folgende Aufgabe auszuführen, die von Professor Alan Baddeley entwickelt wurde. Schließen Sie einfach die Augen und zählen Sie im Geiste, wie viele Fenster Ihre Wohnung bzw. Ihr Haus hat.

Haben Sie es geschafft? Falls ja, haben Sie mehrere verschiedene mentale Prozesse genutzt, einschließlich mindestens zweier Gedächtnissysteme. Das erste ist das visuelle bzw. räumliche Gedächtnis, das Ihnen ermöglichte, Ihre Wohnung im Geiste abzugehen und die Fenster zu zählen. Das zweite System ist eine sprachliche Strichliste der Fensterzahl. Die linke Hemisphäre Ihres Gehirns ist auf dieses zweite, sprachliche Gedächtnissystem spezialisiert, während die rechte Hemisphäre sich auf das erste System spezialisiert hat – nämlich auf die Verarbeitung visueller bzw. räumlicher Stimuli wie Gestalt und Position.

Bei einer Schädigung der linkshemisphärischen Gedächtniszentren fällt es dem Betroffenen schwer, sprachliche Informationen zu lernen bzw. zu behalten. Doch wie die gerade beschriebenen Patienten mit halbseitiger Vernachlässigung können auch Personen, deren Sprachgedächtnis beeinträchtigt ist, zum Ausgleich nichtsprachliche Gedächtnissysteme in der anderen Gehirnhälfte benutzen. So läßt sich beispielsweise eine Einkaufsliste mit »Brot, Milch und Butter« sowohl in Form einer Wörterliste als auch in Form einer Reihe visueller Bilder erinnern. Im Alltagsleben benutzen wir alle meist beide Gedächtnissysteme. Auf diese Weise erhalten wir gleichsam »eine zweite Chance«, um uns an Dinge zu erinnern. Wenn eines dieser Gedächtnissysteme aufgrund einer Hirnschädigung beeinträchtigt wird, können wir lernen, dies dadurch auszugleichen, daß wir uns stärker auf das andere verlassen. Tatsächlich könnten wir alle unser Erinnerungsvermögen verbessern, wenn wir uns darum bemühen würden, beim Lernen stärker auf unsere nichtsprachlichen Gedächtnissysteme zurückzugreifen.

»Wartet nur ab, ich werd' wieder so schlau wie früher!«

Jessica erlangte ihre intellektuellen Fähigkeiten zurück, auch wenn sie vermutlich nicht mehr ganz so intelligent ist wie vor dem Unfall. Dennoch ist ihre unglaubliche Genesung ein Beweis für die Fähigkeit eines zerrissenen neuronalen Netzes, sich von selbst wieder zusammenzuknüpfen und so wenigstens annäherungsweise sein ursprüngliches Muster wiederherzustellen.

Jessicas Rekonvaleszenz war vermutlich teils darauf zurückzuführen, daß unversehrte Areale ihres Gehirns die Funktion anderer Hirnregionen übernahmen, teils auf Änderungen in den Synapsen der unbeschädigten Gehirnneuronen und zu einem gewissen Grad auch auf das Sprießen neuer Verbindungen in ihrem Gehirn.

Doch was auch immer die Ursache für Jessicas außergewöhnliche Genesung gewesen sein mag – und leider ist eine so vollständige Wiederherstellung nach einer so schweren Schädigung eher ungewöhnlich –, sie unterstreicht jedenfalls die Fähigkeit des Gehirns, sich selbst zu modellieren und zu reorganisieren. Die entscheidende Frage aber lautet: Gibt es Methoden, um die neuroplastische Gestaltung zu fördern und zu beschleunigen? Gibt es mentale Fitneßübungen, die dem Gehirn helfen, nach einer Schädigung neue Verschaltungen herzustellen? Damit werden wir uns im nächsten Kapitel befassen.

Das zerrissene Netz reparieren

Wenn Sie das Zimmer betreten, sehen Sie im Hintergrund einen stattlichen grauhaarigen Mann – dessen Lebhaftigkeit ihn zweifelsfrei als einen Enthusiasten ausweist. Er hat ein ausdrucksvolles, intelligentes Gesicht, und aus der Entfernung hören Sie, wie sich seine Stimme in den subtilen Kadenzen eines brillanten Lehrers, der seinen Gegenstand liebt, hebt und senkt. Gehen Sie ein wenig näher, und Sie werden sich vielleicht fragen, was für eine Sprache er spricht. Setzen Sie sich neben ihn, und Sie hören einen einzigen glatt dahinfließenden Laut, aus dem Sir John Hale vollständige Sätze und Absätze bildet, die nur für ihn verständlich sind.

Der bedeutende Renaissance-Historiker John Hale schloß im Juni 1992 das Manuskript seines letzten Buches, *The Civilisation of Europe in the Renaissance*, ab – einen Monat später erlitt er einen Schlaganfall in der linken Hemisphäre, der ihm die Fähigkeit raubte, in Wort oder Schrift zu kommunizieren. Er ist ein Gelehrter mit einer unbändigen Lust am sprachlichen Feinschliff, doch jetzt ist sein vormals gewaltiger Intellekt von seinen Ausdrucksmitteln abgeschnitten – wie ein Computer, der nicht mehr mit seinem Drucker verbunden ist.

Sheila Hale kommt es so vor, als wäre ihr Ehemann hinter einer Glaswand eingesperrt: Alles von früher ist da – Persönlichkeit, Intelligenz, Humor, Geduld –, aber wie eingekapselt durch den Verlust der Sprache. Nach dem Schlaganfall bekam ihr stummer Gatte einmal ein dickes Lehrbuch der Neuropsychologie geschenkt und wurde gebeten, den Abschnitt aufzuschlagen, der sich auf seine Probleme bezog. Ohne zu zögern, blätterte er es durch und schlug das Kapitel über Dysphasie – Sprachstörungen – auf.

John Hale lauschte gespannt, als ich mich mit Sheila Hale unterhielt. Gelegentlich warf er unverständliche Kommentare ein; manchmal ließ sich deren Bedeutung ermitteln, indem man ihm Interpretationen anbot, die er mit einem Nicken oder Schütteln des Kopfes beantwortete. Er schien alles, was wir sagten, zu verstehen. Ein anderes Mal gaben wir auf, und Sheila sagte nur: »Es tut mir leid, John, wir verstehen dich einfach nicht.« Er verzog das Gesicht, zuckte dann die Achseln und lächelte geduldig aus seinem Gefängnis heraus.

John Hale kann bei Multiple-Choice-Fragen, die aus Wörtern oder Bildern bestehen, komplexe Urteile über den Bedeutungsunterschied zwischen Wörtern wie »unharmonisch« und »dissonant« oder »genügsam« und »sparsam« treffen, indem er auf die richtige Antwort zeigt. Und dennoch kann er nicht einmal das Wort »Rad« aussprechen. Er versteht die genaue Bedeutung der Wörter, die er artikulieren möchte, doch er versagt völlig, sobald er versucht, diese mündlich oder schriftlich auszudrücken. John kann geschriebene Wörter wunderbar kopieren, aber kein gesprochenes Wort imitieren; er versteht verschachtelte Sätze, aber er ist nicht imstande anzugeben, welcher Satzteil das Subjekt und welcher das Objekt ist.

In seinem letzten, ungewöhnlichen Buch erzählt John Hale eine Geschichte von Rabelais. Auf einer Reise springt der Protagonist, Pantagruel, auf und legt die hohle Hand an ein Ohr. Er vernimmt »zuerst Stimmen ..., dann ganze Wörter«. Der Kapitän eines Schiffs sagt ihm, es seien die Geräusche einer großen Schlacht, die durch den Winter eingefroren worden seien und jetzt langsam auftauen würden. Sie sehen, wie einige der Stimmen auf Deck fallen, und nachdem »wir sie ein wenig in unseren Händen gewärmt hatten, schmolzen sie wie Schnee, und wir konnten sie hören«.

Das Bemühen, Verfahren zu finden, um die Wörter, die in John Hales Gehirn eingefroren sind, aufzutauen – mit anderen Worten: Rehabilitationsmaßnahmen –, ist das Thema dieses Kapitels.

Unsichtbare Reparaturen?

Wenn das Gehirn durch Erfahrungen modelliert werden kann, weshalb bleiben dann Sir John Hales Wörter in seinem Gehirn eingesperrt? Weshalb können wir nicht einfach die Sprachzentren im Gehirn stimulieren und so das vibrierende neuronale Netz dazu zwingen, weitere synaptische Verbindungen auszubilden? Schließlich können Geiger dies durch langjährige Übung erreichen, weshalb also nicht auch John Hale?

Das Rätsel vertieft sich noch angesichts der bemerkenswerten Genesung von Menschen, denen eine Hemisphäre entfernt wurde. Wenn sich das Gehirn dieser Amputierten so reorganisieren kann, daß es den leeren neuralen Raum im Gehirn »auffüllt«, stellt sich die Frage, weshalb sich John Hales Gehirn nicht von selbst reorganisieren kann.

Wenn in unserem Gehirn neue Verbindungen sprießen können, was hält dann das Gehirn von John Hale davon ab, das gleiche zu tun? Später werden wir sehen, daß wir die kognitiven Fähigkeiten von Kindern verbessern können, wenn wir ihnen die richtige Erziehung und Stimulation zukommen lassen, und wir werden erfahren, wie sich Emotionen und emotionales Denken therapeutisch verändern lassen. Die Frage läßt sich also nicht umgehen: »Wenn das Gehirn eine so große Plastizität besitzt, weshalb sind Sir John Hales Gedanken dann in seinem Kopf eingefroren?«

Diese Frage ist von großer praktischer und theoretischer Bedeutung. Nehmen wir als Beispiel Großbritannien, wo knapp die Hälfte des Geldes, das im nationalen Gesundheitswesen ausgegeben wird, auf die Behandlung von Hirnstörungen und -krankheiten entfällt. Schlaganfall, Schädelhirntraumen nach Verkehrsunfällen, Alzheimerkrankheit, Schizophrenie, Depression, multiple Sklerose, Hirntumoren und Alkoholismus sind nur die häufigsten Beispiele.

In diesem Kapitel wollen wir die Frage beantworten, ob wir die Reparatur dieser zerrissenen Netze durch Stimulation und Übungen fördern können – also durch Rehabilitationsmaßnahmen.

Verbindungen im Gehirn nehmen in Reaktion auf verschiedene Erfahrungen ab und zu. Gilt dieser Grundsatz für alle Hirngeschädigten? Die Antwort lautet: »Ja, aber in Grenzen.« Nachfolgend einige der Faktoren, welche diese Flexibilität einschränken:

»He, das ist meine Aufgabe!« Verschiedene Hirnregionen haben sich auf verschiedene mentale Funktionen spezialisiert – das heißt, das Gehirn ist bis zu einem gewissen Grad *modular* aufgebaut.

»Vereint siegen, getrennt untergehen!« Wenn ein bestimmtes Modul zu stark geschädigt wird, ist eine Regeneration vielfach unmöglich: Es fehlt an der kritischen Masse.

»Geh aus dem Weg! Ich mach's selbst!« Unversehrte Hirnregionen können die Aktivität in anderen, teilweise geschädigten Arealen unterdrücken.

Hemmung kann die Leistungsbereitschaft blockieren, so wie ein dominantes Kind das Selbstvertrauen und die Begabungen eines weniger selbstbewußten Geschwisters hemmen kann.

Das Netz wieder zusammennähen. Neuronale Schaltkreise im Gehirn können ohne geeignete Stimulation und angemessenen Input degenerieren – doch wenn wir den rechten Input eingeben, können wir sie möglicherweise »retten«, indem wir ihnen die Stimulation bieten, die sie brauchen, um die durchtrennten Verbindungen in den geschädigten Hirnarealen zu reparieren.

Das geistige Ohr einstellen. Das Gehirn des Weinkenners hat durch Hebbsches Lernen gelernt, auf subtile Geschmacksvariationen, die das Gehirn der meisten von uns als identisch wahrnehmen würde, unterschiedlich zu reagieren. Unser Gehirn ist auf verschiedene Fähigkeiten »eingestellt«, und es kann während des Heranwachsens oder nach Hirnschäden »verstellt« werden. Indem wir es angemessen stimulieren, können wir es manchmal »neu einstellen«.

»Aufgepaßt!« Man kann seine Fähigkeit, Golf zu spielen, verbessern, indem man Schwünge im Geiste übt, während man in der U-Bahn sitzt. Die Gehirnareale, in denen die Aufmerksamkeit lokalisiert ist, steuern diese, indem sie Signale an die Schaltkreise senden, welche die Bewegungsabläufe kontrollieren. Die gleichen Aufmerksamkeitssysteme fördern möglicherweise die Regeneration geschädigter Schaltkreise im Gehirn, indem sie deren Aktivität durch Stimuli anregen.

Betrachten wir nun diese sechs Einschränkungen der Plastizität des Gehirns im einzelnen.

»He, das ist meine Aufgabe!«

Das Gehirn ist eine spezialisierte Maschine mit verschiedenen Teilen, die verschiedene Funktionen ausführen. Nehmen wir zum Beispiel die gesprochene Sprache. In Ihren Ohren trifft eine Folge von Tönen ein, die wir gesprochene Sprache nennen. Die Schallwellen versetzen das Trommelfell in Schwingung, das winzige elektrische Impulse über den Gehörnerv (Akustikus) ins Gehirn leitet. Diese Impulse erreichen schließlich jene Hirnareale, deren Aufgabe es ist, die Signale in Wörter zu übersetzen.

Stellen wir uns einen Funker an Bord eines Kriegsschiffs in den vierziger Jahren vor. Er kauert über seinem Radioempfänger, die Ohrhörer auf den Kopf geklemmt, und übersetzt die langen und kurzen Zeichen des Morsealphabets, das er hört, in eine Folge von Buchstaben, die er auf seinen Notizblock kritzelt. Für diese Person sind die Wörter, die sie aufschreibt, sinnlos, weil sie verschlüsselt sind. Doch der Bordfunker leitet die Nachricht an den Leutnant weiter, der im Besitz des Schlüssels ist und die Nachricht dekodiert: »Feindliches U-Boot zehn Meilen nördlich.«

Das Gehirn funktioniert bis zu einem gewissen Grad wie die Mannschaft eines Kriegsschiffs, wobei verschiedene Hirnregionen unterschiedliche Teilaufgaben bei der Übersetzung von Sprachlauten in bedeutungsvolle Ideen ausführen. Wie der Bordfunker im Krieg durch eine Explosion getötet oder dienstunfähig werden kann, so kann das Hirnareal, das die Morsesignale in Codewörter übersetzt, durch einen Schlaganfall, Krankheit oder Verletzung selektiv geschädigt werden.

Ein Schlaganfallpatient, dem dies widerfuhr, berichtete, die sprachlichen Äußerungen seiner Verwandten hätten sich »wie ein undifferenziertes, fortdauerndes Brummen ohne jeden Rhythmus« angehört: Man nennt dies »Worttaubheit«. Dieser unglückselige Mensch glich dem Leutnant eines Kriegsschiffs, der verzweifelt den Morsezeichen lauscht, die durch den Kopfhörer des toten Bordfunkers übermittelt werden, aber nur bedeutungslose Pieptöne hört.

Im Gehirn von Sir John Hale überlebten sowohl der Leutnant als auch der Bordfunker den Schlaganfall: Er kann lesen und gesprochene Sprache verstehen. Außerdem ist der Kapitän dieses metaphorischen Schiffs am Leben und wohlauf, denn Sir Johns Denk- und Urteilsvermögen ist nicht beeinträchtigt. Allerdings ist er *nicht* in der Lage, seine Gedanken in sprachliche Äußerungen zu übersetzen. Dies hängt damit zusammen, daß im menschlichen Gehirn die Schaltkreise, die für die Sprachproduktion zuständig sind, vollkommen unabhängig sind von den Schaltkreisen, die für das Sprachverständnis verantwortlich sind. Anders gesagt, die Explosion des Schlaganfalls in Sir Johns Gehirn schaltete die Outputkanäle seines

Kommunikationssystems aus, während sie die Inputkanäle unversehrt ließ.

Kehren wir zurück zu der Frage, weshalb Sir John nicht wieder sprechen lernte, wenn das menschliche Gehirn doch eine so große Plastizität besitzt. Die Ursache liegt in dem modularen Aufbau des Gehirns, den wir gerade beschrieben haben. Sobald wir das Erwachsenenalter erreichen, haben sich gewisse Gehirnregionen auf bestimmte mentale Funktionen spezialisiert. Wenn die meisten Neuronen in einem dieser Module absterben, ist es für die benachbarten neuronalen Schaltkreise oftmals außerst schwierig, diese hochspezialisierte Funktion zu übernehmen. Im Fall von Sir John wurden die Gehirnregionen, die für die Übersetzung von Gedanken in Wörter zuständig sind, schwer geschädigt.

Die Sprachproduktion ist eine hochspezialisierte mentale Funktion, die nicht ohne weiteres von Nachbarregionen des Gehirns übernommen wird. Tatsächlich ist in den meisten Fällen nur die linke Hemisphäre – insbesondere deren Stirnregion – zur Produktion sprachlicher Laute fähig. Die rechte Hemisphäre kann jedoch *einige* Aspekte des Sprachvermögens übernehmen, und dies erleichtert die Wiedererlangung der Lesefähigkeit, die nach einer Hirnschädigung verloren ging.

Während das Verstehen sprachlicher Äußerungen in der Übersetzung von Lauten in Gedanken und Bilder besteht, werden diese Gedanken beim Lesen durch visuelle Verarbeitung von Linien und Schnörkeln ausgelöst. Wie bei so vielen anderen mentalen Aktivitäten unterscheiden sich die Hirnareale, die für das Lesen zuständig sind, von den Arealen, die uns beim Verstehen gesprochener Sprache helfen. Im Zentrum all dieser Sprachverständnissysteme steht ein riesiges Speichernetzwerk, dessen Ausgeklügeltheit und Komplexität alle Superrechner der Welt weit in den Schatten stellen. Dies ist das semantische System des Gehirns – das gigantische Speichersystem aus Begriffen, Bedeutungen und all den damit verknüpften Bildern und Assoziationen.

Der Zugriff auf diesen Wissensspeicher kann über gesprochene oder geschriebene Wörter erfolgen. Beim Lesen kann man den Speicher jedoch durch zwei alternative Türen betreten – und dies ist eine positive Nachricht, wenn man nach einem Schlaganfall wieder lesen lernen muß. Aber *weshalb* gibt es *zwei* Lesezugänge zum semantischen Speicher? Schlicht deshalb, weil ein Teil der semantischen Informationen in der unversehrten rechten Hemisphäre des Gehirns gespeichert ist.

Aufgrund dieser Anordnung können seltsame Dinge geschehen. Nehmen wir einmal an, jemand mit einer geschädigten linken Hemisphäre versucht, das Wort »Stein« zu lesen. Hierzu müssen die Linien und Schnörkel, die die Augen aufnehmen, zu den Sehzentren im Hinterhauptbereich weitergeleitet werden. Diese deuten sie als rein visuelle Objekte, die mit keinerlei Bedeutung verbunden sind. Nachdem sie dies getan haben, übermitteln sie die Wörter an das Sprachverständniszentrum im vorderen Bereich der linken Hemisphäre.

Die Person versteht das Wort vollkommen – der Leutnant, der eintreffende Nachrichten entschlüsselt, ist am Leben und wohlauf –, doch sobald sie versucht, sich sprachlich zu artikulieren, tauchen die Probleme auf. Nehmen wir an, der Schlaganfall habe die Verbindung zwischen dem sensorischen Sprachzentrum (dem sogenannten Wernicke-Sprachzentrum) und dem motorischen Sprachzentrum (der sogenannten Broca-Region) unterbrochen. Dann kann das Wort, das vollkommen klar verstanden wurde, nicht übermittelt werden – wie es bei Sir John Hale der Fall ist.

Manchmal aber machen Schlaganfallpatienten etwas sehr Merkwürdiges. Wenn sie das Wort »Stein« zu lesen versuchen, murmeln sie ein Wort wie »Fels«. Bittet man sie einen Augenblick später, das Wort »Busch« zu lesen, sprechen sie vielleicht das Wort »Baum« aus. Was in aller Welt geht hier vor?

Da die Information über das Wort »Stein« nicht *direkt* an das Sprachproduktionszentrum geleitet werden kann, wird sie an das semantische System in der unversehrten rechten Hemisphäre übermittelt. Dann hüpft sie wieder auf die linke Hemisphäre zurück, und zwar an eine Stelle oberhalb der Blockade und von dort in das unversehrte motorische Sprachzentrum. Nun arbeitet jedoch das semantische System in der rechten Hemisphäre relativ nachlässig. Statt exakt den Begriff *Stein* für das geschriebene Wort »Stein« herauszugeben, wirft es wie ein schludriger Bibliothekar eine näherungsweise Entsprechung auf den Tisch – nämlich »Fels«. Und so wird das Wort »Fels« an die Broca-Region übermittelt und dann ausgesprochen. In ähnlicher Weise löst »Busch« in diesem recht nachlässigen System »Baum« aus.

Wie wir im letzten Kapitel sahen, kann das Gehirn Schädigungen ausgleichen – in diesem Fall durch Nutzung anderer Leitungsbahnen in unversehrten neuronalen Schaltkreisen. Ich habe mich hier auf die Sprache konzentriert, doch es gibt viele solche Beispiele für alle anderen Formen mentaler Aktivität. Wir wir bereits sahen, lautet die allgemeine Regel, daß eine mentale Funktion verlorengehen kann, wenn ein hochspezialisierter Schaltkreis im Gehirn vollständig zerstört wird und keine Ausweichbahnen vorhanden sind. Was aber geschieht, wenn der Schaltkreis nur teilweise geschädigt ist oder wenn er nicht so stark spezialisiert ist wie bei der gesprochenen Sprache? Betrachten wir jetzt nacheinander diese Möglichkeiten.

»Vereint siegen, getrennt untergehen«

Wird ein bestimmtes Modul zu schwer geschädigt, ist eine Regeneration vielfach unmöglich: Es fehlt die *kritische Masse.* Wir sahen auch, daß zerrissene Netze sich wieder von selbst »vernähen« können, indem die erhalten gebliebenen, miteinander verschalteten Neuronen aktiviert werden: Dann können die anderen, teilweise abgetrennten Zellen durch Hebbsches Lernen wieder miteinander verschaltet werden.

Allerdings muß, wie wir im letzten Kapitel sahen, eine kritische Mindestzahl an Zellen in dem zerrissenen Netz vorhanden sein, damit es eine Chance hat, sich zu reparieren. Auf diese Weise können Schlaganfallpatienten Fähigkeiten, die in das neuronale Knüpfwerk eingewoben sind, wiedererlangen, auch wenn ein Teil der Gehirnneuronen, die diese Fähigkeiten steuern, durch den Schlaganfall abgestorben ist. Dies ist darauf zurückzuführen, daß Fähigkeiten in dem *Muster* der Verbindungen *zwischen* Zellen verankert sind.

Ein solches Muster kann daher auch dann überleben, wenn einige der Zellen absterben. Andererseits bleibt das Verbindungsmuster nicht erhalten, wenn der Zellverlust in einem Schaltkreis einen kritischen Wert überschreitet, so daß dieser neuronale Schaltkreis dauerhaft seine Fähigkeit verliert, seine frühere Funktion wahrzunehmen.

Allerdings ist die Situation nicht immer so eindeutig: Andere, gesunde Schaltkreise im Gehirn können ein geschädigtes Netzwerk, das seine früheren Fähigkeiten zurückerlangen möchte, negativ beeinflussen. Dies bringt uns zu der dritten Grenze der Plastizität des Gehirns – der Hemmung.

»Geh aus dem Weg! Ich mach's selbst!«

Wie ein dominantes Kind das Selbstvertrauen und die Begabungen eines nicht so selbstsicheren Geschwisters beeinträchtigen kann, so können Hirnareale, die nicht geschädigt sind, die Aktivität in benachbarten, teilweise zerstörten Feldern unterdrücken.

Sie könnten dies an Ihrem eigenen Gehirn überprüfen, wenn ich Ihnen an einer Schädelseite, über der Hirnregion, welche die Bewegungen auf der anderen Körperseite kontrolliert, eine harmlose magnetische Stimulation verabreichen würde. Als man dies bei Personen ohne Hirnschädigung tat, wurde die motorische Region in der gegenüberliegenden Hemisphäre durch die magnetisch induzierte Aktivität in der anderen Hemisphäre für den Bruchteil einer Sekunde unterdrückt.

Gerade die beiden Hemisphären stehen in einem ständigen Wettstreit miteinander – und zwar in einem so erbitterten, daß in bestimmten seltenen Fällen ein zweiter Schlaganfall in der gegenüberliegenden Hemisphäre die Behinderung, die durch den ersten Schlaganfall verursacht wurde, lindern kann. In diesem Fall mindert der zweite Schlaganfall die Drangsalierung durch die zuvor gesunde Hemisphäre, so daß die geschädigte Hemisphäre jetzt einige ihrer latenten Fähigkeiten, die bis dahin durch die gesunde Großhirnhälfte unterdrückt worden waren, zur Geltung bringen kann.

Der Wettstreit zwischen den Hemisphären zeigt sich am deutlichsten, wenn die Aufmerksamkeit betroffen ist. Schädigt ein Schlaganfall beispielsweise die rechte Hemisphäre, dann verschiebt sich die Aufmerksamkeit der Person manchmal in drastischer Weise auf die rechte Raumhälfte – das heißt auf das, was sich auf der rechten Seite ereignet; tatsächlich sind die Betroffenen manchmal außerstande, ihre Aufmerksamkeit auf irgendeinen beliebigen Vorgang auf der linken Seite zu richten. Mit dieser sogenannten Vernachlässigung einer Raumhälfte haben wir uns bereits kurz im letzten Kapitel beschäftigt.

Ein Grund für diesen Aufmerksamkeitsverlust auf der linken Seite liegt darin, daß die unversehrte linke Hemisphäre plötzlich keinerlei Konkurrenz mehr ausgesetzt ist und so die rechte Hemisphäre vollkommen überwältigt; dabei hemmt sie die möglicherweise der rechten Hemisphäre noch verbliebene Fähigkeit, die Aufmerksamkeit unter größter Anstrengung der linken Raumhälfte zuzuwenden.

Wer unter dieser Störung leidet, gleicht gewissermaßen einem Kinobesucher, für den die Hälfte der Leinwand leer bleibt. Hinzu kommt allerdings, daß der Betreffende den Film vollständig zu sehen glaubt und sich schlicht der Tatsache nicht bewußt ist, daß die Hälfte der Leinwand – in der Regel die linke Hälfte – leer ist. Eine meiner Patientinnen – nennen wir sie

Pat –, die an halbseitiger Vernachlässigung litt, zeichnete eine Blüte, die sie für vollständig hielt. In Wirklichkeit aber waren alle Blütenblätter auf die rechte Seite gepreßt, während auf der linken kein einziges vorkam.

Dennoch gewährt uns die halbseitige Vernachlässigung einen faszinierenden Einblick in die Natur des menschlichen Bewußtseins, denn es handelt sich nicht um ein Problem des *Sehens*, sondern vielmehr um eine Störung des *Bewußtseins* dessen, was man sieht. Der springende Punkt bei der einseitigen Vernachlässigung besteht darin, daß zwar alle Informationen von den Augen im Sehzentrum des Gehirns eintreffen, aber nicht das Bewußtsein erreichen, und aus diesem Grund bemerken Patienten mit halbseitiger Vernachlässigung in der Regel nicht, daß sie die Hälfte des Raumes übersehen.

Kann man etwas tun, um dem geschädigten Gehirn bei der Überwindung dieses Problems zu helfen? Ja. Nehmen wir das Beispiel des dominanten Bruders, dessen überragende Begabung seine Schwester daran hindert, ihre Fähigkeiten zu entfalten. Die Eltern dieser beiden Kinder könnten versuchen, das Dominanzverhalten ihres Sohnes zu zügeln, aber sie könnten auch versuchen, das Selbstvertrauen und die Selbstentfaltung ihrer Tochter zu fördern. In ähnlicher Weise ist bei halbseitiger Vernachlässigung der Versuch, die Aktivität in der geschwächten, geschädigten Hirnhälfte anzukurbeln, eine Alternative zum Dämpfen der Aktivität in der unversehrten Hemisphäre.

Man kann dies unter anderem dadurch bewerkstelligen, daß man Netzwerke »einschaltet«, von denen man weiß, daß sie mit dem geschädigten System verbunden sind. Ein Hauptverbündeter des Aufmerksamkeitssystems ist das neuronale Netzwerk, das Bewegungen anbahnt – das prämotorische System. Wenn wir beabsichtigen, die Hand nach einem Gegenstand auszustrecken, ist es sinnvoll, wenn unsere Aufmerksamkeit auf diesen Gegenstand gelenkt wird, so daß wir ihn nicht verfehlen oder umstoßen. Im Verlauf der menschlichen Evolution wurde das prämotorische System eng an das Aufmerksamkeitssystem gekoppelt. Daher bietet es sich als Stützkorsett für ein beeinträchtigtes, dysfunktionales Aufmerksamkeitsnetzwerk an.

Halbseitige Vernachlässigung nach einer rechtshemisphärischen Schädigung führt oftmals zur partiellen Lähmung des linken Arms und des linken Beins. Allerdings können viele Betroffene – so auch Pat – kleinere Bewegungen mit der linken Hand, dem linken Arm oder dem linken Bein ausführen, wenn sie sich ausreichend konzentrieren. So oft Pat ihre linke Hand bewegte, erhöhte sich – erwartungsgemäß – ihre Wahrnehmung der linken Raumhälfte, so daß sie beispielsweise mehr auf einer Buchseite lesen konnte und ihr weniger Wörter entgingen.

Allerdings sind die Dinge etwas komplizierter. Wenn Pat einfach ihre linke Hand unter dem Tisch auf das rechte Knie legte, besserte sich die Vernachlässigung nicht. Und auch die Verlagerung ihrer rechten Hand auf die linke Seite half ihr nicht. Weshalb? Genauso wie verschiedene Hirnregionen unterschiedliche Aufgaben im Prozeß des Sprachverständnisses übernehmen, sind getrennte Aufmerksamkeitssysteme für verschiedene Raumbereiche zuständig.

Wenn Sie bis hierher gelesen haben, legen Sie das Buch für ein paar Sekunden weg, schließen Sie die Augen und richten Sie Ihre Aufmerksamkeit auf die Empfindungen in Ihrem linken Fuß. Konzentrieren Sie sich nun auf Ihren rechten Daumen. Dann auf die linke Schulter.

Bei dieser Übung erkundeten Sie einen bestimmten Raumbereich – Ihren Körper. Die Hirnregion, welche die Aufmerksamkeit auf den Körperraum lenkt, ist getrennt von dem Hirnareal, das die Aufmerksamkeit auf den Raum außerhalb Ihres Körpers richtet. Daher kann es einer Person nach bestimmten Hirnschädigungen schwerfallen, sich auf die linke Körperhälfte zu konzentrieren, während sie keine Probleme mit Wahrnehmungen aus der linken Raumhälfte hat. Vielleicht unterläßt sie es, ihr Haar auf der linken Hälfte zu kämmen, oder sie knöpft ihre linke Manschette nicht zu.

Werfen Sie nun einen schnellen Blick auf den Raum um Ihren Körper. Nach welchen Gegenständen könnten Sie greifen, wenn Sie wollten? Steht neben Ihnen eine Tasse oder ein Glas oder ein Brillenetui? Dieser Raumbereich um Ihren Körper wird »körpernaher Raum« genannt. Wie beim Körperraum können bestimmte Typen von Hirnschäden dazu führen, daß eine Person Schwierigkeiten hat, ihre Aufmerksamkeit auf die linke Hälfte des körpernahen Raums zu richten. So übersah Pat manchmal die Speisen, die auf der linken Hälfte ihres Tellers lagen, und sie fragte sich beispielsweise, warum ihr Partner ihr diesmal zum Abendessen kein Gemüse gegeben hatte.

Sehen Sie sich zum Schluß in dem Zimmer um, in dem Sie sitzen. Werfen Sie einen kurzen Blick in die Ecken und, falls die Vorhänge zurückgezogen sind, aus dem Fenster. Sie befinden sich nun im Bereich des »körperfernen Raumes«, und wie die anderen beiden Raumtypen wird auch dieser von einem weitgehend eigenständigen neuronalen Schaltkreis kontrolliert. Dementsprechend gibt es Menschen, die aufgrund einer Hirnschädigung nur den körperfernen Raum vernachlässigen. So hat eine Oxforder Forschergruppe einen Mann beschrieben, der praktisch nichts von dem wahrnahm, was auf der linken Hälfte des Tisches vor ihm stand, der sich aber bei Wurfpfeilspielen als äußerst treffsicher erwies![1]

Obgleich die Schaltkreise, welche die Aufmerksamkeit in diesen drei Raumbereichen kontrollieren, unabhängig voneinander sind, arbeiten sie doch eng zusammen. Dies erklärt die verblüffenden Erfolge bei Pat, die allein durch linkshändige Bewegungen auf der linken Körperseite ihre Aufmerksamkeit für die linke Raumhälfte verbesserte.

Was geschieht dabei? Die Antwort ist recht einfach. Wenn sich die linke Hand auf der linken Körperseite bewegt, werden zwei kortikale Schaltkreise gleichzeitig aktiviert – der rechtshemisphärische Schaltkreis für den Körperraum (der linke Arm bewegt sich) und der rechtshemisphärische Schaltkreis für den körpernahen Raum (er bewegt sich auf der linken Körperseite).

Wenn wir unsere hypothetische kleine Schwester nehmen, die im Schatten ihres großen Bruders steht, dann entspricht dies dem Sieg beim Schulsportfest und dem Abschneiden als Klassenbeste am selben Tag. Jedes dieser Ereignisse für sich genommen würde vielleicht nicht ausreichen, ihr Selbstbewußtsein gegenüber ihrem Bruder zu stärken, doch die beiden zusammen versetzen ihr einen Schwung, durch den sie seinen hemmenden Einfluß auf ihr Selbstwertgefühl abschütteln kann.

Mehr oder minder das gleiche geschieht mit den rechtshemisphärischen Schaltkreisen für den Körperraum und den körpernahen Raum. Wenn sich die linke Hand auf der rechten Körperseite bewegt, wird nur ein Schaltkreis in der rechten Hemisphäre aktiviert (derjenige, der die Aufmerksamkeit auf den Körper steuert), und wenn sich die rechte Hand auf der linken Körperseite bewegt, wird ebenfalls nur ein Schaltkreis in der rechten Hemisphäre aktiviert (derjenige, der die Aufmerksamkeit auf den körpernahen Raum lenkt).

Bei einer dominanten linken Hemisphäre genügt ein aktivierter Schaltkreis in der rechten Hemisphäre einfach nicht, um deren Dominanz abzuschütteln: Man braucht zwei, und aus diesem Grund hat nur die Bewegung der linken Hand auf der linken Seite des körpernahen Raumes eine Wirkung. Was aber geschieht, wenn linke und rechte Hand gleichzeitig bewegt werden? Die Vorteile gehen verloren. Wenn Pat las, nahm sie mehr Wörter auf der linken Seite wahr, wenn sie ihre linke Hand bewegte, doch wenn sich beide Hände zusammen bewegten, mußte sie wieder von vorn beginnen.

Dies hängt damit zusammen, daß die Aktivierung der Aufmerksamkeitssysteme in der linken Hemisphäre, um die rechte Hand zu bewegen, gleichzeitig den hemmenden Einfluß der linken Hemisphäre auf die rechte stärkte. Das ist ungefähr so, als ob am selben Tag, an dem die kleine Schwester ihre beiden Siege errang, ihr älterer Bruder zum Schulsprecher gewählt worden wäre.

Dies ist also ein Beispiel dafür, daß geschädigte Hirnareale die Hemmung durch unversehrte Regionen abschütteln können, wenn die richtigen geschwisterlichen Schaltkreise gleichzeitig aktiviert werden. Wir haben uns dieses Prinzip der Plastizität des Gehirns bei der Behandlung von Pats halbseitiger Vernachlässigung zunutze gemacht; wir benutzten dabei eine »Vernachlässigungs-Alarmvorrichtung«, einen Zeitgeber, der an Pats Gürtel befestigt wurde und der zufallsgesteuert summt. Wenn er summt, schaltet Pat ihn mit der linken Hand oder dem linken Arm aus. Auf diese Weise werden die gehemmten Schaltkreise in ihrer geschädigten rechten Hemisphäre fortwährend aktiviert und parieren so die schikanierende Dominanz ihrer unversehrten linken Hemisphäre. Pats Fähigkeit, sich zu Hause selbständig zu versorgen, wurde durch dieses Training verbessert; sie stieß seltener gegen Dinge auf der linken Seite, und auch ihre Fähigkeit zur bewußten Wahrnehmung von Gegenständen und Menschen in der linken Raumhälfte besserte sich.

Die rechte Gehirnhälfte durch Tricks zur Auslösung von Bewegungen zu veranlassen ist nicht die einzige Möglichkeit, der Drangsalierung durch den linkshemisphärischen Bruder zu entgehen. Die rechte Gehirnhälfte erfüllt genauso wie die linke eine Reihe spezifischer Funktionen. Wie wir früher sahen, besteht eine dieser Funktionen darin, die Wachsamkeit und Aufmerksamkeit des Gehirns zu erhalten. Dieses »Wachsamkeitssystem« ist zwar weitgehend selbständig, aber locker mit dem System verknüpft, das die Aufmerksamkeit auf die linke Seite lenkt.

Wir können diese Tatsache nutzen, um der geschädigten rechten Hemisphäre zu helfen, die bei Pat Schwierigkeiten hat, die Aufmerksamkeit der linken Raumhälfte zuzuwenden. Auf welche Weise? Eine Möglichkeit besteht darin, das Wachsamkeitssystem kurz »anzuschalten« und zu sehen, was mit Pats Fähigkeit, die Aufmerksamkeit auf die linke Raumhälfte zu richten, geschieht. Wir taten dies bei einer Reihe von Personen, die an halbseitiger Vernachlässigung litten.[2] Wir baten sie, auf einen Computerbildschirm zu schauen, während wir registrierten, in welchem Umfang sie die linke Hälfte des Bildschirms »vernachlässigten«. Manchmal spielten wir weniger als eine Sekunde, bevor das Bild auf dem Bildschirm aufleuchtete, einen lauten Ton ein. Wenn sie durch den Ton »alarmiert« waren, nahmen sie Vorgänge auf der linken Hälfte sehr viel besser wahr als sonst; tatsächlich war ihre Vernachlässigung für diese wenigen Sekunden durch den kurzen Aufmerksamkeitsschub, den der Ton hervorrief, aufgehoben.

Dies war darauf zurückzuführen, daß das räumliche Aufmerksamkeitssystem von seinem Nachbarn unterstützt wird, dem »Wachsamkeits-« oder »Aufwecksystem«, das ebenfalls in der geschädigten rechten Hemisphäre lokalisiert ist. Durch diese Zusammenarbeit gelang es ihnen, sich von der Dominanz der linken Hemisphäre zu befreien und der Welt zu zeigen, was die rechte Hemisphäre trotz ihrer Schädigung leisten kann.

Nun macht die Behebung der Vernachlässigung für ein bis zwei Sekunden im Alltagsleben wenig Sinn, doch dieses Experiment gab uns einen flüchtigen Einblick in das Potential des geschädigten Gehirns. So gewappnet, gingen meine Kollegen und ich daran, Menschen mit halbseitiger Vernachlässigung bei der Überwindung ihrer Behinderung zu helfen. Zunächst zeigten wir ihnen, daß wir ihr Gehirn vorübergehend durch plötzliche Alarmtöne verändern konnten. Wenn jemand sich in diesem Augenblick an Sie heranschleichen und einen Ballon unmittelbar hinter Ihrem Kopf zum Platzen bringen würde, würden Sie vermutlich mit rasendem Herzen, weit aufgerissenen Augen und erweiterten Pupillen aufspringen. Der Zustand Ihres Gehirns – seine gesamte Chemie – wäre durch das plötzliche Geräusch verändert worden. Wenn die Lektüre dieser Zeilen Sie etwa schläfrig gemacht hätte, dann wäre diese Schläfrigkeit urplötzlich verflogen.

Wir haben keine Ballons hinter den Köpfen unserer Patienten platzen lassen, aber wir zeigten ihnen, daß plötzliche Geräusche ihr Gehirn recht einschneidend verändern konnten.

Dann sagten wir zu ihnen: »Nun, wenn ich Ihr Gehirn so leicht verändern kann, wieso sollten Sie dann nicht lernen können, es selbst zu tun?« Schließlich können die meisten von uns ihre Schläfrigkeit überwinden oder in eintönigen Situationen wie dem Autofahren auf einer langen, geraden Straße bei Nacht wachsam bleiben. Weshalb also sollten Menschen mit Hirnschäden, die ihnen Schwierigkeiten bereiten, wachsam zu bleiben, nicht das gleiche tun können?

Wir trainierten also diese Patienten, das Wachsamkeitssystem ihres Gehirns »einzuschalten«, indem sie die lauten Töne mit einem markigen Befehl, den sie sich selbst aussuchen konnten, wie »Wach auf!« oder »Aufgepaßt!« assoziierten. Wir brachten ihnen bei, regelmäßig zu überprüfen, wie wachsam sie waren, und wenn sie feststellten, daß ihre Wachsamkeit zu wünschen übrig ließ, mußten sie sich mit Hilfe dieses Befehls (und während sie sich oftmals gleichzeitig aufrecht hinsetzten) wieder zu erhöhter Wachsamkeit anhalten.

Nach nur zehnstündigem Training hatte sich nicht nur die Wachsamkeit der Patienten verbessert, sondern auch ihre Vernachlässigung drastisch vermindert, so wie es für die wenigen Sekunden nach den lauten Tönen der Fall gewesen war; diesmal aber hielten diese Effekte vierundzwanzig Stunden und länger an, nicht bloß ein oder zwei Sekunden.[3] Einer unserer Patienten hatte vor der Behandlung eine Pizza zubereitet, dabei hatte er den Käse nur über die rechte Hälfte der Pizza gestreut und die linke Hälfte weitgehend unbelegt gelassen. Nach dem Training bereitete er eine weitere Pizza zu. Diesmal streute er den Käse gleichmäßig über die ganze Pizza!

Indem wir entschlüsseln, wie die verschiedenen Systeme des Gehirns ihre Funktionsweise wechselseitig fördern und hemmen, können wir das Gehirn durch »Tricks« dazu bringen, Dinge zu tun, zu denen es auf den ersten Blick nicht in der Lage zu sein scheint. Das gilt übrigens nicht nur für die halbseitige Vernachlässigung, sondern für fast alle Funktionen des Gehirns.

Das Netz wieder zusammennähen

Was wir tun und was wir denken, kann die Verbindungsmuster zwischen den neuronalen Netzwerken unseres Gehirns verändern. Aber können wir dieses Prinzip auch auf ein Gehirn, das in seinen Funktionen gestört ist, praktisch anwenden? Die Antwort ist: ja. Nehmen wir zum Beispiel die unglückseligen Personen, die einen Schlaganfall mit nachfolgender Lähmung einer Körperhälfte erleiden. Es kann sich um eine vollständige oder partielle Lähmung handeln, und die Arme sind häufiger und stärker betroffen als die Beine. Dies ist darauf zurückzuführen, daß die neuronalen Schaltkreise, welche die Bewegungen steuern, geschädigt wurden. Bei einem hohen Prozentsatz der Betroffenen ist der linke Arm funktionell stark eingeschränkt, und sie müssen lernen, ihr Alltagsleben mit dem anderen Arm zu bewältigen.

Diese Bewegungsprobleme werden mit verschiedenen Therapieformen einschließlich Bewegungs- und Beschäftigungstherapie behandelt. Indem wir die Patienten dazu ermuntern, ihre gelähmten Gliedmaßen zu bewegen, hoffen wir, den zerrissenen Netzen ihres Gehirns genau die richtige Stimulation zu geben, die sie brauchen, um sich wieder zu verknüpfen; dabei stützen wir uns auf das Prinzip des Hebbschen Lernens, das weiter oben am Beispiel des Mannes beschrieben wurde, der trotz seiner Hirnschädigung wieder Auto fahren lernte.

Aber wie können wir gelähmte Gliedmaßen dazu bringen, sich zu bewegen, um den geschädigten neuronalen Netzwerken die Stimulation zu geben, die sie so dringend brauchen? Eine Möglichkeit besteht darin, die Patienten möglichst intensiv zu unterstützen, so daß der kümmerliche Rest an Funktionalität in den betroffenen Gliedmaßen angeregt und so die Neuverknüpfung in dem Schaltkreis angestoßen wird.

Deutsche Forscher haben genau dies getan, wobei sie Fallschirmgurte und ein Laufband benutzten! Sie gaben den

Patienten, die nicht aus eigener Kraft gehen konnten, mit Hilfe eines Flaschenzugsystems und der Gurte gerade so viel Unterstützung, daß sie auf einem sich langsam bewegenden Laufband gehen konnten. Nach Abschluß des Trainings konnten von den sieben Personen, die vor dem Training nicht gehen konnten, drei selbständig gehen, während drei weitere immerhin unter Aufsicht eines Therapeuten gehen konnten.[4]

Es ist wichtig, den zerrissenen Netzen die *richtige* Art von Stimulation zu geben. Zellen, die sich verschalten, entladen sich gleichzeitig: Dies bedeutet, daß sich manchmal die *falschen* Gehirnneuronen miteinander verschalten. Einige Typen der Spastizität – schmerzvolle und behindernde Muskelkontraktionen in gelähmten Gliedmaßen – sind möglicherweise darauf zurückzuführen, daß Neuronen, die Muskelkontraktionen kontrollieren, sich falsch miteinander verschalten. Wie wir weiter oben sahen, werden Menschen, die ertaubt sind, manchmal von Tinnitus gequält, der möglicherweise dadurch ausgelöst wird, daß Neuronen im Gehirn, die keine akustischen Reize mehr empfangen, sich in wenig hilfreicher Weise neu verschalten.

Bei der Rehabilitation sollte man daher die Stimulation *zielgerichtet* verabreichen, damit sie den Netzen hilft, sich in der richtigen Weise neu zu verschalten, ohne falsche Verbindungen herzustellen. Wie? Eine Möglichkeit besteht darin, immer wieder denselben Input zu geben. Eltern wissen dies intuitiv, wenn sie mit ihren Säuglingen sprechen: So sagen Mütter ihren glucksenden Babies immer wieder »Ma-ma« vor, bis das Kind das Wort annähernd richtig nachspricht.

In ähnlicher Weise hält Sie ein Golflehrer dazu an, einen Schwung immer wieder zu üben. Er wird Sie in den ersten Stunden nicht auffordern, zunächst einen Drive, dann einen Putt, dann einen Chip und so weiter zu proben. Nein, Sie werden eine bestimmte Bewegungsfolge immer wieder üben, um Ihrem Gehirn zu helfen, ein bestimmtes Verbindungsmuster in Ihren vibrierenden neuronalen Netzen zu formen und zu verstärken.

Wie wir weiter oben sahen, kann dies jedoch manchmal zu weit gehen, wie jeder, der an »repetitive strain injury« leidet, bezeugen wird. Wenn ein bestimmtes Muster im Netz jahrelang durch Millionen von Wiederholungen pro Monat gestärkt wird, dann kann dieses Muster so stark wachsen, daß es andere Muster im Netzwerk verdrängt, mit der Folge, daß der Betreffende nur noch mit großer Mühe andere Bewegungen ausführen kann.

Dies ist jedoch nach Hirnschädigungen kein vorrangiges Problem. Bei der Rehabilitation bringt man den Patienten oftmals eine ganze Palette unterschiedlicher Bewegungen bei: Dies ist verständlich, wenn Patienten die komplexen Aktivitäten des Alltagslebens zu erlernen versuchen, wie etwa Ankleiden, Kochen, Schreiben und Gehen. Doch es ist nicht leicht, den Patienten all diese verschiedenen Dinge in der relativ geringen Zahl von Rehabilitationsstunden beizubringen, die ihnen die Krankenkassen bewilligen. Das Problem ist folgendes: Dem zerrissenen neuronalen Netz wird möglicherweise das *gleiche* Stimulationsmuster nicht so oft dargeboten, daß es das alte Verbindungsmuster, das einer bestimmten Fähigkeit zugrunde liegt, wieder lernen könnte.

Diese Ideen wurden empirisch überprüft. Forscher verglichen die Standardtherapie (mit ihrer Mischung unterschiedlicher Bewegungsabläufe, die in jeder Therapiesitzung kombiniert werden) mit einem hoch repetitiven Trainingsstil.[5] Sie ließen siebenundzwanzig Patienten, die nach einem Schlaganfall halbgelähmte Arme und Hände hatten, mit ihrer betroffenen Hand zwei durch Federn getrennte Metallstäbe zusammendrücken, wobei sie diese stereotype Bewegung Tausende Male wiederholen sollten. Diese Übung läßt sich mit Gewichtheben in einem Fitneßstudio vergleichen, außer daß in diesem Fall die Hand trainiert wurde.

Im Vergleich zur Standardtherapie führte diese Form des Trainings zu einer deutlich besseren Wiederherstellung der Handfunktion. Das ist nicht weiter erstaunlich: Gemäß dem

Prinzip des Hebbschen Lernens bilden Neuronen im Gehirn nur dann Verbindungen untereinander aus, wenn sie koaktiviert werden. Doch damit diese Verbindungen gestärkt werden und zuverlässig funktionieren, müssen dieselben Zellen immer wieder gleichzeitig aktiviert werden – Hunderte oder sogar Tausende von Malen.

Daraus folgt, daß nach einer Hirnschädigung das mentale Fitneßtraining eine noch größere Disziplin bei der Wiederholung derselben Bewegungsabläufe erfordert, denn nur so wird die Aussprossung der synaptischen Verbindungen in den zerrissenen Schaltkreisen langfristig angeregt. Doch leider wird dieses Prinzip nur in sehr wenigen Rehabilitationszentren der Welt beherzigt.

Dieselbe Forschergruppe hat noch ein weiteres Verfahren zur zielgerichteten Stimulation zerrissener Netze entwickelt. Selbst wenn ein Arm gelähmt ist, kann der Versuch, ihn zu bewegen, winzige Bewegungen in den Muskeln des Armes erzeugen, die sich nur mit elektronischen Sensoren nachweisen lassen.[6] Die deutsche Forschergruppe verstärkte diese minimalen Reaktionen mit einem Spezialgerät, das dieselben Muskeln sofort elektrisch reizte und sie zur Kontraktion veranlaßte. Anders gesagt, das extrem schwache Aktivitätsniveau in dem Muskel wurde in spürbare Bewegungen umgesetzt.

In dem Maße, wie sich die Beweglichkeit der Hand des Patienten verbesserte, erhöhte die Forschergruppe den Schwellenwert des Apparats. Die zusätzliche Stimulation durch das Gerät erfolgte also nur, wenn eine geringfügig höhere Muskelaktivität registriert wurde. Bei den dreißig Schlaganfallpatienten, die mit diesem Verfahren behandelt wurden, ließ sich eine deutlich verbesserte Beweglichkeit der gelähmten Hand feststellen.

Selbst Monate oder Jahre nach einem Schlaganfall benutzen viele Patienten den gelähmten Arm nicht mehr. Bei knapp einem Viertel derjenigen, die ihren Arm dauerhaft nicht mehr benutzen, läßt sich eine *geringfügige* Beweglichkeit der Hand nachweisen, wenn die Person von einem Arzt oder Therapeuten getestet wird. Doch diese Personen nutzen diese geringfügige Restbeweglichkeit kaum und verlassen sich statt dessen bei all ihren Aktivitäten auf den anderen Arm und die andere Hand.

Eine Forschergruppe machte jedoch eine verblüffende Entdeckung. Wenn Therapeuten diesen Personen raten, für einige Wochen ihre unversehrte Hand und ihren unversehrten Arm nicht zu benutzen, *und* sie gleichzeitig ermuntern, ihre gelähmte Hand jeden Tag ein paar Stunden zu gebrauchen, dann verbessert sich die Beweglichkeit der Hand und des Arms, die bis dahin gelähmt waren.[7]

Weshalb ist dies erstaunlich? Vor allem deshalb, weil der Schlaganfall der meisten dieser Patienten über ein Jahr zurücklag und sie weit über das Stadium hinaus waren, in dem normalerweise mit einer natürlichen Regeneration gerechnet wird. Dennoch ist dies eine ebenso einfache wie effiziente Methode – man lasse die unversehrte Hand mehrere Wochen lang in der Tasche und versuche die gelähmte Hand so oft wie möglich zu gebrauchen. Dies fördert *langfristig* die Beweglichkeit des gelähmten Arms.

Die Erklärung hierfür ist recht einfach. Eine Zeitlang kann der gelähmte Arm tatsächlich nicht bewegt werden, weil das neuronale Netzwerk im Gehirn, das seine Bewegungen steuert, stark geschädigt ist. Daher gebraucht der Patient in dieser Zeit nur seinen unversehrten Arm. Das Ergebnis? Den geschädigten Schaltkreisen, welche die Bewegungen steuern, wird jene Art von Stimulation vorenthalten, die ihnen hilft, sich wieder zu verbinden.

Demnach gilt für diese neuronalen Schaltkreise das Prinzip »Trainieren oder degenerieren«. Doch nur indem man die Patienten davon abhält, ihre nichtgelähmte Hand zu benutzen, können diese verkümmerten Netzwerke, die von jeglicher Stimulation abgeschnitten sind, durch Aktivierung zu erneutem Wachstum angeregt werden.

Die Erfolge beim Menschen werden durch Beobachtungen an Meerkatzen untermauert, denen ein kleines Hirnareal entfernt wurde, das bestimmte Handbewegungen kontrolliert. Man fand heraus, daß Neuronen in der Umgebung dieses geschädigten Bereichs verkümmerten, was bedeutete, daß die Fähigkeit der Meerkatze, ihre Hand zu bewegen, noch stärker beeinträchtigt wurde, als durch die Schädigung selbst zu erwarten gewesen wäre.

Dies geschah deshalb, weil die Neuronen in der Umgebung – die selbst von der Schädigung nicht unmittelbar betroffen und weitgehend intakt waren – infolge der Schädigung keinen Input mehr erhielten, so daß die neuronalen Netzwerke verkümmerten. Die Forscher zeigten jedoch, daß dieser zusätzliche Funktionsverlust durch Rehabilitationsmaßnahmen verhindert werden konnte, bei denen die Meerkatzen lernten, ihre betroffenen Hände in besonderer Weise zu bewegen. Diese Bewegungen stimulierten die Schaltkreise, die ansonsten wegen fehlenden Inputs von dem geschädigten Areal verkümmert wären.[8] Dies stimmt weitgehend mit dem Rehabilitationsverfahren überein, das bei Schlaganfallpatienten angewandt wird: Der Gebrauch der gelähmten Extremität fördert das Wachstum der neuronalen Netzwerke, die durch Nichtgebrauch geschrumpft sind.

Allerdings gibt es Funktionsstörungen des Gehirns, die nicht durch Verletzungen oder Erkrankungen verursacht werden. Wie wir später sehen werden, kann das Gehirn eines Kindes in dem Maße, wie es wächst und lernt, Eigentümlichkeiten entwickeln. Einige davon sind genetisch programmiert, und andere sind möglicherweise das Produkt von Einflüssen, die in der Pränatalphase und bei der Geburt wirkten. Wieder andere sind jedoch vermutlich auf Lernvorgänge und Erfahrungen des Kindes zurückzuführen.

So haben beispielsweise Kinder, die zu einem kritischen Zeitpunkt der Sprachentwicklung an einer Hörstörung leiden, wahrscheinlich Probleme beim Verstehen gesprochener Sprache. Diese Probleme können ihrerseits im späteren Leben zu Leseschwierigkeiten führen. Dies hängt damit zusammen, daß ihre kortikalen Netzwerke nicht die gleiche Art von Stimulation erhalten wie die anderer Kinder und daher anders verschaltet werden. Lassen sich diese Netzwerke neu verschalten, so daß sich die Störung bessert? Zumindest im Fall einer häufigen Störung – der spezifischen Sprachstörung – scheint dies der Fall zu sein.

Das geistige Ohr einstellen

Wir alle kennen Menschen, die mit Wörtern nicht so gut umgehen können wie andere. Sie machen viele orthographische Fehler, und lange Wörter verwirren sie. Während dies bei einigen Personen Rückschlüsse auf ihre allgemeinen Fähigkeiten zuläßt, handelt es sich bei vielen anderen um eine spezifische Beeinträchtigung ihres Sprachvermögens, die nichts über ihre sonstigen kognitiven Fähigkeiten aussagt. Diese »spezifische Sprachschwäche« (SLI) stellt für die davon betroffenen Kinder eine schwerwiegende lebenslange Behinderung dar.

So haben sie beispielsweise große Schwierigkeiten, Phoneme wie /p/ und /b/ zu unterscheiden. Nach Erkenntnissen amerikanischer Forscher ist dies teilweise darauf zurückzuführen, daß das Gehirn dieser Kinder gelernt hat, gesprochene Sprache anders zu verarbeiten als das Gehirn normaler Kinder.[9] So sind sie insbesondere nicht in der Lage, sehr schnelle Tonänderungen, die in Zehntausendstelsekunden stattfinden, zu erkennen. Dabei sind es gerade diese schnellen Änderungen, die uns erlauben, Phoneme wie /p/ und /b/ zu unterscheiden.

Bei diesen Kindern haben die neuronalen Netze, die das Sprachverständnis kontrollieren, aus irgendeinem Grund gelernt, die Sprache in größere statt in kleinere Stücke zu zerlegen – das heißt in Silben statt in Phoneme. Die Unterscheidung zwischen Silben wie »Tor« und »Moor« erfordert eine zeitliche Auflösung, die in hundert statt zehn Millisekunden gemessen wird. Kinder mit SLI können dies bewältigen und kommen daher mit den weniger subtilen Aspekten des Verstehens gesprochener Sprache zurecht.

Für ein intelligentes Gehirn reicht dies jedoch eindeutig nicht aus. Denn unsere Lernfähigkeit ist eng mit unserer Fähigkeit korreliert, subtile Unterschiede zwischen Phonemen zu erkennen. Nach Erkenntnis der oben erwähnten Forscher hängt diese Schwierigkeit mit der allgemeinen Beeinträchtigung des zeitlichen Auflösungsvermögens des Gehörsinns bei diesen Kindern zusammen. So haben sie beispielsweise gezeigt, daß einzelne Klicklaute den Kindern »entgehen«, wenn sie sehr kurz vor oder nach einem anderen Ton dargeboten werden. Dies steht in deutlichem Gegensatz zu anderen Kindern, welche die Klicklaute wahrnehmen, selbst wenn sie unmittelbar vor oder nach einem anderen Ton dargeboten werden. Aus diesem Grund betrachten normale Kinder die akustische Welt durch ein sehr viel auflösungsstärkeres Mikroskop als SLI-Kinder. Sie können einen Strom von Tönen in sehr viel kleinere Elemente zerlegen als SLI-Kinder, und daher können sie einen sehr viel genaueren Wortschatz aufbauen.

Auch wenn dies die Sprachprobleme dieser Kinder nicht vollkommen erklärt, so doch zu einem erheblichen Teil, und es stellt sich die Frage: Was kann man dagegen tun? Kann man die neuronalen Netze im geistigen Ohr so schulen, daß sie ihr zeitliches Auflösungsvermögen verbessern und gesprochene Sprache besser unterscheiden können? Ja, das ist möglich.

Forscher benutzten speziell entwickelte Computerspiele, um SLI-Kindern beizubringen, Laute in zunehmend kleineren Zeitintervallen zu unterscheiden und wahrzunehmen. Sie gaben ihnen auch Spiele, bei denen es um die Unterscheidung von Phonemen ging, mit denen sie Schwierigkeiten hatten, wie etwa /p/ und /b/. Der entscheidende Unterschied zwischen diesen beiden Phonemen manifestiert sich in einem winzigen Zeitintervall am Anfang eines jeden, während der Rest des Phonems bei beiden gleich ist. Nun können SLI-Kinder jedoch ausgerechnet innerhalb dieses Zeitintervalls keinen Unterschied wahrnehmen, weil der entscheidende Laut durch das viel längere Ende jedes Phonems unkenntlich gemacht wird. Der Computer trainierte die SLI-Kinder also nicht nur, immer subtilere zeitliche Unterschiede zu machen, sondern er wurde auch so programmiert, daß er die Unterschiede zwischen den Phonemen am entscheidenden Anfang übertrieb. Dies führte dazu, daß sich das Sprachvermögen der Kinder ganz erheblich verbesserte, und zwar höchstwahrscheinlich deshalb, weil die Muster in dem neuronalen Netzwerk durch die Trainingserfahrung verändert worden waren.[10]

»Aufgepaßt!«

Mentales Training verändert das Gehirn. Wir sahen früher, daß die Konzentration auf verschiedene Körperteile bzw. auf verschiedene Sinne die Aktivität in den Hirnarealen verändert, in denen die Empfindungen registriert werden. Tatsächlich wird eine noch so intensive Stimulation die vibrierenden Netze Ihres Gehirns nur dann verändern, wenn Sie auf die Stimulation achten!

Der Erfolg der Reparatur des zerrissenen Netzes nach einer Hirnschädigung sollte daher weitgehend davon abhängen, wie gut diese Aufmerksamkeitssysteme in den Stirnlappen des Gehirns funktionieren – und das ist in der Tat so. Menschen, deren Stirnlappen geschädigt sind, erholen sich nicht so gut von Verletzungen anderer Gehirnareale wie Menschen, deren Stirnhirn unversehrt ist. Meine Forschungsgruppe erhärtete diese Hypothese durch den Nachweis, daß die Aufmerksamkeitszuwendung unmittelbar nach einem rechtshemisphärischen Schlaganfall vorhersagt, wie gut die Betreffenden zwei Jahre später ihre linke Hand bewegen können![11]

Es gibt auch gewisse Anhaltspunkte dafür, daß eine Person, selbst wenn sie ihren gelähmten Arm nicht bewegen kann, durch bloße *Imaginierung* der Bewegungen jene Verbesserungen erreichen kann, die nach meinen Forschungen durch tatsächliche Bewegungen erlangt werden können.[12] Anders gesagt, in Zukunft wird ein Teil der Rehabilitation möglicherweise im mentalen Fitneßstudio der Patienten durchgeführt werden!

Fördern Erfahrungen die Reparatur des zerrissenen Netzes?

Ja, aber nur bis zu einem gewissen Grad, wie die bleibenden Probleme von Sir John Hale beweisen. Ein Netz kann nur dann durch Erfahrungen ausgebessert werden, wenn genügend Neuronen übrig sind, um sich neu zu verschalten, und wenn zwischen diesen ein gewisses Minimum an Verbindungen erhalten geblieben ist. Das Verfahren der »Triage« (Auslese) wird zur Kategorisierung von Verletzten bei Katastrophen oder auf Schlachtfeldern eingesetzt, um die begrenzten medizinischen Ressourcen auf diejenigen zu konzentrieren, die am meisten davon profitieren dürften. Eine Gruppe von Verletzten wird ohne medizinische Hilfe überleben, und eine zweite Gruppe wird vermutlich nicht überleben, ganz gleich, wie sehr man sich um sie bemüht. Bei einer dritten Gruppe dagegen ist die medizinische Versorgung von entscheidender Bedeutung für ihr Überleben, und auf sie konzentrieren sich medizinische Notfallteams.

Ein ähnliches Prinzip gilt möglicherweise für geschädigte Schaltkreise im Gehirn. Wenn das Netzwerk nur teilweise geschädigt ist, sorgt das Hebbsche Lernen dafür, daß sich der Schaltkreis weitgehend selbst repariert: Der bloße Akt des Lernens, wieder zu gehen oder zu sprechen, liefert die nötige Stimulation, um das Netzwerk wieder zusammenzunähen.

Im anderen Extremfall werden manchmal so viele Neuronen und Verbindungen zerstört, daß die Chancen gering sind, den Funktionsverlust auszugleichen, es sei denn, daß eine andere Hirnregion die Aufgabe übernimmt. Doch bei vielen mentalen

Funktionen ist dies nicht möglich, und daher bedeutet Genesung für diese Patienten, den Funktionsverlust dadurch auszugleichen, daß sie lernen, Dinge auf eine andere Weise zu erledigen.

Die spannendsten Aussichten, das geschädigte Netzwerk in seiner ursprünglichen Form wiederherzustellen, bieten sich jedoch einer dritten Gruppe. Wir haben in diesem Kapitel gesehen, daß eine solche neuroplastische Gestaltung mit Bedacht erfolgen muß. Ein Problem besteht beispielsweise darin, daß man möglicherweise Netzwerke aufbaut und stärkt, die das geschädigte System *hemmen.*

Ein weiteres potentielles Problem ist die Festigung kontraproduktiver Gewohnheiten in Netzwerken. So kann beispielsweise die bloße Bombardierung von SLI-Kindern mit Wörtern in der Hoffnung, sie würden dadurch lernen, sie besser zu verstehen, dazu führen, daß ihre Gewohnheit, gesprochene Sprache in übergroße Stücke zu zerlegen, verstärkt wird und sie daher nicht lernen, die feinen Unterschiede zu machen, die ihnen helfen, /p/ und /b/ auseinanderzuhalten.

Die Herausforderung für die Wissenschaft besteht darin, für jedes Individuum herauszufinden, wie man dem Gehirn am besten dabei helfen kann, sein Potential zu maximieren. In Zukunft wird man dabei vielleicht die Behandlungsformen, die wir hier betrachtet haben, mit Medikamenten kombinieren, die das Gehirn formbarer machen und offener für die plastische Modellierung, die mit diesen Rehabilitationsverfahren erreicht werden kann. Dies ist darauf zurückzuführen, daß sich die synaptischen Verbindungen im Gehirn leichter verändern lassen, wenn bestimmte chemische Botenstoffe verfügbar sind. Dazu gehören die Neurotransmitter Noradrenalin und Acetylcholin. Sind diese nicht in ausreichender Menge vorhanden, bleibt das vibrierende Netz eher in einem bestimmten Muster »stecken«. Wird dem Netz dagegen eine Dosis von außen zugeführt, gibt es eher dem Drängen der Erfahrung nach und gestaltet sich durch Hebbsches Lernen selbst um.

Dieses Prinzip wurde – wiederum im Rahmen der Rehabilitation von Schlaganfallpatienten – bei Menschen, die mit Hilfe der Bewegungstherapie, dieser wohlbewährten Form neuroplastischer Modellierung, wieder lernen müssen, ihre Gliedmaßen zu benutzen, in die Praxis umgesetzt. Medikamente, welche die Verfügbarkeit von Noradrenalin erhöhten, verstärkten die Wirkungen der heilgymnastischen Behandung und beschleunigten die Genesung.[13] Diese Medikamente wirken vermutlich so ähnlich wie Schmieröl bei eingerosteten Maschinen: Man kann die Maschinen nicht ohne das Öl in Gang setzen, doch das Öl allein lockert sie nicht. Um die Maschinen wieder zum Laufen zu bringen, bedarf es vielmehr einer Kombination von äußerer Krafteinwirkung auf die Maschine und von Schmieröl.

Doch manchmal fehlt einfach ein Teil der Maschine, und dann kann man sie auch durch noch so viel Schmieröl und Kraftanstrengung nicht wieder zum Laufen bringen. In solchen Fällen muß man die fehlenden Teile ersetzen. Dies geschieht auch im menschlichen Gehirn, etwa bei der Transplantation von Nervengewebe in Gehirnareale, in denen die Neuronen untergegangen sind – zum Beispiel beim Parkinson-Syndrom. Und in naher Zukunft soll in Europa eine klinische Studie über die Transplantation von Hirngewebe bei Chorea Huntington beginnen.

Allerdings dürfte die Einpflanzung dieser Neuronen in das Gehirn allein nicht genügen. Diese gesunden Zellen flechten sich vermutlich nur dann ins vibrierende Netz des Gehirns ein, wenn sie Stimulation und Input erhalten, so daß sie ihre Funktion wirklich erfüllen können. Forschungen an Ratten haben gezeigt, daß sie tatsächlich eine »Bewegungstherapie« brauchen, die dem neuen Gewebe hilft, sich an Ort und Stelle »einzuknüpfen« und einen nachhaltigen Beitrag zur Regeneration des geschädigten Gehirns zu leisten.[14]

Daher wird die neuroplastische Modellierung bei hirngeschädigten Patienten in Zukunft mit hoher Wahrscheinlichkeit auf einer Kombination von sorgfältig geplanter Stimulation (wobei darauf zu achten ist, daß keine Gehirnareale stimuliert werden, welche die geschädigten Regionen hemmen), medikamentösen Therapien, um die Synapsen zu »ölen« und ihre Bereitschaft zur Neuverschaltung zu fördern, und – vermutlich in viel selteneren Fällen – der Transplantation von Hirnzellen in das zerrissene Netze basieren.

Im nächsten Kapitel werden wir uns mit der Art von Reparatur befassen, mit der wir alle eines Tages konfrontiert sein werden – der Modellierung beim alternden Gehirn.

Die geistige Spannkraft im Alter erhalten

Der Mann, der mir im Zug nach London gegenübersitzt, sieht aus, als wäre er in seinen Siebzigern. Weiße Haarbüschel winden sich spiralförmig unter der Tweedmütze hervor, die er fest und gerade auf den Kopf gesetzt hat. Sein Anorak ist bis zum Kragen zugeknöpft, und seine braune Polyesterhose ist sorgfältig gebügelt: Armeegewohnheiten, die selbst nach fünfzig Jahren noch in sein Gehirn eingraviert sind. Die grauweißen Haare seines dünnen Schnurrbarts heben sich kaum von seiner blassen Haut ab. Eine Halbbrille aus Plastik hängt schlaff unter den Augen, deren Tränensäcke hervortreten. Er hält den Kopf leicht gebeugt und hat seine Finger ineinandergehakt. Obgleich seine Augen offen sind, schaut er nicht um sich. Es ist nur schwer zu erahnen, was hinter seinen Augen vor sich geht. Gelegentlich bewegt er seine Kiefer, als würde er etwas kauen.

Er wird von zwei Frauen begleitet – eine davon ist offenbar seine Ehefrau. Beide haben dichte Dauerwellen und sitzen beisammen; sie machen einen gepflegten und aufgeweckten Eindruck. Eine von ihnen lächelt mir zu, als ich mich hinsetze, und versucht mich in ein Gespräch zu verwickeln. Während der gesamten Fahrt plaudern, urteilen, planen und diskutieren die beiden Frauen, wobei sie zwischendurch einen Blick in die Zeitung werfen, in der sie weiteren Gesprächsstoff finden. Ich stelle meinen Gehörsinn »leiser«, um die lebhafte mimische Darbietung von beifälligem Nicken, konspirativem Lächeln, blitzschnellen Blicken und geschürzten Lippen besser verfolgen zu können. Vor allen Dingen *beobachten*, prüfen und beurteilen sie die Welt und ihre Mitmenschen mit gespannter Aufmerksamkeit.

Ich blicke flüchtig auf ihren Begleiter. Er hat sich nicht bewegt. Seine Augen sind verträumt und geistesabwesend. Studien haben gezeigt, daß ältere Menschen im Vergleich zu jüngeren Personen niedrigere Aktivitätsniveaus in den Stirnlappen aufweisen, wenn man sie auffordert, sich hinzusetzen und nichts zu tun. Doch wie Sie in diesem Kapitel sehen werden, gibt es eine enorme Bandbreite in der Art und Weise, wie Menschen altern. Wenn ich ein Urteil über den Mann vor mir abgeben sollte, würde ich vermuten, daß die frontal gelegenen 40 Prozent seines Gehirns ein viel niedrigeres Aktivitätsniveau haben als die entsprechenden Hirnregionen seiner beiden Begleiterinnen.

Vielleicht durchstreift er seine Gedächtnislager, auf angenehme Weise losgelöst von den Mühen des Alltags. Falls dem so ist, handelt es sich um eine Art zielloses Wandern, ein zufälliges Flattern von Erinnerung zu Erinnerung, nicht um eine aktive, konzentrierte, zielgerichtete Suche nach Erinnerungen. Nein, wenn ich ein Urteil abgeben sollte, würde ich sagen, daß es sich um ein Gehirn handelt, das in einem trägen Freilauf fährt und unterfordert ist.

Wer weiß, was dieser Mann arbeitete, bevor er in den Ruhestand ging. Vermutlich schied er im Alter von sechzig oder fünfundsechzig Jahren aus dem Arbeitsleben aus. Das Positive am Erwerbsleben besteht darin, daß man gezwungen ist, sein Gehirn zu benutzen; selbst der Straßenkehrer muß Probleme im Zusammenhang mit geparkten Autos, Zeitplänen und Leistungsvorgaben lösen. Allerdings wird heutzutage angesichts immer leistungsfähigerer Computer die Eigeninitiative in vielen Bereichen zunehmend überflüssig, und selbst Fachkräfte werden vielleicht eines Tages ihr Gehirn immer weniger benutzen.

Auf einer noch nicht lange zurückliegenden Konferenz der International Airline Pilots Association beschrieb ein Sprecher seine Vision des Passagierflugzeugs im Jahre 2005. Er sagte, die Besatzung werde aus einem Piloten und einem Hund bestehen. Aufgabe des Piloten wäre es, den Hund zu füttern und sich um ihn zu kümmern. Aufgabe des Hundes wäre es, den Piloten zu beißen, wenn er irgend etwas berühren wollte. Bankmanager müssen bei der Prüfung von Darlehensanträgen das Ausfallrisiko abschätzen, doch selbst dieses menschliche Urteil wird zunehmend automatisiert. Manager geben die Daten über den Antragsteller und über das Geschäft ein. Anschließend berechnet der Computer das Risiko und spuckt eine Empfehlung aus. Computergestützte »Expertensysteme« sind in bestimmten Fachgebieten den meisten Ärzten bei der Diagnostik nachweislich weit überlegen. Sie werden nur deshalb nicht eingesetzt, weil den Ärzten der Gedanke mißfällt, daß eine Maschine zuverlässigere klinische Diagnosen stellt als sie.

Der Mann im Zug nach London hatte demnach vielleicht schon, bevor er in Rente ging, aufgehört, sein Gehirn zu trainieren. Andererseits waren seine Frau und ihre Freundin vielleicht nie erwerbstätig gewesen, doch das hielt sie nicht davon ab, das Abteil mit neugierigen Augen zu durchstöbern. Es war offenkundig, daß sie ihr Gehirn aktiv *gebrauchten*. Die Frage, die ich in diesem Kapitel stelle, lautet, ob diese aktive Nutzung des vibrierenden Netzes von Synapsen die Wahrscheinlichkeit verringert, daß man im Alter geistig abbaut.

Zunächst die schlechte Nachricht

Jeder Profisportler wird bestätigen, daß mit zunehmendem Alter die Reaktionen immer langsamer werden. Auch das Erlernen neuer Techniken wird schwieriger. Wenn Sie dies bezweifeln, sollten Sie versuchen, Skifahren in einem Kurs zu lernen, an dem sonst nur Kinder teilnehmen: Schon am zweiten Tag werden diese geringschätzig an Ihnen vorbeigleiten, nachdem Sie zum x-ten Mal gestürzt sind.

Das Alter schwächt auch das Erinnerungsvermögen – allerdings nicht alle Gedächtnistypen in gleicher Weise. So können ältere Menschen beispielsweise neue Fakten, im Vergleich zu jüngeren Personen, recht gut lernen. Sollten Sie daher beschließen, in Ihren Fünfzigern oder Sechzigern ein weiteres Studium zu beginnen, sind Sie, was das Pauken der Fakten anlangt, gegenüber jüngeren Kommilitonen nicht allzu sehr benachteiligt. Dagegen wird es Ihnen schwerer fallen, sich zu entsinnen, *wo* und *wann* Sie eine bestimmte Tatsache lernten.[1]

Dieses sogenannte Gedächtnis für die Wissens*quelle* mag Ihnen nicht allzu wichtig erscheinen. Ist es nicht entscheidend, daß man sich an die Information erinnert, während die Frage, wer oder was die Quelle der Information ist, nebensächlich ist? Nein, denn es ist sehr wichtig zu wissen, wo wir ein Gerücht aufschnappten, in welchem Buch wir eine Information lasen oder wann wir die Rechnung bezahlten, die nach Behauptung einer Inkassostelle noch immer unbeglichen ist. Die Kenntnis, wo und wann man etwas gelernt hat, ermöglicht es einem, das Gelernte zurückzuverfolgen und zu überprüfen und dabei vielleicht neue Informationen zu gewinnen. Wenn man sich daran erinnert, wo man etwas gelesen hat, kann diese Erinnerung beim Abruf anderer Fakten helfen, die man auf derselben Seite lernte. Und die Erinnerung daran, wo man einen Witz erzählte, erspart einem die Peinlichkeit, denselben Leuten denselben Witz noch einmal zu erzählen. Die meisten von uns entsinnen sich an einen älteren Verwandten, der uns dieselben Anekdoten aus seiner Jugend immer wieder erzählte: »Ja, Onkel Peter, du hast uns die Geschichte über Tante Marias künstliche Zähne und den Kraken *schon mal* erzählt ...«

Älteren Menschen fällt es bekanntlich nicht schwer, sich an Ereignisse zu erinnern, die viele Jahre zurückliegen. Dies hängt damit zusammen, daß das Gedächtnissystem, das neue Erinnerungen verankert, bis zu einem gewissen Grad von den Hirnarealen getrennt ist, in denen diese Erinnerungen gespeichert werden; und die Schaltkreise für neue Erinnerungen – die teilweise in einem als »Hippokampus« bezeichneten Hirnareal liegen – werden durch Alterungsprozesse vermutlich stärker beeinträchtigt als die Faktenspeicher im sogenannten lateralen Schläfenhirn.

Die Tatsache, daß das Wiedererkennen von Gesichtern älteren Menschen schwerer fällt als jüngeren, ist wahrscheinlich für viele ältere Leser keine Überraschung. Mit dem Alter stellt sich insbesondere die Neigung ein, völlig Fremde mit einem »Hallo!« zu begrüßen, weil man sie irrtümlicherweise für Menschen hält, denen man bereits begegnet ist. Solche peinlichen Fehlleistungen sind auf die gleichen Veränderungen im Gehirn von Senioren zurückzuführen, die ihnen auch die Erinnerung an die »Quelle« von Fakten erschweren.

Dies hängt damit zusammen, daß viele Gesichter einander sehr ähnlich sind, so daß ein bestimmtes Gesicht leicht das Muster der synaptischen Verbindungen im vibrierenden Netz Ihres Gehirns aktivieren kann, das einem ähnlichen, aber dennoch anderen Individuum entspricht. Um solche Fehler zu vermeiden, rekonstruiert das Gehirn den »Kontext« des Gesichts, der ihm helfen soll herauszufinden, zu wem das Gesicht gehört. Unter »Kontext« verstehe ich einfach die Umstände – Zeit, Ort, weitere Menschen, die zugegen waren –, unter denen ich diesem Gesicht zuvor begegnet bin.

Nehmen wir an, Sie treffen auf einer Party eine Person, deren Gesicht Ihnen irgendwie bekannt vorkommt. Ihr Gehirn sucht im Eiltempo nach einem Namen, dem Ort, an dem Sie sie kennenlernten, und nach der richtigen Art des Verhaltens – fröhlich lächeln, höflich mit dem Kopf nicken oder Reißaus nehmen. Plötzlich präsentiert Ihnen Ihr Gehirn die enttäuschende Antwort: Es handelt sich um den Langweiler von der letztjährigen Weihnachtsfeier, der Ihnen mit einem Monolog über die Tarifstrukturen im belgischen Güterzugnetz den letzten Nerv raubte. Nachdem Sie sich den Kontext der Erinnerung vergegenwärtigt haben, erhalten Sie die Antwort: Reißaus nehmen! Doch je höher das Lebensalter, um so unwahrscheinlicher ist eine so nützliche Vorwarnung und um so eher müssen wir die Freundlichkeiten des lästigen Partygasts, an den wir uns nur vage erinnern, über uns ergehen lassen.

Das Alter erschwert auch das Ignorieren ablenkender Reize. Während Teenager sich offenbar selbst bei brüllender Hintergrundmusik noch konzentrieren können, fühlen sich ältere Menschen meist belästigt und reagieren gereizt, wenn ihre Kinder im Teenageralter sich ruhig neben ihnen unterhalten, während sie lesen wollen. Dies ist ein Problem der »Hemmung«; hierbei unterdrückt die Aktivität einer Gruppe von Neuronen die Entladung einer anderen.

Obgleich die Hemmung in einem geschädigten Gehirn, das sich aus eigener Kraft zu reparieren versucht, Probleme bereiten kann, fänden wir uns ohne sie in der Welt nicht zurecht. Wie sonst könnten wir in einem Flughafen inmitten des Stimmengewirrs in der überfüllten Abflughalle die Ankündigungen verstehen? Wir müssen die Milliarden von Teilchen an irrelevanten Informationen, die auf unsere Sinne einstürmen, hemmen, damit wir uns auf die Fragmente der Information konzentrieren können, die zu einem bestimmten Zeitpunkt von entscheidender Bedeutung für uns sind.

Diese Schwierigkeit bei der Unterdrückung nebensächlicher Informationen bereitet älteren Menschen beim Autofahren besondere Probleme. Obgleich Senioren wachsamer und umsichtiger sind und im allgemeinen weniger Fehler machen, unterlaufen ihnen an dichtbefahrenen Straßenkreuzungen *mehr* Fehler. An diesen komplizierten Kreuzungen ist jeder Autofahrer – jung und alt – mit einem Sperrfeuer aus Ampeln, Signalen und schnellen Verkehrsströmen konfrontiert. Ein Teil dieser Informationen ist für die Entscheidung, wann und was man als nächstes tun soll, von zentraler Bedeutung, doch das meiste ist belanglos. So mögen die dröhnenden LKWs auf der Autobahn, welche die Kreuzung überbrückt, laut und bedrohlich sein, und doch sind sie für die Aufgabe, hier abzubiegen, nicht weiter von Belang. Ein junger Autofahrer kann diese ablenkenden Stimuli sehr viel besser »aussieben« als ein älterer Fahrer, und daher kann er sich besser auf den Verkehr und die Ampeln konzentrieren, die wichtig sind, um das Abbiegen an dieser Kreuzung unbeschadet zu überstehen. Daher sollte es uns nicht überraschen, daß ältere Autofahrer in komplizierten Situationen wie diesen mehr Unfälle verursachen als junge.

Während ältere Menschen jüngeren in bestimmten Kategorien der Problemlösung, in denen sie Erfahrung und Kompetenz besitzen, überlegen sind, sind sie ihnen bei der Lösung neuartiger bzw. abstrakter Probleme, mit denen sie bis dahin keine Erfahrungen sammeln konnten, unterlegen. Diese Art von »roher« Problemlösungsfähigkeit wird auch »flüssige Intelligenz« genannt. Sie basiert weniger auf früheren Erfahrungen mit einem bestimmten Problem und mehr auf der Fähigkeit, ein völlig abstraktes bzw. ungewohntes Problem zu bewältigen. Die »kristallisierte Intelligenz« hingegen fußt weitgehend auf lebenslangem Wissen und Lernen – wie etwa Allgemeinbildung, Wortschatz und Erfahrung beim Lösen bestimmter Probleme.

Mathematiker, Informatiker und theoretische Physiker arbeiten naturgemäß an den Grenzen des Wissens in ihrem Fach. Daher können sie sich nicht annähernd so stark auf einen erworbenen Wissensfundus stützen wie Juristen, Historiker oder andere Geisteswissenschaftler. Erstere erbringen ihre Spitzenleistungen oftmals zu einem frühen Zeitpunkt ihres Lebens – meist in ihren Zwanzigern oder frühen Dreißigern –, während letztere den Gipfel ihrer Leistungsfähigkeit meist zu einem späteren Zeitpunkt ihrer akademischen Laufbahn erreichen, weil ihre Arbeit stärker auf dem angehäuften Fundus von Wissen und Erfahrung basiert. Aus ähnlichen Gründen sind die meisten Topmanager von Konzernen grauhaarig: Die Leitung eines Großunternehmens erfordert neben roher, flüssiger Intelligenz auch einen reichen Vorrat an Wissen und Erfahrung.

Welche Veränderungen in dem vibrierenden Netz von Verbindungen in unserem Gehirn erklären nun die altersbedingte Abnahme gewisser kognitiver Fähigkeiten?

Alter und das vibrierende Netz

Auch was das Gehirn betrifft, gibt es gute und schlechte Nachrichten. Die gute Nachricht lautet, daß die Anzahl der Neuronen – zumindest in einer wichtigen Region, den sogenannten Schläfenlappen – sich zwischen dem fünfzigsten und dem achtzigsten Lebensjahr kaum verändert.[2] Die schlechte Nachricht ist, daß unser Gehirn ab dem fünfzigsten Lebensjahr zu schrumpfen beginnt. Das Gehirn eines zwanzigjährigen Mannes wiegt im Schnitt etwa 1,4 Kilogramm, während das Gehirn eines Menschen über fünfzig im Schnitt etwa 1,34 Kilogramm wiegt. Jenseits der achtzig wiegt das Gehirn eines Mannes durchschnittlich sogar nur noch 1,2 Kilogramm! Das Gehirn von Albert Einstein zum Beispiel wog bei dessen Tod im Alter von sechsundsiebzig Jahren nur noch 1,23 Kilogramm.

Dies sind allerdings Durchschnittswerte, denn einige Gehirne schrumpfen während dieser dreißig Jahre so gut wie gar nicht, und bei nur etwa der Hälfte der Personen, die gegen Ende ihrer sechziger Jahre untersucht wurden, zeigte das Gehirn überhaupt Spuren der Schrumpfung. Wie wir später sehen werden, finden wir diese zunehmende Diskrepanz auch bei den Auswirkungen des Alterns auf kognitive Funktionen.

Offenbar wirken sich die Alterungsprozesse vor allem auf die Verbindungsfasern im Gehirn – die »weiße Substanz« (Substantia alba) – aus und weniger auf die zentralen Bereiche der Neuronen selbst. Dies wird durch eine Studie bestätigt, die zeigt, daß Neuronen im Schläfenhirn während dieser drei Jahrzehnte schrumpfen, wobei ihre dendritischen Bäume allmählich verkümmern.[3]

Diese schlechte Nachricht wird noch durch die Tatsache verstärkt, daß das für die kognitiven Funktionen so wichtige Stirnhirn von den Verwüstungen des Alterns möglicherweise stärker betroffen ist als andere Regionen. Fordert man ältere Menschen auf, sich einfach zurückzulehnen und nichts zu tun, zeigen sie, wie am Anfang dieses Kapitels erwähnt, in den Stirnlappen weniger Aktivität als jüngere Menschen.[4] Wenn wir denken und Pläne schmieden, sind unsere Stirnlappen besonders aktiv, und sie spielen aufgrund ihrer Verbindung zu anderen Hirnregionen, die ebenfalls an der Steuerung der Motorik beteiligt sind – den »Basalganglien« –, eine wichtige Rolle bei der Kontrolle von Bewegungen und Verhaltensreaktionen. Offenbar beeinträchtigt das Altern vor allem die Geschwindigkeit und Effizienz von Reaktionen und Bewegungen, im Unterschied zu den »Input«-Funktionen des Gehirns, die überwiegend im Hinterhauptbereich lokalisiert sind.

Wenn Sie sich das nächste Mal über eine ältere Person ärgern, die in ihrem Geldbeutel tastend nach Münzen sucht, während die Schlange hinter ihr wächst, beschwichtigen Sie sich mit diesem Gedanken. Möglicherweise ist sie geistig sehr viel reger, als es den Anschein hat, und ihre trägen, ungeschickten Bewegungen lassen wahrscheinlich keine Rückschlüsse auf ihre kognitive Kompetenz zu.

Unser Gehirn schrumpft also, wenn wir älter werden. Ein deprimierender Gedanke, doch immerhin nimmt die Zahl der Nervenzellen vermutlich nicht ab – die Zellen schrumpfen lediglich. Doch es gibt auch etwas, das uns zuversichtlich stimmen kann: Erfahrungen können die Verbindungen zwischen Neuronen im Gehirn modellieren. Können sie demnach auch das altersbedingte Schrumpfen der Verbindungen zwischen Zellen beeinflussen? Anders gesagt, beschreibt das Schlagwort »Trainieren oder degenerieren« eine realistische Möglichkeit? Bevor wir uns dieser Frage zuwenden, wollen wir uns anschauen, wie das Gehirn auf den Ansturm der Zeit reagiert.

Die Tricks der Senioren

Wenn das Gehirn geschädigt wird, legt es nicht einfach die Hände in den Schoß, und seine Reaktionen auf die Verwüstungen des Alterns sind keine Ausnahme von dieser Regel. Obgleich im Alter offenbar keine Nervenzellen im Schläfenlappen absterben, gehen möglicherweise Zellen in anderen Hirnarealen zugrunde. In einem solchen Fall reagieren die unversehrt gebliebenen Neuronen allem Anschein nach, indem sie mehr und längere Verbindungen zu anderen Überlebenden ausbilden. Dies geschieht etwa, wie wir früher sahen, beim Parkinson-Syndrom.

Eine Forschergruppe untersuchte Gehirnneuronen, die Menschen in ihren Fünfzigern und Siebzigern sowie einer Gruppe von Demenzpatienten entnommen worden waren. Sie stellten fest, daß die Dendriten – die Äste und Zweige, die aus den Bäumen der Neuronen sprießen – bei Siebzigjährigen im Schnitt *länger* waren als bei Fünfzigjährigen.[5] Dies wurde als Reaktion des vibrierenden Netzes auf den Verlust von Neuronen gedeutet: ein weiteres Beispiel von guten Nachbarn, die sich aushelfen, wenn Nervenzellen untergehen.

Die Gehirnsysteme reorganisieren sich auch, um die Schrumpfung des Gehirns auszugleichen, genauso wie sie es tun, um die Schädigungen zu kompensieren, die durch Schlaganfälle oder Verletzungen verursacht werden. Ältere Menschen scheinen bestimmte kognitive Aufgaben anders auszuführen als jüngere.

So wurde beispielsweise die Hirnaktivität von alten und jungen Probanden untersucht, als sie sich eine Reihe von Gesichtern einprägen sollten und später, als sie angeben sollten, welche Gesichter sie bereits gesehen hatten und welche neu für sie waren.[6] Während sich die jüngeren Probanden die Gesichter einprägten, war in mehreren Hirnarealen einschließlich des linken Stirnlappens eine erhöhte Aktivität nachweisbar. Bei den älteren Studienteilnehmern hingegen waren in der Lernphase nicht dieselben Hirnareale aktiv, und sie zeigten auch kein »Aufleuchten« der Aktivität im linken Stirnlappen. Dies deutet darauf hin, daß einige Gedächtnisprobleme älterer Menschen darauf zurückzuführen sind, daß ihr Gehirn sich nicht die gleiche Mühe gibt, Gedächtnisspuren für die spätere Wiedererkennung anzulegen.

Der altbekannte Befund wurde demnach erneut bestätigt: Ältere Menschen unterscheiden sich in ihrer Hirnfunktion stärker voneinander als jüngere Menschen. Offenbar scheiden sich im Alter, kognitiv gesehen, die Böcke von den Schafen. Wir sollten uns nun diese altersbedingte Differenzierung etwas genauer ansehen.

Im Alter verschärfen sich die Unterschiede

Der Unterschied zwischen dem Mann und den beiden Frauen im Zug nach London verdeutlicht eine Tatsache, die im Grunde genommen eine Binsenwahrheit ist – manche Menschen altern schneller als andere. Der Besuch eines Klassentreffens kann eine ernüchternde Erfahrung sein, wo man mit gedämpfter Stimme sein Erschrecken bekundet: »Mein Gott, ist der alt geworden!« Andere ehemalige Schülerinnen und Schüler scheinen sich verblüffenderweise seit Jahrzehnten nicht verändert zu haben.

Die Erkenntnis, daß das Gehirn – wie andere Organe des Körpers – bei verschiedenen Menschen unterschiedlich schnell altert, sollte uns nicht überraschen. Dies bedeutet im Hinblick auf die Ergebnisse kognitiver Leistungstests bei älteren Menschen, daß die *mittlere Punktzahl* sinkt, während die *Streubreite* der Punktzahlen größer wird.[7] Anders gesagt, einige Senioren sind geistig genauso fit wie Menschen, die halb so alt sind wie sie. Tatsächlich sind Senioren, bei denen keine Veränderungen des Gehirns nachweisbar sind, viel aufgeweckter als viele jüngere Leute.

Die Frage lautet, warum einige Menschen schneller altern als andere. Mag dies auch in erheblichem Umfang genetisch determiniert sein, so spielt der Lebensstil – Rauchen, Ernährungsweise, Alkohol, Streß – doch ebenfalls eine Rolle. Es gibt jedoch noch einen weiteren Lebensstilfaktor, der sich nachweislich auf die geistige Fitneß auswirkt, und das ist körperliche Bewegung.

Bekanntlich wirkt regelmäßige körperliche Aktivität lebensverlängernd: Eine finnische Studie belegt, daß Männer und Frauen in ihren Siebzigern und Achtzigern, die sich regelmäßig im Freien bewegten, mit geringerer Wahrscheinlichkeit in den folgenden fünf Jahren starben als diejenigen, die das nicht taten.[8] Und auch das Gehirn scheint von körperlicher Fitneß zu profitieren. Ältere Menschen, die sich fit halten, reagieren schneller als ihre untätigen Altersgenossen. Offenbar ist diese höhere Reaktionsgeschwindigkeit nicht darauf zurückzuführen, daß gestärkte Muskeln schneller reagieren; vielmehr verdanken sich die kürzeren Reaktionszeiten einer Beschleunigung der Hirnaktivität. Mißt man diese Aktivität anhand der EEG-abgeleiteten Hirnströme, so zeigt sich, daß körperliche Fitneß offenbar schnellere und stärkere Reaktionen des Gehirns auslöst.[9] Körperliche Bewegung beeinflußt die Hirnfunktion möglicherweise dadurch, daß sie die Ausschüttung von »Neurotrophinen« anregt – Substanzen, die das Sprießen von Verbindungen zwischen Neuronen fördern.

Körperliche Aktivität scheint also das Leistungsvermögen des Gehirns anzukurbeln und stellt vielleicht einen gewissen Schutz gegen den mentalen Leistungsabbau im Alter dar. Aber gilt das gleiche auch für geistige Aktivität? Dies bringt uns zu der Frage, ob das alternde vibrierende Netz des Gehirns durch geistige Aktivitäten erhalten und gepflegt werden kann. Schauen wir uns zunächst geistige Aktivitäten in frühen Lebensjahren an, lange bevor das Alter seinen Tribut fordert.

Bildung – eine Versicherung für das Gehirn?

Die (Volks-)Schulpflicht wurde in Italien erst viele Jahre später als in den meisten anderen europäischen Staaten eingeführt. Aufgrund der weitverbreiteten Armut in vielen Gegenden Italiens konnten sich damals nur vergleichsweise wenige Menschen leisten, ihre Kinder auf Privatschulen zu schicken. Daher haben viele Italiener, die heute über sechzig sind, kaum oder gar keinen Schulunterricht gehabt.

Eine Forschergruppe wollte herausfinden, ob sich das Bildungsniveau im Kindesalter auf den Zustand des Gehirns im hohen Alter auswirkt. Die Ergebnisse waren verblüffend: Analphabeten ohne Schulbildung erkrankten *vierzehnmal* so oft an der Alzheimerkrankheit – der häufigsten Form der senilen Demenz – wie Menschen, die länger als fünf Jahre zur Schule gegangen waren.[10] An der Alzheimerdemenz litten knapp über 7 Prozent der Analphabeten und knapp unter 3 Prozent derjenigen, die weniger als fünf Jahre zur Schule gegangen waren, während unter denjenigen, die länger als fünf Jahre Schulunterricht erhalten hatten, nur ein halbes Prozent von der Demenz betroffen war.

Wenn so große Bevölkerungskreise keine Schulbildung erhalten, kann man davon ausgehen, daß es eine Menge intelligenter Menschen gibt, deren Gehirn jene Stimulation vorenthalten wurde, die der Schulunterricht liefert. Es ist unmöglich, daß all diese Italiener, die ein niedriges Bildungsniveau hatten, zufälligerweise genetische Defekte aufwiesen, die mit einem erhöhten Risiko einhergehen, in höherem Alter an Alzheimerdemenz zu erkranken. Im Gegenteil, alles deutet darauf hin, daß die neuroplastische Modellierung durch den Schulunterricht im Kindesalter langfristige Auswirkungen auf das Gehirn hatte und daß das Fehlen dieser Modellierung die Wahrscheinlichkeit, in höherem Alter an Alzheimerdemenz zu erkranken, erheblich steigert.

Forscher konnten diesen Befund in vielen anderen Ländern bestätigen. Allerdings wissen wir bislang nicht, in genau welcher Weise sich die Schulbildung auf das vibrierende Netz des Gehirns auswirkt. Denkbar ist, daß der Krankheitsprozeß im Hirngewebe zum Stillstand gebracht oder verzögert wird. Möglich ist auch, daß die Schulbildung ein reicher verschaltetes neuronales Netzwerk hervorbringt. Wenn das Netz von der Krankheit heimgesucht wird, so die Hypothese, sollte es besser und länger funktionieren als weniger dicht verschaltete Netze, weil die Muster von Erinnerungen, Fähigkeiten und Kenntnissen – dank unseres alten Freundes, des Hebbschen Lernens – fester in die Verbindungen eingewoben sind und daher nicht so leicht verloren gehen.

Es ist auch möglich, daß Bildung lebenslange geistige Aktivität fördert. Je höher das Bildungsniveau, um so höher die Wahrscheinlichkeit, daß man sein Gehirn durch lebenslange Lektüre stimuliert; und vermutlich diskutiert und reflektiert man auch mehr über die Welt. Denkbar ist auch, daß die fortlaufende geistige Tätigkeit im Alter das Gehirn vor dem Zerfall schützt, der mit der Alzheimerdemenz einhergeht.

Wir sahen weiter oben, daß es tatsächlich Anhaltspunkte dafür gibt, daß Bildung die Verschaltungsdichte neuronaler Netze fördert. So haben Forscher die Dichte der synaptischen Verbindungen zwischen kortikalen Neuronen bei Menschen mit unterschiedlichem Bildungsgrad gemessen. Obgleich sie nicht beweisen konnten, was zuerst da war – komplexe kortikale Neuronen oder ein relativ hoher Bildungsstand –, stützt die italienische Studie eindeutig die Hypothese, daß das Bildungsniveau Auswirkungen auf das Gehirn hat, die entweder den Beginn der Krankheit hinausschieben oder das Gehirn vor der Krankheit schützen.

Bevor wir uns der Frage zuwenden, ob wir wirklich vor der Alternative stehen, das Gehirn »zu trainieren oder es degenerieren zu lassen«, wollen wir betrachten, was das ältere Gehirn *ebensogut* wie das junge Gehirn kann.

... und nun die guten Nachrichten

Selbst wenn Sie erst in den Dreißigern sind, haben Sie vielleicht schon einmal den heißen Atem eines geistig sehr agilen Zwanzigjährigen in Ihrem Nacken gespürt, besonders wenn Sie in einem Bereich wie Softwareentwicklung, Warenterminhandel oder reine Mathematik tätig sind. Diese Tätigkeiten erfordern jene Art von messerscharfer geistiger Behendigkeit, die der körperlichen Superfitneß von Spitzensportlern entspricht. Schließlich gibt es auch nicht sonderlich viele internationale Fußballspieler über vierzig, und wir finden auch nichts dabei, wenn Sportexperten einen zweiunddreißigjährigen Athleten mit geradezu gemeißelten Muskelpaketen und wie geölter Haut mit Wendungen wie »er hat seine besten Jahre hinter sich« oder »er hat seinen Zenit überschritten« beschreiben. Die Tatsache aber, daß wir geistig nicht mehr so rege wie jüngere Menschen sind, ist für viele nur schwer zu verkraften.

Sind ältere Menschen in jeder Hinsicht intellektuell weniger kompetent? Nehmen wir zum Beispiel Richter, die nicht gerade für ihre Jugendlichkeit bekannt sind. Weshalb werden sie nicht durch blitzgescheite Warenterminhändler ersetzt, die immer wie auf der Jagd nach frischem Blut scheinen? Oder Politiker. Selbst Bill Clinton und Tony Blair sind nicht mehr die jüngsten.

Die Antwort lautet natürlich: *Erfahrung*. Das angehäufte Wissen von Jahrzehnten ist manchmal unverzichtbar, um sich in den verwirrenden Komplexitäten des menschlichen Verhaltens, wie sie sich in Rechtsprechung und Politik manifestieren, zurechtzufinden. Verleger und Herausgeber, Weinprüfer und Kunstgeschichtler sind nur einige Beispiele für berufliche Tätigkeiten, in denen die kühle Weisheit der Erfahrung die Heißblütigkeit jugendlicher Geisteskraft aussticht. Studien bestätigen, daß ältere Menschen komplexe Ereignisketten oftmals zutreffender beurteilen als jüngere. Dies ist besonders in uneindeutigen Situationen der Fall, in denen es um menschliches

Verhalten geht. Ältere Menschen betrachten diese Ereignisse als Produkt der Wechselwirkung zwischen den äußeren Umständen einerseits und den persönlichen Eigenschaften der Individuen andererseits. Jüngere Menschen beurteilen Ereignisse in der Regel nicht auf so differenzierte Weise.[11]

Ältere Berufstätige können bei ihrer Tätigkeit nicht nur auf Erfahrungen zurückgreifen, sie sind auch seltener in Arbeitsunfälle verwickelt, lassen sich seltener krankschreiben und sind im allgemeinen zufriedener mit ihrem Beruf. Daher können ältere Erwerbstätige, trotz ihrer im Schnitt geringeren intellektuellen Agilität, die Anforderungen ihres Berufs häufig mindestens ebensogut erfüllen wie ihre jüngeren Kollegen, wobei es natürlich auch auf die konkrete Tätigkeit ankommt.

In der britischen Quizsendung *Mastermind* wurde der Wissensstand hochgebildeter Kandidaten in ihrem speziellen Interessengebiet und im Bereich Allgemeinbildung geprüft. Eine Studie verglich alte und junge *Mastermind*-Kandidaten und gelangte zu dem Ergebnis, daß ältere Personen in den Fragen zur Allgemeinbildung, wo sie keine spezielle Übung oder Kenntnis besaßen, genauso schnell und treffsicher entlegene Fakten über die Welt aus ihrem Gedächtnis hervorkramten wie jüngere Quizteilnehmer.[12] Anders gesagt, ihr Gehirn war offenbar, zumindest was diesen Bereich der kognitiven Praxis anlangte, von den Verwüstungen des Alterns verschont geblieben.

Eine andere kognitive Arena, in der das Alter die Jugend schlägt, betrifft Zerstreutheit und Unachtsamkeit. Menschen in den Siebzigern vergessen Dinge, die sie sich vorgenommen haben, nicht so leicht wie jüngere Menschen. So vergessen sie etwa nicht so schnell eine Verabredung oder einen geplanten Anruf. Sie konzentrieren sich auch stärker auf Aufgaben, die ihnen gestellt werden, und sie machen weniger Fehler als jüngere Leute. Wenn Sie gezwungen sind, auf einem Flughafen einen Fremden zu bitten, auf Ihr Gepäck zu achten, während Sie eine Zeitung kaufen gehen, sollten Sie daher eher eine ältere Person ansprechen. Da sie sich nicht so leicht von anderen Dingen ablenken läßt, ist das Risiko, daß Ihr Gepäck gestohlen wird, geringer.[13]

Ältere Menschen sind jüngeren Menschen also in bestimmten kognitiven Leistungen *überlegen.* Wie läßt sich dies mit der angeblich unvermeidlichen Schrumpfung des Gehirns im Alter in Einklang bringen? Erstens, etwa ein Drittel der Senioren weist keine Hirnschrumpfung auf. Zweitens, einige ältere Menschen haben bestimmte kognitive Fähigkeiten häufiger geübt als jüngere, und möglicherweise stärkt diese Erfahrung die Verbindungen in dem vibrierenden Netz.

Anders gesagt, Senioren sind jüngeren Menschen unter anderem deshalb in mancher Hinsicht mental überlegen, weil ihre geistigen Fähigkeiten über eine größere Zahl von Jahren regelmäßig stimuliert wurden. Daraus folgt, daß möglicherweise nicht nur »Trainieren oder degenerieren (lassen)«, sondern auch »Trainieren und verbessern« gilt. Schauen wir uns nun an, wie mentales Fitneßtraining die biologischen Veränderungen im Gehirn, die durch das Altern ausgelöst werden, verlangsamen oder sogar umkehren kann.

Mentales Fitneßtraining jenseits der Fünfzig

Wenn Sie über fünfzig sind, unterscheidet sich Ihr Gehirn vermutlich ein wenig von dem Gehirn des durchschnittlichen Zwanzigjährigen, allerdings wohl nicht allzu sehr. Zweifellos ist Ihr Gehirn in der Lage zu lernen, rational zu reflektieren und jene Art von selbstkritischer Beurteilung vorzunehmen, die den spöttischen Bemerkungen über Ihren zurückweichenden Haaransatz und Ihre breiter werdenden Hüften den Stachel nimmt. Und die neuronalen Netzwerke des älteren Gehirns können sich in Reaktion auf Erfahrungen und Lernprozesse in gleicher Weise verändern wie die junger Gehirne.

Das bedeutet, daß auch über Fünfzigjährige ihr Gehirn noch plastisch formen können und sollten. Anders gesagt, Alter ist kein Hindernis für mentales Fitneßtraining, das die Verschaltungen in den neuronalen Netzen festigt. Wenn Sie älter werden, ist es sogar wichtiger, daß Sie mentales Gewichtheben betreiben – um geistig aktiv zu bleiben und Ihr Gehirn in Form zu halten. Schließlich beginnen die Verbindungen zwischen Neuronen im Gehirn zu schrumpfen, und sie brauchen zusätzliche Stimulation, um diese zu erhalten.

Menschen mit höherem Bildungsstand haben vermutlich ein dichter verschaltetes Gehirn. Einige der Bequemeren unter diesen könnten daher versucht sein, sich auf den Lorbeeren ihres ausgezeichneten Studienabschlusses auszuruhen und ihr Gehirn nicht länger mit schwierigen Aufgaben zu strapazieren, wie etwa der Programmierung des Videoapparats oder der Reorganisation der Marketingabteilung. Doch das wäre vermutlich ein Fehler. Gewiß, je höher das Bildungsniveau, das Sie sich in den prägenden Jahren Ihres Lebens erarbeiteten, um so besser ist Ihr Gehirn gegen die Verwüstungen von Alter, Krankheit und Verletzung gefeit. Doch höchstwahrscheinlich maximieren Sie diesen Vorteil durch fortwährende Übung Ihres Gehirns.

Woher wir dies wissen? Nun, man kann es etwa dadurch herausfinden, daß man alte und junge Probanden Tests unterzieht, bei denen ältere Menschen in der Regel schlechter abschneiden. Dabei sollen sie komplizierte Aufgaben – zum Beispiel gewisse Computerspiele – möglichst schnell lösen. Derartige Aufgaben begünstigen die jüngeren Probanden. Was aber geschieht, wenn man Alte und Junge diese Aufgaben *üben* läßt? Wenn die schlechte Leistung der Senioren allein auf die Aufdröselung des neuronalen Flechtwerks und die Verwässerung der Neurotransmitter zurückzuführen wäre, dann würde auch noch so intensive Übung die Diskrepanz zwischen Jung und Alt nicht verkleinern. Hängt die schlechtere Leistung im Alter dagegen damit zusammen, daß ältere Menschen es einfach nicht gewohnt sind, in komplizierten Situationen schnell zu reagieren (man sieht nicht viele Siebzigjährige an Playstations spielen!), dann *sollte* Übung das altersbedingte Leistungsgefälle verringern.

Und tatsächlich geschieht genau dies. Ältere Menschen, denen man die Chance zum Üben gibt, verringern den Vorsprung der Jüngeren; dies zeigt, daß sie ihre Leistungsfähigkeit steigern können, wenn ihr Gehirn die Gelegenheit bekommt aufzuholen.[14] Die Wissenschaftler, die diese Studie durchführten, erklärten die Ergebnisse damit, daß das Gehirn mit zunehmendem Alter im allgemeinen immer weniger gefordert wird – so muß man sich beispielsweise nicht mehr auf Prüfungen vorbereiten oder neue Fähigkeiten erlernen. Anders gesagt, das Gehirn ist nicht mehr so gut »in Form«, wenn man älter wird.

Die schlechteren Testergebnisse älterer Menschen sind also möglicherweise zum Teil auf diesen »Nichtgebrauch« zurückzuführen. Je mehr Übung sowohl junge als auch alte Menschen haben, um so weniger fällt jedoch dieser »Nichtgebrauch« ins Gewicht. Anders gesagt, ältere Menschen sollten überproportional von praktischer Übung profitieren. Genau dies fand man heraus, auch wenn die Unterschiede zwischen Jungen und Alten durch Übung niemals vollständig beseitigt wurden. Anders gesagt, die mentale Verlangsamung war zum Teil darauf zurückzuführen, daß die betreffende Fähigkeit durch »Nichtgebrauch« verloren gegangen war.

Die mit dem Alter zunehmenden individuellen Unterschiede in der geistigen Leistungsfähigkeit sind daher höchstwahrscheinlich zum Teil darauf zurückzuführen, daß die kognitiven Funktionen unterschiedlich intensiv beansprucht wurden. So mag der »Gebrauch« nicht nur die Erhaltung von Verbindungen im neuronalen Netz, sondern auch die neuronale Selbstreparatur von altersbedingten Schädigungen fördern.[15]

Berufsmusiker wissen dies intuitiv. Wenn man seinen Lebensunterhalt mit Musik verdient, muß man jenseits des fünfzigsten Lebensjahres mit viel jüngeren Talenten gerade hinsichtlich der manuellen Geschicklichkeit und der geistigen Agilität konkurrieren, die von Alterungsprozessen besonders stark betroffen sind. Wie gelingt den Musikern dies? In einer Studie wurde das Leistungsniveau älterer Amateur- und Berufsmusiker über einen Zeitraum von mehreren Jahren untersucht. Wie nicht anders zu erwarten, büßten die Amateurpianisten ihre Fertigkeit teilweise ein. Die Berufsmusiker dagegen wahrten ein Leistungsniveau, das nur geringfügig unter dem ihrer jüngeren Kollegen lag.[16] Und welcher Faktor war dafür verantwortlich, daß die älteren Berufsmusiker mit den jüngeren Schritt hielten? Übung! Einfach gesagt: Je mehr sie mit zunehmendem Alter gezielt übten, um so eher wahrten sie das gleiche Leistungsniveau wie jüngere Pianisten. Kurz, durch aktive Nutzung konnten sie den Verlust der Fertigkeit praktisch verhindern.

Weitere Belege für diese »Gebrauchshypothese« lieferten Forscher, welche die kognitiven Fähigkeiten einer Gruppe älterer Menschen, die noch immer mental aktiv waren, untersuchten, um die Annahme zu überprüfen, daß geistige Aktivität dem altersbedingten Abbau der Geisteskraft entgegenwirken kann.[17] Dazu verglichen sie noch aktive ältere Universitätsprofessoren mit gleich alten Menschen, die geistig nicht mehr so aktiv waren; als dritte Vergleichsgruppe kam eine gleiche Zahl jüngerer Personen hinzu. Die geistig aktiven Probanden in den Sechzigern und frühen Siebzigern übertrafen in einem breiten Spektrum kognitiver Tests ihre Altersgenossen und schnitten etwa genausogut ab wie die jüngeren Probanden.

Dies wirft sogleich eine Frage auf: Wie reagiert Ihr Gehirn, wenn Sie in Rente gehen und eine anspruchsvolle, geistig anregende Tätigkeit aufgeben? Eine Studie fand heraus, daß Menschen, die an ihrem Arbeitsplatz langweilige, eintönige Tätigkeiten verrichteten, geistig *profitieren* können, wenn sie von dem Alltagstrott befreit werden, während Personen, die beruflich mit hochkomplexen, geistig anspruchsvollen Aufgaben zu tun hatten, eher einen kognitiven Leistungs*abfall* erleben.[18]

Dies ist keine besonders gute Nachricht für Professoren, die in Erwägung ziehen, sich emeritieren zu lassen, aber es entspricht genau dem, was man von einem Gehirn erwartet, das sich aus einem vibrierenden Gespinst neuronaler Verbindungen zusammensetzt, welches durch Stimulation und Erfahrung geformt wird. Natürlich bedeutet das Ausscheiden aus dem Berufsleben keineswegs immer, daß dem Gehirn jene Stimulation entzogen wird, die es benötigt, um seine Verbindungen aufrechtzuerhalten.

Einer der großen Vorzüge einer guten Bildung besteht darin, daß man *lernt zu lernen*. Eine solide Bildung – insbesondere auf Hochschulniveau – verwandelt das Gehirn in eine Art Computer, der sich selbst programmiert. Als solcher kann sich das Gehirn durch Lernen, Reflexion und Imagination selbst stimulieren. Wir haben bereits weiter oben ein konkretes Beispiel dafür kennengelernt, daß rein mentale Imagination und Übung das Wachstum neuer Verbindungen im Gehirn anregen kann. Nach Ihrer Pensionierung können Sie – nein, *müssen* Sie, wenn Sie wollen, daß die dendritischen Bäume in Ihrem Gehirn weiterhin blühen – die alten Formen mentaler Aktivität durch neue ersetzen. Dabei ist es gleich, ob Sie sich durch die Werke der großen russischen Romanciers lesen oder ob Sie asiatische Modelleisenbahnen aus der Zeit vor dem Zweiten Weltkrieg sammeln. Entscheidend ist, daß Sie Ihr Gehirn fordern!

Manchmal können wir uns die nötige Stimulation nicht selbst verschaffen. Daher sind wir auf andere Menschen und Organisationen in unserem Umfeld angewiesen, die uns immer wieder neue Anregungen geben und uns anspornen, wenn wir selbst zu träge werden. Hundertprozentige Selbststarter sind wirklich selten!

Daher ist es wahrscheinlich, daß wir unser Gehirn nach der Pensionierung nicht hinreichend »auslasten«. Ein Faktor, der davor schützt, ist eine langjährige Beziehung zu einem intelligenten Partner![19] Aber gibt es noch etwas anderes, das wir tun können – etwa eine Art mentales Aerobic –, um die neuronale Degeneration infolge dieser Unterauslastung wenigstens teilweise zu kompensieren?

Vieles spricht dafür, daß therapeutisches mentales Konditionstraining in der Tat dazu beiträgt, die geistige Rüstigkeit zu wahren, so wie regelmäßige Bewegung physische Gesundheit und Fitneß fördert. So haben beispielsweise Forschungen gezeigt, daß man älteren Menschen beibringen kann, ihr Gedächtnis effizienter zu nutzen, wobei die Wirkungen dieses Trainings über viele Jahre anhalten. Auch die Fähigkeit zu logischem Denken läßt sich durch die richtige Art von mentalem Training verbessern.[20]

Woraus genau besteht ein solches mentales Aerobic? Nehmen wir das Beispiel des Gedächtnisses. Wenn Sie sich an etwas erinnern wollen, müssen Sie es zunächst aufnehmen bzw. »kodieren«. Dann muß es solange »gespeichert« werden, bis es gebraucht wird; danach wird es »abgerufen«. Wir müssen dabei zwischen sprachlichem und visuellem Gedächtnis unterscheiden. Wenn Sie sich beispielsweise in einer fremden Stadt den Weg vom Konferenzzentrum zu Ihrem Hotel einprägen müssen, können Sie dies auf zweierlei Weise tun. Zum einen *sprachlich* (am Kaufhaus links abbiegen, dann die zweite Straße rechts bei der Feuerwache, dann nochmals links bei der Apotheke); zum anderen *räumlich-visuell* in Form eines mentalen Bildes bzw. einer mentalen Karte. Um Ihr Gedächtnis optimal zu nutzen, müssen Sie lernen, diese verschiedenen Systeme – sowohl sprachliche als auch visuelle Kodierung, Speicherung und Abrufung – voll auszuschöpfen.

Die meisten Menschen nutzen ihr sprachliches Gedächtnis stärker als ihr räumlich-visuelles Gedächtnis. Dies bedeutet, daß wir uns bei nachlassendem Erinnerungsvermögen im Alter in der Regel nur auf ein Gedächtnissystem stützen – kurz, wir setzen alles auf eine Karte. Gewöhnen wir uns dagegen an, beim Lernen auch visuelle Bilder zu nutzen, dann haben wir statt einem zwei Unterstützungssysteme.

Erinnerungen sind wie Wollfäden, aus denen ein Pullover gestrickt wird: Je enger sie miteinander verknüpft sind, um so unwahrscheinlicher ist es, daß sie sich aufdröseln. Daher gilt:

Wenn das, woran Sie sich erinnern wollen, mit mentalen Bildern verknüpft ist, ist die Gefahr geringer, daß es aufdröselt und verlorengeht.

Das Erinnerungsvermögen läßt sich auch verbessern, indem man das, was man lernen möchte, mit Dingen *verknüpft*, die man bereits kennt. Wenn Sie beispielweise *aktiv* zuhören und lesen, indem Sie das, was Sie hören oder sehen, mit dem verbinden, was Sie bereits wissen, dann werden Sie sich wahrscheinlich besser an die Information erinnern. Mit einem einfachen Analyseverfahren, das als ÜFLWT – nach den Anfangsbuchstaben von »Überblick, Frage, Lesen, Wiederholen und Testen« – bezeichnet wird, können Sie Ihr Erinnerungsvermögen steigern, indem Sie neue Informationen mit bereits Bekanntem verbinden, wie das folgende Beispiel zeigt.

Überblick

Bevor Sie einen Artikel oder ein Kapitel lesen, überfliegen Sie ihn/es kurz, indem Sie etwa die erste Zeile jedes Absatzes lesen sowie den ersten und den letzten Absatz. Machen Sie sich eine ungefähre Vorstellung davon, worum es geht und was Sie Neues daraus lernen können.

Frage

Was wissen Sie bereits über dieses Thema? Was haben Sie bereits darüber gelesen? Und was am wichtigsten ist: Welche Fragen haben Sie zu dem Thema, deren Beantwortung Sie sich von dem Artikel erhoffen?

Lesen

Lesen Sie den Artikel aufmerksam mit den Fragen im Hinterkopf, die Sie zuvor formuliert haben.

Wiederholen

Wenn Sie die Lektüre des Artikels beendet haben, rekapitulieren Sie den Inhalt und verknüpfen ihn mit dem, was Sie bereits über das Thema wissen; fragen Sie sich insbesondere, ob er Ihre Fragen beantwortet hat.

Testen
Überprüfen Sie, wieviel Sie von dem, was Sie gerade gelesen haben, behalten haben.

Das Gehirn besitzt noch ein weiteres Gedächtnissystem, das als »implizites Gedächtnis« bezeichnet wird und das uns erlaubt, bestimmte Arten von Informationen zu lernen, ohne ihnen bewußte Aufmerksamkeit zu schenken. Eine Studie hat gezeigt, daß sich Menschen mit Gedächtnisschwäche beim Lernen auf dieses implizite Gedächtnissystem stützen können, das durch Alter, Krankheit oder Hirnschädigung meist nicht beeinträchtigt wird. Dieses System läßt sich jedoch nur dann effizient nutzen, wenn man beim Lernen keine Fehler macht. So konnten sich beispielsweise Menschen mit geschädigten Gedächtnissystemen sehr viel besser daran erinnern, wie man ein kompliziertes Notebook bedient, wenn ihnen während der Lernphase keinerlei Fehler erlaubt wurden.[21] Da das implizite Gedächtnis kein bewußtes System ist, wird es durch Fehler leichter irritiert, so daß sie nicht so einfach korrigiert werden können. Dies bedeutet beispielsweise, daß beim Auswendiglernen einer Liste französischer Vokabeln falsche Annahmen dazu führen, daß das implizite Gedächtnissystem an den falschen Antworten festhält, die das Erlernen der Liste erschweren.

Daraus folgt für die Steigerung des Erinnerungsvermögens, daß wir bei allen Lernvorgängen – gleich, ob es sich um die Handhabung eines Videorecorders oder um die Erweiterung des italienischen Wortschatzes handelt – nach dem Prinzip des »fehlerlosen Lernens« verfahren sollten. Anders gesagt, wir sollten so lernen, daß wir möglichst wenig raten und die Wahrscheinlichkeit maximieren, die richtige Antwort zu geben. So könnte man beispielsweise zunächst nur zwei italienische Wörter lernen und diese so oft wiederholen, bis sie

»sitzen«, bevor man neue Wörter lernt. Indem man die Liste des Gelernten ganz allmählich erweitert und sich immer nur Wörter abfragt, die man mit hoher Wahrscheinlichkeit reproduzieren kann, lernt man viel effizienter, als wenn man versucht, eine Liste von Wörtern auf einen Schlag zu lernen, und dabei oft danebenliegt.

Offenbar kann mentales Aerobic unsere geistige Agilität und unser Erinnerungsvermögen im Alter erhalten – zumindest bis zu einem gewissen Grad. Doch das Alter ist nicht nur eine Bewährungsprobe für unser Gedächtnis und unsere geistigen Fähigkeiten. Das Alter wirkt sich tiefgreifend auf unsere Gesundheit und unsere finanzielle Lage, auf unsere sozialen Kontakte und unsere Entfaltungsmöglichkeiten aus. Wie Menschen auf diese Veränderungen reagieren, ist ausschlaggebend dafür, wie sich das Alter auf sie auswirkt. Wir werden später sehen, daß diese emotionalen Faktoren nachhaltigen Einfluß auf die Hirnfunktion haben – und daß der *Glaube* an die eigenen geistigen Fähigkeiten diese Fähigkeiten schützt und stärkt.

Der Mann im Zug

Kehren wir zu dem älteren Herrn in dem Londoner Zug zurück, mit dem ich dieses Kapitel begann. Was könnte die Ursache seines teilnahmslosen, abgestumpften Verhaltens sein? Etwa Depressivität? Wie viele andere Emotionen führt auch Depressivität zu einer tiefgreifenden Veränderung des Gehirns; so reduziert sie beispielsweise das Aktivitätsniveau im Stirnhirn. Doch der Mann machte keinen depressiven *Eindruck*.

Vielleicht hatte das Alter mit seinem Gehirn das gleiche gemacht wie mit seinem dünnen weißen Haar. Vielleicht waren die Zellen des vibrierenden Netzes durch Alterungsprozesse ausgedünnt und gestutzt worden, so daß dieses Netz nicht länger die forschende, aufmerksame Neugierde, die seine beiden Begleiterinnen auszeichnete, erzeugen konnte.

Vielleicht war sein vibrierendes Netzwerk auch wegen »Unterauslastung« – aufgrund fehlender Beanspruchung, aufgrund der trägen Passivität seines Lebens in Gesellschaft dieser beiden kecken und tatkräftigen Frauen – schlicht verkümmert. Vielleicht hatte er die meisten Entscheidungen in einem Leben, das nach der Pensionierung in dumpfer Monotonie erstarrt war, einfach delegiert. Vielleicht hatte auch die beherrschende Entschlußkraft dieser beiden Frauen den noch vorhandenen Glauben an seine Fähigkeit, sein Leben selbst zu gestalten, untergraben.

Natürlich ist dies alles Spekulation. Es geht darum zu verdeutlichen, daß das Leben unser Gehirn modelliert, daß *wir* unser Gehirn formen und daß das vibrierende Netz in dem Maße, wie das Alter seine Verbindungen stutzt, um so intensiver gehegt und stimuliert werden muß.

Allerdings gibt es einen Lebensabschnitt, in dem die Pflege und Stimulation des vibrierenden Netzes noch wichtiger ist: die Kindheit. Wenden wir uns nun einer besonders wertvollen Art der neuroplastischen Modellierung zu – der strukturierenden Gestaltung des wachsenden Gehirns eines Kindes.

Kapitel 8

Fingerabdrücke auf dem Gehirn

Sams Zunge und Gehirn ringen um den Laut. Etwas, das mit dem eigentümlichen kleinen Zeichen auf der Seite verbunden werden muß. Err? Weshalb »Err« für R? Warum nicht »bla«? Und wo soll er überhaupt hinschauen? All diese Zeilen voll sinnlosem Gekritzel, und er muß seine Augen nicht nur auf eine dieser Zeilen heften, sondern auch noch auf einen ganz bestimmten kleinen Punkt in dieser Zeile. Links beginnen? Wo ist links? Warum links? Dann weiter nach rechts zum nächsten Buchstaben? Weshalb rechts? Und was ist überhaupt ein Buchstabe?

»Aaa.« »Braver Junge!« hört er seinen Vater sagen und spürt den ermunternden Druck des Armes um seine Hüfte. Sein Gehirn stellt eine weitere willkürliche Verbindung zwischen einem Schnörkel auf dem Papier und einem gehörten Laut her. Irgendwo hinter seinen Augen bindet sich ein vibrierendes Netzwerk von Synapsen ein klein wenig fester zusammen. Wenn er das nächste Mal ein »a« sieht, ruft ein elektrisches Geflüster entlang den filigranen Verbindungen einen Schatten des locker gekoppelten Lautes wach, der ihm diesmal leichter über die Lippen kommen wird. Sam wird seine fünfjährige Stirn nicht mehr ganz so stark runzeln, während er sich bemüht, diese winzigen, getrennten und willkürlichen Zeichen, die ihm die Erwachsenen unablässig einbleuen wollen, zu verbinden.

»Dee«, verkündet er triumphierend und nimmt die Siegeslorbeeren des ihn bewundernden Vaters voller Stolz entgegen. Doch dann macht er ein langes Gesicht, als sein Vater ihn auffordert, die Buchstaben zusammen auszusprechen. Wie zusammen? »Err … aaa … dee …: Was ergibt das, Sam?« Ergeben? »Ja, sprich sie zusammen aus, Sam.« Dann mal los: »Daa … rr! Dar? Was ist ein Dar, Papa?« »Nein, nein, kein ›Dar‹, Sam. Fang mit dem ersten Buchstaben an, dann kommt der zweite …« »Welcher ist der erste?« »Der am Anfang, Sam! Err: Man beginnt immer links.«

»Nicht im Arabischen, Papa.« »Nun komm mir bloß nicht altklug, Sam – *du* sollst heute abend was lernen.« »Schon gut, Papa, reg' dich ab: Err … aaa …« »Gut, jetzt verbinde sie, Sam – so: Err … aaa …« »Err … aaa … Err-aa …!« »Prima, Sam – ausgezeichnet – ›Ra‹! Jetzt der letzte Buchstabe … was ist der letzte Buchstabe?« »Dee.« »Gut, jetzt verbinde ›Ra‹ und ›Dee‹.« »Ra … Dee.«

»Radee! Radee? Rade? Rad? RAD! Rad!« »Prima, Sam, ausgezeichnet, das ist richtig, es ist ›Rad‹.«

Sam beginnt den geheimen Code der Schriftsprache zu lernen, und dabei verändert er sein Gehirn. Wenn er nächste Woche das Gekritzel auf Papier sieht, das wir als »Rad« lesen, wird er das Wort mühelos und flüssig aussprechen, getragen von einer elektrochemischen Welle, die sich über neu verschaltete Nervenbahnen ausbreitet.

So wird seine Intelligenz langsam auf dem Gerüst der Sprech- und Schreibfähigkeit errichtet, wobei jeder Tag eine Tranche neuer Wörter mit ihrem Gefolge von Begriffen und Kategorien, von zunehmendem Selbst- und Weltverständnis bringt. Wie sein Vater ihm half, sprachliche Laute über einen komplizierten Code mit willkürlichen Schriftzeichen zu verbinden, so werden die Wörter für Sam beginnen, die zusammenhanglosen Aspekte der Welt zu verbinden.

Das Gehirn von Sam wird dadurch in einer Weise geformt, die nicht in seinen Genen angelegt ist. Wir sehen hier, wie die

Menschheit ihr genetisches Erbe überspringt, um das Gehirn mit den Werkzeugen der menschlichen Kultur zu gestalten. Welch ein Privileg und welche Verantwortung liegen darin, daß wir Fingerabdrücke auf dem Gehirn unserer Kinder hinterlassen!

Der Triumph des Geistes über die Materie

Was für eine furchteinflößende Verantwortung ist mit der Macht verbunden, das Gehirn eines Kindes in dieser Weise physisch zu formen. Unsere Worte und unsere Handlungen modellieren das Gehirn wie die Finger eines Töpfers die Konturen einer Tonfigur. Es geht um eine Art Unsterblichkeit – Spuren von uns selbst, physisch eingeprägt in das Gehirn der Kinder, die uns überleben werden.

Unsere Zivilisation fußt auf dem geschriebenen Wort. Ohne das Wort gäbe es keine menschliche Kultur, keine Erkenntnis. Dennoch ist die Fähigkeit zu lesen und zu schreiben ein Produkt der menschlichen Erfindungsgabe, das unsere Vorfahren ersannen, weil wir nicht genetisch darauf programmiert sind, uns mit den rätselhaften Kritzeleien, mit denen sich Sam abmüht, zu verständigen. Die zentrale Triebkraft der menschlichen Zivilisation und Kultur – der vielleicht wichtigsten Determinanten unseres Schicksals – ist eine rein geistige Erfindung. Wie ein junger Erwachsener, der dem Schutz und den Zwängen des Familienlebens entwächst, fährt der Geist in seinem weißen Kabriolett aus Kultur und Sprache davon, um seinen Weg in der Welt zu machen. Unterdessen kann seine Familie – das biologische Erbe – nur händeringend zusehen, bange hoffend, daß der eigensinnige Sprößling, den sie nicht mehr unter ihren Fittichen hat, einen vernünftigen Weg im Leben einschlagen wird.

Wie Sam eines Tages erwachsen werden und sich von seinen Eltern lösen wird, so auch der menschliche Geist von seinen biologischen »Eltern«. Natürlich ist dies alles genetisch angelegt. Unsere Gene vermachen uns die Fähigkeit, den Kritzeleien auf einem Blatt Papier eine Bedeutung zuzuschreiben; sie geben uns die Fähigkeit, die kniffligen Schreibbewegungen auszuführen; und sie schenken uns auch die Fähigkeit, zu sprechen und Sprache zu verstehen, auch wenn sich die entsprechenden Gene nur ausprägen, wenn diese Fähigkeiten durch Erfahrungen genährt werden.

Mit der Schriftsprache verhält es sich jedoch anders. Dafür gibt es kein Gen. Während der Jahrmillionen, in denen menschliche Eigenschaften durch die natürliche Selektion gestaltet wurden, stellte die Fähigkeit zu lesen und zu schreiben keinen Selektionsvorteil dar. Gesprochene Sprache, ja: Die frühen Hominiden, die sich am besten untereinander verständigen konnten, hatten vermutlich eine höhere Überlebenschance, so daß die Weitergabe der entsprechenden Gene begünstigt war. Nicht aber Lesen und Schreiben, diese Flaggschiffe der menschlichen Zivilisation; nein, sie sind das Werk des menschlichen Geistes.

Menschen wie Sams Vater haben also gelernt, diese so wichtige Fähigkeit, zu lesen und zu schreiben, an ihre Nachkommen weiterzugeben. Und sie ist *eminent* wichtig. Studien in den Vereinigten Staaten zeigen, daß 75 Prozent der Erwerbslosen und 85 Prozent der straffälligen Jugendlichen Analphabeten sind. Vergessen wir die natürliche Selektion von Fähigkeiten und Merkmalen, die den Urmenschen in der Wildnis Afrikas zu überleben halfen: Im Dschungel von Detroit, Jakarta oder Mexiko-Stadt bedarf es anderer Fähigkeiten, um zu überleben. Nein, heute sind die Lese- und Schreibfähigkeit und die damit verbundene Bildung die Schlüssel zum Überleben. Eine Fähigkeit, die sich das menschliche Gehirn selbst sorgfältig in sein Nervengewebe modelliert.

Dank moderner bildgebender Verfahren lassen sich die Folgen der neuroplastischen Modellierung des Gehirns in der Kindheit sichtbar machen – zum Beispiel bei zwölf älteren Frauen aus einer südportugiesischen Kleinstadt. In dieser

Region Portugals herrschte in den dreißiger Jahren noch so große Armut, daß nicht alle Kinder einer Familie die Schule besuchen konnten, und so entstand eine kulturelle Tradition, wonach die älteste Tochter meist zu Hause blieb und arbeitete und weder lesen noch schreiben lernte, während die jüngeren Schwestern und Brüder, um die sie sich kümmern mußte, wenigstens ein paar Jahre zur Schule gingen.

Diese kulturelle Tradition bedeutete, daß diese ältesten Schwestern, die weder lesen noch schreiben konnten, nicht von Geburt an über eine niedrigere Intelligenz oder geringere kognitive Fähigkeiten verfügten. Tatsächlich sind die schulischen Leistungen des ältesten Kindes in der Regel besser als die der Spätergeborenen, so daß ihr Analphabetismus ausschließlich ein Produkt der Kultur war, in der sie aufwuchsen, nicht ihres biologisches Erbes.

Von den zwölf untersuchten Frauen waren sechs nicht zur Schule gegangen und konnten weder lesen noch schreiben; die anderen sechs waren nur vier Jahre zur Schule gegangen und konnten lesen und schreiben, wenn auch nicht besonders gut. Es gab zwischen den beiden Gruppen keine Unterschiede hinsichtlich der Allgemeinbildung, der Fähigkeit, Gegenstände zu benennen, und der meisten Arten von Gedächtnis, und sie waren mehr oder minder gleich alt, in den Sechzigern und Siebzigern. Der einzige Unterschied zwischen ihnen bezog sich auf ihre Lese- und Schreibfähigkeit.

Man wußte bereits, daß Analphabeten bei bestimmten Aufgaben schlechter abschneiden als Menschen, die des Lesens und Schreibens kundig sind. So fällt es ihnen insbesondere schwer, Nonsenswörter wie »kalmetisch« oder »trimeil« zu wiederholen. Auch bei Buchstabenspielen, bei denen man ein Wort unter Auslassung des ersten Buchstabens wiederholen muß – so zum Beispiel »isch« für »Tisch« –, haben sie Schwierigkeiten. Nach Ansicht von Forschern ist dies darauf zurückzuführen, daß unser Gehirn, wenn wir lesen lernen, die Wörter in ihre Einzellaute (Phoneme) zu zerlegen lernt. Genau das tat auch

Sams Vater, als er Sam beibrachte, »Err ... aaa ... dee« für »Rad« zu sagen. Man nennt diese Art des Lesens »phonematisch«, und wenn Sie nach dieser Methode lesen lernen, dann können Sie Wörter wiederholen, die Sie noch nie zuvor gehört haben – etwa Nonsenswörter bzw. Wörter in einer Fremdsprache –, indem sie diese »analytische Strategie« anwenden.

Wie wir in Kapitel 6 sahen, gibt es jedoch weitere »Leserouten« im Gehirn. Eine davon wird »lexikalisch-semantische« Route genannt, und sie besteht darin, daß das geschriebene Wort direkt die Bedeutung und die Bilder abruft, die mit ihm assoziiert sind, ohne daß es in Einzellaute zerlegt wird.

Die meisten von uns nutzen beim Lesen beide Routen, doch es gibt einige Menschen, die nur eine Route beschreiten. Dies kann damit zusammenhängen, daß der Teil des Gehirns, der für die andere Route zuständig ist, geschädigt wurde, oder auch damit, daß sie eine der beiden Leserouten nicht lernten. Die portugiesischen Frauen, die nicht lesen gelernt hatten, hatten nie die Chance, die phonematische Route zu erlernen, so daß sie auf den lexikalisch-semantischen Weg angewiesen waren. Aus diesem Grund fiel es ihnen schwer, Nonsenswörter zu wiederholen – ihr Gehirn hatte nicht den Code gelernt, den Sam mühsam zu meistern versuchte. Allerdings fiel es ihnen leicht, jene Wörter zu wiederholen, die sie kannten, weil diese Wörter direkt die semantischen Speicher des Gehirns ansprachen, ohne daß sie zuerst phonetisch dekodiert werden mußten.

Ich behauptete, Sams Gehirn würde durch den Nachhilfeunterricht seines Vaters physisch geformt. Aber können wir wirklich sicher sein, daß das Gehirn durch Lernprozesse physisch verändert wird? Dank der zwölf tapferen portugiesischen Frauen wissen wir es jetzt mit Sicherheit. Sie wurden aus ihrem Bergdorf nach Stockholm geflogen; dort wurde ihre Hirnaktivität untersucht, während sie sich mit der Aufgabe, gesprochene Wörter zu wiederholen, abmühten.[1]

Wenn unser Gehirn tatsächlich physisch modelliert wird, während wir lesen lernen, dann sollte es kognitive Aktivitäten, von denen wir annehmen, daß sie durch diesen Lernprozeß aufgebaut werden, anders ausführen. Eine derartige Aktivität ist das »phonematische Dekodieren«, bei dem man unbekannte Wörter, die einem vorgesprochen werden, wiederholen soll. Bei bekannten Wörtern hingegen sollten *keine* Unterschiede zum Vorschein kommen, weil wir diese meist lesen können, ohne sie zuvor in ihre Laute zerlegen zu müssen.

Die zwölf Frauen sollten also, während sie in einem Positronenemissionstomographen lagen, der die Hirnaktivität mißt, Wort für Wort wiederholen, wobei ihnen einige der Wörter bekannt waren, während andere frei erfunden waren. Die sechs Analphabetinnen waren beim Wiederholen der bekannten Wörter genauso gut wie ihre lese- und schreibkundigen Altersgenossinnen, doch beim Wiederholen unbekannter Wörter schnitten sie deutlich schlechter ab: Während die lesekundigen Frauen 84 Prozent dieser Wörter richtig wiederholten, waren es bei den Frauen, die keine Schule besucht hatten, nur 33 Prozent.

Als sie die bedeutungstragenden Wörter wiederholten, zeigte das Gehirn beider Gruppen weitgehend identische Aktivitätsmuster. Als sie jedoch die Nonsenswörter hörten und wiederholten, verhielt sich das Gehirn der Analphabetinnen in ganz anderer Weise. Im Unterschied zu den lese- und schreibkundigen Frauen war bei ihnen in mehreren Hirnregionen, insbesondere in der linken Hemisphäre, keine Aktivität nachweisbar. Statt dessen zeigte ihr Gehirn eine erhöhte Aktivität im rechten Stirnlappen.

Dies ist der konkrete Beweis dafür, daß Lernprozesse im Kindesalter unser Gehirn physisch gestalten und ihm eine bestimmte Funktionsweise einprägen. Dieser Befund ist um so bemerkenswerter, als die schreibkundigen Frauen, deren Gehirn ein gänzlich anderes Aktivitätsmuster zeigte, nur vier Jahre Schulunterricht erhalten hatten. Man kann sich vorstellen, wie groß die Unterschiede nach fünfzehn- oder zwanzigjährigem Lernen sein mögen.

Es ist unwahrscheinlich, daß nur das Lesenlernen das Gehirn verändert. Schul- und Hochschulbildung fördern viele weitere Kompetenzen – das Denk- und Erinnerungsvermögen, die Fähigkeit, zu planen und Probleme zu lösen, und so weiter. All dies nährt das vibrierende Netz und prägt die Intelligenz und die Fähigkeiten, die das Gehirn kontrolliert.

Die Büsche im Gehirn unserer Kinder beschneiden

Wenn Sie das nächste Mal die Gelegenheit dazu haben, sollten Sie ein Kind wie Sam dabei beobachten, wie es lesen lernt, Rechenaufgaben zu lösen versucht oder sich bemüht, irgendeine der Tausende von komplexen kognitiven Aufgaben zu bewältigen, die Kinder lernen müssen, wenn sie in dieser anspruchsvollen Welt ein annehmbares Auskommen finden wollen. In Sams Schädel sitzt ein Gehirn, das dichter verschaltet ist und mehr Energie verbraucht als das seines Vaters. Jedes Neuron in Sams Gehirn hat bis zu 50 Prozent mehr Verbindungen zu anderen Neuronen als seine Gegenstücke im Gehirn seines Vaters. Wenn Sie sich das nächste Mal über die strahlende Energie in den Augen von Kindern wundern, stellen Sie sich einfach die Kraftwerke in ihren Köpfen vor, die 50 Prozent mehr Energie erzeugen als die der verbrauchten Erwachsenen um sie herum. Da ist es nicht weiter verwunderlich, daß sie nach ganztägigem Spielen plötzlich in traumlosen Schlaf versinken. Erst in den Zwanzigern erreicht die Hirnaktivität das Erwachsenenniveau, und das Gehirn ist jetzt völlig »verdrahtet«.

Wir wissen dies unter anderem aufgrund von PET-Studien der Hirnaktivität bei Menschen unterschiedlichen Alters. PET-Aufnahmen des Gehirns zeigen an, wie hoch die elektrochemische Entladungsrate zwischen Synapsen im Gehirn ist. Selbst wenn Kinder ihr Gehirn nicht mit neuen Lernaufgaben strapazieren, ist es aktiver als das von Erwachsenen. Dies hängt damit zusammen, daß die Neuronen im Gehirn eines Kindes synaptisch dichter miteinander verschaltet sind.

Nehmen wir zum Beispiel ein siebenjähriges Kind. In diesem Alter hat das Gehirn fast die Größe und das Gewicht des Gehirns eines Erwachsenen erreicht. Dennoch weisen die Neuronen im Stirnhirn 40 Prozent mehr Synapsen auf. Wie ein Rosenstrauch beschnitten werden muß, um gesund zu bleiben und ein ansprechendes Äußeres zu entwickeln, so müssen auch die Synapsen im Gehirn eines Kindes »kultiviert« werden, bis sie das stabile Niveau von Erwachsenen erreichen. Dies geschieht in verschiedenen Regionen des Gehirns zu unterschiedlichen Zeiten, doch die höchste Verknüpfungsdichte wird in der Regel im Alter zwischen vier und sieben Jahren erreicht.

Was verursacht dieses »Zurückstutzen« der Verbindungen? Erinnern Sie sich an Sams gerunzelte Stirn? Und an den gründlichen Nachhilfeunterricht seines Vaters, der ihm half, diese seltsamen Verbindungen zwischen völlig zusammenhanglosen Stimuli in Auge und Ohr herzustellen? Einer der wichtigsten Faktoren, die darüber entscheiden, welche Synapsen erhalten bleiben und welche gestutzt werden, ist das Lernen. Jene Synapsen, die nicht aufgrund von Lernprozessen und Erfahrungen mit anderen Neuronen verschaltet werden, verkümmern einfach in dem erbarmungslosen Wettbewerb, der die Hirnaktivität ausmacht.

Wie die Studie an den portugiesischen Frauen zeigte, lassen sich die Fingerabdrücke, die erwachsene »Veredler« auf dem Gehirn von Kindern zurücklassen, noch Jahrzehnte später nachweisen, wenn diese Kinder selbst erwachsen geworden sind. In einer anderen PET-Studie, diesmal mit lese- und schreibkundigen Engländern, stellte man fest, daß eine bestimmte Region des Gehirns – der sogenannte linke ventrale Hinterhauptlappen – nur aktiviert wurde, wenn die Erwachsenen englische Wörter oder Kunstwörter, die englisch ausgesprochen werden konnten, sahen. Dieses Hirnareal sprach nicht auf beliebige Reihen von Buchstaben oder auf Formen an, die wie Buchstaben aussahen.

Dieses »Leseareal« des Gehirns läßt sich bei vielen Erwachsenen nachweisen, und man könnte leicht auf die Idee kommen, die Natur habe es – genetisch – darauf programmiert, diese kognitive Funktion auszuführen. Dies ist natürlich unmöglich, weil der Mensch erst seit ein paar tausend Jahren geschriebene Texte liest, während die natürliche Selektion unsere genetische Ausstattung formte, lange bevor diese seltsame kulturelle Aktivität des Lesens begann.

Anders gesagt, das Hirnareal, das wir fürs Lesen benötigen, wurde programmiert – durch Erfahrung und Lernen geformt. Wenn wir Sams Gehirn in 30 Jahren mit einem PET untersuchen, werden wir die Fingerabdrücke seiner Bemühungen und des Nachhilfeunterrichts seines Vaters sehen.

Die Aufwertung genetischer Erklärungen des Verhaltens in jüngster Zeit hat uns weitgehend vergessen lassen, wie wichtig Lernen und Erfahrung bei der Formung der Verbindungen in diesem vibrierenden und wandlungsfähigen Netzwerk des Gehirns sind. Denn dieses Netzwerk ist so riesig und komplex, daß unsere Gene schlicht nicht in der Lage sind, all die Trillionen möglicher Kombinationen von Verbindungen zu spezifizieren und zu kontrollieren.

Das Ganze gleicht ein wenig dem Gegensatz von staatlicher Planwirtschaft und freier Marktwirtschaft. Die zentralistische Planung komplexer Volkswirtschaften ist einfach nicht durchführbar, wenn man ein ausreichendes Angebot an Gütern und Dienstleistungen sicherstellen möchte. Das System ist zu kompliziert und zu wenig vorhersagbar, als daß eine zentrale Planungsbehörde sämtliche Prozesse steuern könnte. Und das Gehirn ist noch sehr viel komplexer als eine Volkswirtschaft, so daß diese Feststellung erst recht für die Gene gilt, die das menschliche Gehirn kontrollieren.

Wie liberale Ökonomen, die dem freien Markt durch staatliche Regulierung einen Ordnungsrahmen setzen möchten, setzen unsere Gene dem Potential des Gehirns gewisse Schranken, während sie die Trillionen von Verbindungen im vibrierenden Netz sich allein durchs Leben schlagen lassen. In manchen Fällen übernehmen Gene vitale Funktionen – Ernährung, Schlaf, Atmung und Fortpflanzung – und lassen dem Geist im Interesse der Selbsterhaltung nur einen geringen Entfaltungsspielraum. Dies ist so ähnlich wie bei Staaten, welche die Kontrolle gewisser öffentlicher Funktionsträger – Polizei und Streitkräfte beispielsweise – durch die Zentralregierung als unabdingbar für die Sicherung des Staates ansehen.

Statt all unsere Verhaltensweisen genau festzulegen, haben unsere Gene unser Gehirn für die Fingerabdrücke der Erfahrung empfänglich gemacht. Anders gesagt, es ist ein Geschenk der natürlichen Selektion und das Geheimnis unseres enormen Erfolgs als Spezies, daß wir den Apparat, der unser Verhalten kontrolliert, programmieren und umprogrammieren können. Angesichts dieser furchteinflößenden Verantwortung stellt sich die Frage, wie wir das Gehirn unserer Kinder fördern sollen.

Was ist am besten für das Gehirn von Kindern?

Im Alter von drei Jahren hat das Kind einer Akademikerfamilie in den Vereinigten Staaten im Schnitt etwa 30 Millionen Wörter gehört, die gezielt an es gerichtet wurden. Ein Kind aus einer Arbeiterfamilie hingegen hat etwa 20 Millionen Wörter gehört, und ein Kind aus einer Familie, die Sozialhilfe bezieht, etwa 10 Millionen. Dies ist ein Grund dafür, daß Kinder aus Akademikerfamilien einen viel größeren Wortschatz haben als Kinder aus Arbeiterfamilien, die wiederum sehr viel mehr Wörter kennen als Kinder von Eltern, die Sozialhilfe beziehen.[2]

Wenn wir mit unseren Söhnen und Töchtern, Neffen und Nichten oder auch den Kindern unserer Freunde sprechen, hinterlassen wir also unsere Fingerabdrücke auf ihrem Gehirn und fördern so das Wachstum langer synaptischer Ketten.

Wenn wir bestimmte Synapsen stärken, schwächen wir natürlich gleichzeitig andere. So spielen wir eine kleine Rolle bei dem großen »Zurechtstutzen« von Synapsen, das während der gesamten Kindheit und Adoleszenz stattfindet.

Dies wirft nun eine knifflige Frage auf: Spielt es eine Rolle, welche Form von Pflege wir unseren Säuglingen und Kindern angedeihen lassen? Ja. Offenbar machen Kleinkinder, die in Kindertagesstätten betreut werden, ganz andere Erfahrungen als Kinder, die von Tagesmüttern, Verwandten oder den Eltern betreut werden.

In einer Studie in den achtziger Jahren in London untersuchte man dreijährige Kinder in vier verschiedenen Betreuungssituationen: privaten Kindertagesstätten, Betreuung durch Tagesmütter, Betreuung durch Verwandte und Betreuung durch Eltern.[3] Die Forscher untersuchten in Form kontinuierlicher »Momentaufnahmen« die Interaktionen zwischen den Erwachsenen und den Kindern. Alle zehn Sekunden protokollierten Beobachter, was jedes Kind in diesem Augenblick tat und ob und wie Erwachsene auf das Kind reagierten. Man stellte tiefgreifende Unterschiede zwischen den vier Betreuungssituationen fest. Die Eltern von Kindern, die zu Hause betreut wurden, sprachen mehr als dreimal so häufig mit einem bestimmten Kind wie die Mitarbeiter von Kindertagesstätten. Tagesmütter sprachen mit jedem Kind 50 Prozent mehr als die Mitarbeiter von Kindertagesstätten. Eltern, Verwandte – und bis zu einem gewissen Grad auch Tagesmütter – reagierten sehr viel stärker auf sprachliche Äußerungen und Mimik der Kinder als die Mitarbeiter von Kindertagesstätten. Diese zeigten auch nur halb so oft wie die Tagesmütter gegenüber den Kindern positive emotionale Reaktionen.

Aber wirkt sich diese sprachliche Stimulation wirklich dauerhaft aus? Ja. Die Forscher untersuchten den Stand der sprachlichen Entwicklung von achtzehn Monate alten Kindern in den vier Betreuungskategorien.[4] Bereits in diesem Alter ließen sich Unterschiede im Wortschatz der Kinder feststellen.

41 Prozent der Kinder, die von einem Elternteil betreut wurden, hatten einen Wortschatz von über sechzig Wörtern, gegenüber 23 Prozent der Kinder in Tagesstätten und 22 Prozent der Kinder mit Tagesmüttern.

Der Gebrauch von Zweiwortkombinationen ist eine sehr wichtige Phase in der Sprachentwicklung. Ausdrücke wie »Sam hungrig«, »Papa Auto« und so weiter sind der Anfang der Grammatik. Etwa 40 Prozent der Kinder, die von Eltern, Verwandten und Tagesmüttern betreut wurden, benutzten im Beobachtungszeitraum wenigstens eine solche Zweiwortkombination, verglichen mit 26 Prozent der Kinder in Tagesstätten.

Anders gesagt, in Übereinstimmung mit dem »Fingerabdruck«-Modell der Sprachentwicklung wächst der Wortspeicher im Gehirn durch Lernen und Erfahrung. Aber Vorsicht: Stammten die Kinder, die in Tagesstätten betreut wurden, vielleicht aus unteren sozialen Schichten?

Tatsächlich war genau das Gegenteil der Fall. Das mittlere Einkommen der Eltern der Tagesstättenkinder war das höchste von allen vier Gruppen, und nur 6 Prozent der Tagesstättenkinder hatten Eltern, die gering qualifizierten Tätigkeiten nachgingen, gegenüber 51 Prozent der Elterngruppe und 67 Prozent der Verwandtengruppe. Zudem hatten 78 Prozent der Mütter jener Kinder, die in Tagesstätten betreut wurden, einen Hochschulabschluß, gegenüber nur 20 Prozent der Verwandtengruppe und 35 Prozent der elternbetreuten Gruppe.

Mit anderen Worten, der Betreuungsmodus führt zu einer *Umkehr* der Wirkungen der sozialen Schichtzugehörigkeit auf die Sprachentwicklung. Da ist die Schlußfolgerung praktisch unabweisbar, daß der geringe Wortschatz von Kindern aus Familien, die Sozialhilfe beziehen, durch einen Mangel von sprachlichen Fingerabdrücken verursacht wird und nicht durch einen genetischen Prozeß.

Die gute Nachricht lautet, daß Sie während der gesamten Kindheit und darüber hinaus Fingerabdrücke auf dem Gehirn von Kindern hinterlassen können, und es ist sehr wahrscheinlich, daß die Tagesstättenkinder im weiteren Verlauf der Kindheit den Rückstand aufholen, sobald ihr Gehirn das normale Maß an sprachlicher Stimulation erhält. Außerdem hat sich die Situation in den privaten Kindertagesstätten im London der achtziger Jahre mittlerweile verbessert. Doch gleich, ob man acht oder achtzig ist, entscheidend ist, daß unser Gehirn die Streicheleinheiten von Stimulation und Lernen dringend benötigt.

Sie werden noch von Kapitel 7 wissen, daß ein hohes Bildungsniveau ein robustes Gehirn hervorbringt, das uns später vor den Verwüstungen des Alterns schützt. Je früher dieser Bildungsprozeß einsetzt und je gründlicher er erfolgt, um so fester werden Millionen von Neuronen im Gehirn miteinander verschaltet; und diese Verbindungen sind das Produkt des Hebbschen Lernens, wonach Zellen, die sich zusammen entladen, miteinander verdrahten.

Als Sam schließlich begriff, daß die »r«, »a« und »d«-Zeichen auf dem Blatt Papier der Lautfolge und Bedeutung »Rad« in seinem Gedächtnis entsprachen, »rastete« auch eine lange Kette von Synapsen ein: Mit einem Mal wurde die Verbindung zwischen Neuronen im linken Hinterhauptlappen seines Gehirns und entfernten Neuronen im linken Schläfenlappen, in einer Region, die ungefähr über seinem Ohr liegt, erheblich verstärkt.

Sams Vater formte also das Gehirn seines Sohnes durch beharrlichen Nachhilfeunterricht und ermunterndes Feedback. Denn natürlich kommt es bei der Förderung der neuronalen Verschaltung im Gehirn nicht auf die bloße Menge der dargebotenen Reize an: Wenn Sie bei der Kommunikation mit einem Kind nicht dessen spezifischen Entwicklungsstand berücksichtigen oder Sie sich in der Nähe des Kindes mit anderen Erwachsenen unterhalten und das Kind ignorieren, dann wird es von dieser ungezielten sprachlichen Stimulation höchstwahrscheinlich nicht profitieren.

Vielmehr kommt es *entscheidend* darauf an, daß Erwachsene ihre Sprechweise auf das *ausrichten*, was das Kind sagt und tut.

Dies deckt sich mit unseren Kenntnissen über die Faktoren, die das Wachstum des vibrierenden Netzes stimulieren. Wenn ein Kind, das sprechen lernt, auf einen vorbeigehenden Hund deutet und »wuff« sagt, reagiert der einfühlsame Erwachsene mit einer Äußerung wie: »Richtig, Sophie, das ist ein Hund! Kluges Mädchen!« Der unsensible Erwachsene dagegen ignoriert das Kind entweder, oder er reagiert mit einer Bemerkung, die keinen Bezug zur Äußerung des Kindes hat, wie etwa: »Komm schon, beeil dich, wir wollen nicht zu spät zur Oma kommen.« Wenn der einfühlsame Erwachsene das Kind in seinen mutigen Bemühungen, die Welt mit Wörtern zu belegen, bestärkt, wird die fragile synaptische Kopplung zwischen gesehenem Gegenstand (haariges Lebewesen mit vier Beinen) und erinnertem sprachlichem Etikett (»wuff«) gestärkt. Wenn der Erwachsene diese versuchsweise Verknüpfung nicht durch Bestätigung und Lob verstärkt, dann bleibt das Kind im unklaren darüber, ob »wuff« das richtige Etikett für das bellende Tier ist, das es im Moment noch überragt. Folglich werden sich die Synapsen zwischen zwei Hirnregionen nicht so stark miteinander verknüpfen, falls sie es überhaupt tun.

Sich auf das Gehirn eines Kindes einstellen

Mütter geben in einem Zeitraum von 24 Stunden ihren Kleinkindern schätzungsweise 2000mal – also etwa zweimal pro Minute – ein maßgeschneidertes sprachliches Feedback. Über die gesamte mehrjährige Kindheit entspricht dies Millionen maßgeschneiderter Stimuli, welche die Verschaltungen im Gehirn modellieren und die Sprachentwicklung fördern.

Tatsächlich beginnt dieses Lernen bereits im Uterus: Ein Neugeborenes zieht von Anfang an die Stimme seiner Mutter der Stimme anderer Menschen vor.[5] Dies ist darauf zurückzuführen, daß das Neugeborene schon mehrere Monate vor der Geburt die Stimme seiner Mutter hört. Neugeborene ziehen auch Musik vor, die sie im Uterus gehört haben. So beginnen das Lernen und die erfahrungsbedingte Förderung der Verschaltung des Gehirns schon vor der Geburt. Selbstverständlich können Mütter ihre sprachlichen Äußerungen nicht in der gleichen Weise auf das Ungeborene abstimmen, wie sie es später beim Neugeborenen können, und ein solches zielgerichtetes Feedback fördert die neuronale Verschaltung im Gehirn auch viel stärker.

Manche Eltern geben dieses Feedback nicht, weil sie als Kinder selbst keine derartige Zuwendung erhielten. Andere sind vielleicht zu beschäftigt, werden von ständigen finanziellen Sorgen geplagt oder stecken in einer unglücklichen Beziehung. Viele verschiedene Faktoren können es Eltern erschweren, auf ihre Kinder einzugehen und die neuroplastische Modellierung durch diese millionenfache Stimulation zu fördern.

Spielt es letztlich eine Rolle, wie Eltern auf ihre Kinder reagieren? Lernen Kinder nicht ohnehin, weil ihr Gehirn genetisch darauf programmiert ist, Sprachfähigkeit zu entwickeln? Es stimmt zwar, daß die meisten Kinder mit normalem Gehirn Sprachvermögen erwerben, es sei denn, sie wachsen unter völligem Reizentzug auf. Doch *wie gut* sich das Sprachvermögen und damit auch allgemeinere kognitive Fähigkeiten entwickeln, hängt offenbar davon ab, wie Eltern – und vor allem Mütter – beim Aufziehen eines Kindes die Millionen von »Schulungssitzungen« ausgestalten, die das Gehirn neuroplastisch gestalten.

Belege hierfür erbrachte eine Studie an einer Gruppe von Kindern im Alter von fünf Jahren, deren Entwicklung seit ihrer Geburt verfolgt wurde. Forschern, die Mutter-Kind-Interaktionen beobachteten, fiel auf, daß einige Mütter sehr viel weniger »einfühlsam« auf die Äußerungen und Verhaltensweisen ihrer Kinder reagierten.[6] Dies war selbst bei denen der Fall, deren Kinder noch im Säuglingsalter waren. Nehmen wir beispielsweise an, der Säugling liegt auf dem Rücken und strampelt mit den Beinen. Eine einfühlsame Mutter, die sich in ihr Kind hineinzuversetzen versucht, würde vermutlich so etwas sagen wie: »Du strampelst mit den Beinen!« Eine weniger einfühlsame Mutter dagegen würde etwas sagen, das keinerlei Bezug zu dem Verhalten des Kindes hat: »Du bist aber ein hübscher Junge.« So herzlich und wohlwollend diese letzte Bemerkung auch sein mag, hat sie dem Säugling doch nicht im geringsten geholfen, die Welt zu verstehen. Für den Säugling verschmelzen die Empfindungen in seinen Beinen und der Drang, sie zu bewegen, zu einer recht konfusen Gesamtempfindung. Die einfühlsame Mutter hilft dem Säugling – möglicherweise einfach dadurch, daß sie seine Beine anschaut, während sie spricht –, seine Aufmerksamkeit den Körperteilen zuzuwenden, die der Ursprung der rätselhaften, aber lustvollen Empfindungen sind, die er beim Strampeln verspürt. Dadurch regt sie die Bildung von Synapsen im Gehirn an und fördert so die Entstehung eines reich verschalteten neuronalen Netzwerks. Außerdem hilft sie ihm, diesen seltsamen, sich bewegenden Objekten, die ihm so lustvolle Empfindungen bereiten, ein Wort anzuheften. Die Forscher stellten auch Unterschiede in der kognitiven Entwicklung zwischen 18 Monate alten Kleinkindern, deren Mütter eingehend und einfühlsam mit ihnen kommunizierten, und Kindern, deren Mütter dies nicht taten, fest.

Diese unzureichende Stimulierung der neuronalen Netzwerke durch einfühlsame Anleitung über Millionen von Mutter-Kind-Interaktionen führte dazu, daß sich das Gehirn dieser Kinder nicht so gut entwickelte und daß ihre kognitive Leistungsfähigkeit im Alter von fünf Jahren schlechter war. Ein solches Defizit am Anfang des schulischen Bildungswegs nimmt in der Regel weiter zu, da diese Kinder schlechter lernen. Viele von ihnen werden mit hoher Wahrscheinlichkeit in der Schule – und damit in ihren Lebenschancen – immer weiter zurückfallen.

Lassen sich diese negativen Wirkungen aufheben? Niemand weiß bislang, ob sie sich völlig rückgängig machen lassen. Möglicherweise gibt es eine »kritische Phase« für die optimale

Entwicklung der frühen kognitiven Fähigkeiten von Kleinkindern. Allerdings wissen wir heute mit Sicherheit, daß Kinder sich von den schlimmsten Formen früher Deprivation – weit schlimmer als das wohlmeinende, aber uneinfühlsame Hirntraining mancher Mütter – erholen können, so daß wir davon ausgehen können, daß das Gehirn von Kindern auf die richtige Stimulation und Anleitung anspricht, auch wenn ihnen diese zu einem früheren Zeitpunkt ihres Lebens vorenthalten wurden. Wir sehen es bei dieser konkreten Gruppe von Fünfjährigen: Die Intensität der Stimulation, die sie über fünf Jahre hinweg zu Hause erhielten, wirkte sich auf ihre kognitiven Fähigkeiten aus, und bei Jungen wirkte sich auch die Qualität ihrer schulischen Ausbildung auf ihre kognitiven Fähigkeiten aus.

Allerdings müssen wir hier vorsichtig sein. Genetische Faktoren könnten die »Interaktionsbereitschaft« von Säuglingen und Kleinkindern beeinflussen, und dieselben genetischen Faktoren könnten auch ihre kognitive Entwicklung fördern. Wenn dies der Fall ist, dann wäre der offenkundige Zusammenhang zwischen der Sensibilität der Mutter einerseits und der geistigen Entwicklung des Kindes andererseits nur ein vordergründiger.

Dies läßt sich nur dadurch überprüfen, indem man zeigt, daß sich kognitive Fähigkeiten verbessern, wenn Kinder von einer anderen Familie adoptiert werden oder wenn einige andere Bedingungen anders sind. Später werden wir sehen, daß dies in der Tat geschehen kann, und wir werden auch Belege dafür kennenlernen, daß die richtige Art der Erziehung die kognitiven Fähigkeiten verbessern kann. Dies führt uns zu der uralten Frage, ob Intelligenz ein Produkt von Anlage oder Umwelt ist. Doch betrachten wir zunächst andere Gründe dafür, weshalb manche Kinder einen Teil der Millionen neuroplastischer Interaktionen versäumen, welche die Strukturierung des Gehirns fördern.

Hörst du mich?

Manchmal hat es praktische Gründe, daß die Kinder der einfühlsamsten Eltern einige hunderttausend neuroplastische Interaktionen verpassen. Ein Zwillingsgeschwister kann ein derartiger Grund sein. Eltern sind keine Übermenschen, und wenn man zwei genau gleich alte Kinder hat, kann man beim besten Willen jedem einzelnen nur ein begrenztes Maß an Aufmerksamkeit schenken. Daher ist es nicht verwunderlich, daß Zwillinge im Vergleich zu Nichtzwillingen die Sprachfähigkeit etwas später erwerben, auch wenn es keine Beweise dafür gibt, daß dies im weiteren Verlauf des Lebens zu bleibenden Beeinträchtigungen führt.

Allerdings muß man sagen, daß Einzelkinder bessere Studienleistungen zeigen als Kinder mit Geschwistern und daß das älteste Kind einer Familie ein höheres Leistungsniveau erreicht als seine jüngeren Geschwister. Ob dies damit zusammenhängt, daß Einzelkinder und Erstgeborene mehr neuroplastische Interaktionen mit ihren Eltern erleben, oder ob es auf komplexere soziale und emotionale Faktoren zurückzuführen ist, bleibt einstweilen ungeklärt. Möglicherweise handelt es sich um eine Kombination von beidem. Doch manchmal widerfahren einem Kind andere Dinge, welche die Wirkungen der Aufmerksamkeit der gewissenhaftesten und einfühlsamsten Eltern abschwächen können.

Wenn ein Kind an einer Hörschwäche leidet, dann registriert das Gehirn nicht all die subtilen Veränderungen der Schallwellen, aus denen sich die gesprochene Sprache zusammensetzt. Und wenn Erfahrungen das Wachstum des Gehirns anregen, dann sollte das Gehirn von Kindern, die taub zur Welt kommen, eine andere funktionelle Organisation aufweisen, weil sie von akustischen Stimuli abgeschnitten sind und sie die Sprache über eine andere Sinnesmodalität gelernt haben – das Sehvermögen.

Genau dies hat sich bestätigt. Bei Menschen, die taub geboren wurden, stellte man fest, daß das Hirnareal, das sich normalerweise auf die Dekodierung von Sprachlauten spezialisiert – die Hörrinde im Schläfenlappen –, eine andere Aufgabe ausführt. Dieses Hirngebiet verarbeitet bei ihnen visuelle Stimuli vom äußeren Rand des Sehfeldes.[7]

Wie kommt es dazu? In den Vereinigten Staaten lernen Kinder, die taub geboren werden, eine Zeichensprache, die sogenannte Amerikanische Zeichensprache (ASL). Beim Gebrauch von ASL lernen die Betroffenen, ihre Augen auf die Augen und das Gesicht der Person zu konzentrieren, mit der sie kommunizieren. Dies bedeutet, daß sie durch das periphere Sehen herausfinden müssen, welche Zeichen die andere Person mit ihren Händen macht.

Um eindeutig nachzuweisen, daß diese funktionelle Reorganisation durch die neuroplastischen Wirkungen des Erlernens von ASL verursacht wurde, untersuchten die Forscher auch Menschen, die normal hörten, aber taube Eltern hatten. Als Kinder mußten diese Personen die Sprache ebenfalls durch ASL lernen. Wenn Erfahrungen tatsächlich das Gehirn verändern, dann sollten sie die gleichen Formen kortikaler Organisation zeigen wie taube Menschen. Und genau dies stellten die Forscher fest: Normal hörende Menschen mit tauben Eltern zeigten ganz ähnliche Befunde wie Menschen, die taub geboren wurden.

Wir erfuhren in diesem Kapitel bereits, daß die Gehirnneuronen in den ersten Lebensjahren eines Menschen sehr viel mehr synaptische Verbindungen aufweisen als im Erwachsenenalter. Das Heranwachsen geht mit dem Aussondern einiger dieser Verbindungen einher, das teilweise durch Lernen und Erfahrung geschieht. Einige der Verbindungen, die in den frühen Lebensjahren vorhanden sind und später verschwinden, liegen zwischen der Seh- und Hörrinde des Gehirns.

Werden diese Synapsen jedoch durch Lernvorgänge und Erfahrungen gestärkt, dann überleben sie das »Zurückstutzen« im Rahmen des erbarmungslosen Überlebenskampfs zwischen den überreichlich vorhandenen Verbindungen. Das Erlernen von ASL geht mit einem solchen Vorgang einher, bei dem die Synapsen für das Lippenlesen erhalten bleiben, und folglich wird das Gehirn dieser Kinder durch Lernvorgänge anders geformt als das Gehirn hörfähiger Kinder.

Es gibt einen weniger drastischen Grund, weshalb das Gehirn von Kindern während der Millionen von synapsenbildenden Interaktionen mit Eltern und Lehrern möglicherweise keinen Input gleichbleibender Qualität erhält. Einige schwere Ohrinfektionen können, wenn sie wiederholt auftreten, zu einer Erkrankung führen, die »Seromukotympanon« bzw. »Mittelohrentzündung« genannt wird und vorübergehende Hörprobleme verursachen kann. Leider ist das Erkrankungsrisiko genau zu der Zeit am größten, in der das Gehirn von Kindern durch die gesprochene Sprache, die sie hören, und das Feedback, das sie ihnen bringt, geformt wird.

Im Vorschulalter, wenn dieses Problem am häufigsten auftritt, bauen Kinder ihr grammatisches und syntaktisches Wissen auf. Unter Syntax versteht man die Regeln, welche die Wortstellung in unvollständigen und vollständigen Sätzen festlegen, und diese Regeln bilden gleichsam das äußere Korsett, in dem Gedanken zum Ausdruck gebracht werden. Zudem werden die Hauptkonstituenten eines Satzes oftmals durch kleine Partikel wie »auf«, »von«, »in«, »mit« und so weiter verbunden, die man leicht überhört.

Die syntaktischen Regeln erfordern auch geringfügige Veränderungen der Wortendungen, die jedoch für das Verständnis der Bedeutung eines Satzes entscheidend sind. Ein Kind mit chronischer Mittelohrentzündung kann »gehen« vermutlich nicht leicht von »geht« bzw. »gehend« unterscheiden. Tatsächlich fällt es völlig gehörlosen Kindern sehr schwer, die Syntax zu lernen, weil sie nicht mit den grammatischen Feinheiten vertraut sind, die in diesen kaum merklichen Modulationen der Wortendungen enthalten sind. Obgleich das Sprachvermögen genetisch in unserem Gehirn angelegt ist, hängt es weitgehend von den neuroplastischen Erfahrungen der Kindheit ab, wie gut wir diese Fähigkeit – und insbesondere unsere syntaktische Kompetenz – entwickeln.

Um gesprochene Sprache zu verstehen, muß man sich auch einige Sekunden lang an Wörter erinnern können, damit man ihre Bedeutung entschlüsseln kann. Diese Art von Gedächtnis braucht man, um eine neue Telefonnummer im Telefonbuch nachzuschlagen und sie die paar Sekunden zu behalten, die man benötigt, um sie zu wählen. Diese Art von Gedächtnis scheint für Kinder, die lesen lernen, besonders wichtig zu sein. Denken Sie an Sam zu Beginn dieses Kapitels. Er mußte die Laute »Err«, »Aaa« und »Dee« so lange in seinem Kurzzeitgedächtnis speichern, bis er sie zu dem Wort »Rad« verbinden konnte. Es wird nicht lange dauern, bis Sam viel längere Wörter wie »Krankenhaus« oder »Kindergarten« meistern muß. Diese Wörter lesen zu lernen wird das Speichersystem seines Kurzzeitgedächtnisses vor noch größere Anforderungen stellen.

Wenn der Rohstoff in Form sprachlicher Laute, die in diesem Speicher eingelagert werden, aufgrund eines Hörverlusts schwindet, ist es möglich, daß das Kind den richtigen Umgang mit diesem wichtigen Gedächtnisspeicher nicht lernt. Da die Laute oftmals verschwimmen, gewöhnt sich das Kind vielleicht nicht an, Wörter in ihre Bestandteile – Phoneme – zu zerlegen, weil es keine großen Unterschiede zwischen ihnen wahrnimmt. Kurz, es ist möglicherweise mit denselben Problemen konfrontiert wie die portugiesischen Analphabetinnen.

Forscher haben die Fähigkeit von Kindern mit chronischer Mittelohrentzündung untersucht, Wörter in Phoneme zu zerlegen und sie im Gedächtnis zu behalten. Im Vergleich zu Fünfjährigen, die nicht an Mittelohrentzündung erkrankt waren, schnitten diese Kinder bei diesen Tests etwas schlechter ab.[8] Offenbar wirkt sich die Mittelohrentzündung jedoch am stärksten auf die Gehirnentwicklung von Kindern aus, die etwa aufgrund einer Frühgeburt bereits eine größere »Angriffsfläche« bieten. Möglicherweise verfügt ihr Gehirn über weniger Ressourcen, mit denen es das Stimulationsdefizit ausgleichen kann, das durch den Hörverlust verursacht wurde.

Auch in Tests, die den Wortschatz und die Fähigkeit zu logischem Denken abfragten, schnitten sie etwas schlechter ab, wie zu erwarten ist, wenn ihrem Gehirn wegen eines Hörverlusts einige der Feinheiten der gesprochenen Sprache entgehen. Allerdings könnte es auch sein, daß diese Kinder frühzeitig in Hörkliniken geschickt wurden, weil ihr Sprachvermögen sich offenkundig nicht normal entwickelte. Wenn dies der Fall ist, dann könnte der Unterschied zwischen der Gruppe mit Mittelohrentzündung und den anderen auf eine andere – familiäre, genetische oder bildungsbezogene – Ursache zurückzuführen sein, die nichts mit dem Hörverlust zu tun hat.

Wie bei den Indizien für die Relevanz des mütterlichen Einfühlungsvermögens, die wir weiter oben betrachteten, ließe sich der vermutete Zusammenhang zwischen Hörverlust und Sprachentwicklung dadurch erhärten, daß man prüft, ob die Korrektur des Hörverlusts zu einer deutlichen Verbesserung der Sprachkompetenz führt. Solange dies nicht geschehen ist, muß die Frage einstweilen offen bleiben.

Dem Gehirn kann auf vielfältige andere Weise die nötige Stimulation vorenthalten werden, etwa wenn sich die Gehirnentwicklung unter ungünstigen sozialen Bedingungen vollzieht. Betrachten wir dies nun näher.

Das hungernde Gehirn

Die Synapsen in Sams Gehirn brauchten die geduldige Nachhilfe seines Vaters, um sich zu verbinden und zu stärken, als er lesen lernte. Alle neuronalen Netzwerke im Gehirn von Kindern bedürfen einer derartigen kontinuierlichen, gründlichen Stimulation durch Verwandte, Schulen, Bücher, Computer und – wenigstens in den Ländern mit geeigneten Kinderprogrammen – Fernsehen.

Ein schlechter Schulunterricht beeinträchtigt dauerhaft die intellektuelle Entwicklung von Kindern. In Schulen, deren Unterrichtsqualität zu wünschen übrig läßt, lernen Kinder möglicherweise so wenig, daß sich ihr Leistungsstand im Vergleich zu dem aller anderen Gleichaltrigen in dem betreffenden Land stetig verschlechtert. Anders gesagt, ihre Intelligenz wird kontinuierlich untergraben, weil die Synapsen in ihrem Gehirn nicht durch die geplante und strukturierte Erfahrung, die ihnen gute Lehrer verschaffen, angemessen stimuliert und verstärkt werden.

Genau dies geschah in einigen ländlichen Schulbereichen in den US-amerikanischen Südstaaten in den siebziger Jahren. Der Unterricht war dort so schlecht, daß die Intelligenz der Kinder um so stärker beeinträchtigt wurde, je länger sie in der Schule blieben. Daher waren die Intelligenzquotienten der älteren Kinder einer Familie, die länger in diesem Schulsystem gewesen waren, durchgehend niedriger als die ihrer jüngeren Brüder und Schwestern, deren Gehirn nicht so lange unter der schweren stimulativen Entbehrung gelitten hatte, wie sie mit schlechtem Unterricht verbunden ist.[9]

In den fünfziger Jahren, vor der Aufhebung der Rassentrennung in den Südstaaten der USA, war schlechter Unterricht eher die Regel als die Ausnahme. In einer Studie erhöhte sich der IQ-Wert schwarzer Kinder, die aus dem Süden nach Philadelphia gezogen waren, in jedem Jahr, das sie in dem besseren Schulsystem verbrachten, um mehr als einen halben Punkt.[10]

Einige angesehene Wissenschaftler sind der Ansicht, daß Intelligenz überwiegend genetisch determiniert ist. Diese Vorstellung widerspricht dem Befund, wonach der IQ je nach der Stimulation, die das Gehirn von Kindern empfängt, steigt oder fällt. Doch die Wechselwirkungen zwischen Genen und Umwelt sind so komplex, daß dieser Befund die Annahme, die Umwelt beeinflusse die Intelligenz nachhaltig, nicht schlüssig beweisen kann.

Eine eindeutige Überprüfung der Bedeutung von Erfahrung und Umwelt könnte folgendermaßen aussehen. Man müßte Säuglinge aus armen Familien finden – mit niedrigem sozioökonomischem Status (SÖS) –, die von Familien mit hohem SÖS adoptiert wurden. Dann müßte man Säuglinge aus Familien mit hohem SÖS finden, die von Familien mit niedrigem SÖS adoptiert wurden. Genau diese Studie wurde in Frankreich durchgeführt, und sie lieferte den schlüssigen Beleg dafür, daß Intelligenz durch die Umwelt geformt wird.[11]

Menschen, die behaupten, daß Gene die wichtigsten Determinanten der Intelligenz sind, glauben, daß Armut und sozioökonomischer Status weitgehend durch die genetisch bestimmte Intelligenz determiniert werden. Sie würden daher für die französische Adoptionsstudie die Hypothese aufstellen, daß biologische Faktoren stärker ins Gewicht fallen als die Umwelt. Sie würden vorhersagen, daß die Intelligenz von Säuglingen, die mit den »guten« Genen der Eltern mit hohem SÖS geboren wurden, durch die weniger anregende Umwelt bei den Eltern mit niedrigem SÖS, die sie adoptierten, nicht merklich beeinflußt werden sollte. In ähnlicher Weise sollten die Säuglinge mit den schlechten »Intelligenzgenen« ihrer Auffassung nach nicht von der stärkeren Stimulation und den besseren Lernmöglichkeiten in Familien mit hohem SÖS profitieren.

Die französischen Forscher untersuchten zwei Gruppen von Kindern im Alter von etwa vierzehn Jahren, die exakt in diese beiden Kategorien fielen – arme leibliche Eltern und wohlhabende Adoptiveltern im Vergleich zu wohlhabenden leiblichen Eltern und armen Adoptiveltern. Sie stellten fest, daß Kinder von wohlhabenden leiblichen Eltern im Alter von vierzehn Jahren einen höheren IQ hatten als Kinder von leiblichen Eltern mit niedrigem SÖS – dies spricht für die Hypothese der Genetiker.

Ein ebenso großer Unterschied – nämlich beträchtliche 12 IQ-Punkte – zeigte sich jedoch zwischen Kindern, die in wohlhabenden Adoptivfamilien aufwuchsen, und solchen, die in armen Adoptivfamilien groß wurden, was wiederum die Hypothese von einem starken neuroplastischen Umwelteinfluß bestätigt. Kurz, die Umwelt wirkt sich ebenso stark auf die Intelligenz aus wie die Erbanlagen. Und genau dies würde man vorhersagen, wenn das vibrierende Netz so stark von Erfahrungen geformt wird, wie ich behauptet habe.

Selbstverständlich läßt sich anhand des SÖS nur sehr grob ablesen, wie stimulierend das familiäre Umfeld ist. Einige sehr arme Familien bieten ihren Kindern ein äußerst anregendes Umfeld und achten sorgfältig darauf, daß deren Gehirn hinreichend neuroplastisch stimuliert wird. Umgekehrt lassen manche wohlhabenden Familien die Synapsen im Gehirn ihrer Kinder darben.

So gesehen, sind die Befunde der französischen Adoptionsstudie sehr eindrucksvoll. Vermutlich wären sie noch sehr viel eindrucksvoller gewesen, wenn die Forscher die Interaktionen und Stimulationen in den Familien genauer hätten beobachten können. In den Fällen, in denen Forscher die Qualität der Stimulation in der Familie gemessen haben, wiesen sie vielfach einen noch stärkeren Einfluß der Umwelt auf die Intelligenz nach, als es möglich ist, wenn man nur den SÖS mißt.

Damit soll allerdings nicht bestritten werden, daß Intelligenz auch eine genetische Komponente hat: Tatsächlich haben Wissenschaftler in London kürzlich ein Gen identifiziert, das mit Intelligenz assoziiert ist, das sogenannte IGF2R-Gen, das auf dem langen Arm von Chromosom 6 lokalisiert ist. Es ist sogar undenkbar, daß genetische Faktoren die kognitiven Funktionen nicht beeinflussen; aber ebenso unvorstellbar ist es, daß die Umwelt keinen Einfluß auf die kognitiven Funktionen ausübt.

Die Schwierigkeit bei der Messung des genetischen Einflusses auf eine bestimmte Verhaltensweise liegt darin, daß man diesen Effekt nur in einer bestimmten Umgebung messen kann. Nehmen wir beispielsweise an, mehrere tausend Kinder hätten im Säuglings- und Kleinkindalter keinerlei Stimulation erhalten. In einer solchen Situation wären Unterschiede in der kognitiven Entwicklung der Kinder fast ausschließlich genetisch determiniert.

Stellen wir uns nun die umgekehrte Situation vor, in der Tausende von Kindern von Eltern, Schulen und technischen Geräten optimal stimuliert würden. In dieser Situation wäre der gemessene Einfluß der Gene auf die Intelligenz sehr viel geringer, und die Qualität der Umwelt würde sich viel stärker auf die Intelligenz der einzelnen auswirken.

Daher kann man bei komplexen menschlichen Verhaltensweisen niemals mit Sicherheit sagen, wie hoch genau der genetische Einfluß auf diese Verhaltensweise ist. Jede Zahl, die man präsentieren könnte, wird durch das spezifische Umfeld verfälscht, innerhalb dessen diese genetischen Einflüsse gemessen werden. Dies betrifft auch das IGF2R-Intelligenz-Gen. Ob es 10 oder 90 Prozent der Varianz der Intelligenz bei verschiedenen Menschen erklärt, läßt sich niemals als allgemeingültige Konstante angeben, weil die Zahl von der Umgebung abhängt, in der sie gemessen wird.

Wir müssen daher in diesem Buch über die neuroplastische Modellierung des Gehirns nicht ständig über unsere Schulter schauen, in der Furcht, daß unsere neuroplastischen Bemühungen die genetischen Puffer zerreißen. Diese genetischen Puffer sind außerordentlich elastisch, und erst wenn noch viele weitere Studien vorliegen, können wir genau sagen, wo die Grenze ihrer Elastizität liegt.

Es ist die enorme Formbarkeit des menschlichen Gehirns durch Erfahrung und Schulung, die uns interessieren sollte, und aus genetischen Gründen spricht nichts dagegen, immer höhere Erwartungen an das neuroplastische Gestaltungspotential zu stellen. Der Staat, die Gesellschaft, Schulen und Eltern können viel tun, um das Gehirn von Kindern zu verändern.

Erst wenn wir die Ressourcen der Stimulation durch die Umwelt ausgeschöpft haben, laufen wir Gefahr, gegen die genetischen Puffer zu stoßen. Dies ist bislang nirgendwo auf der Erde geschehen, so daß wir die Möglichkeiten, die Leistungsfähigkeit unseres Gehirns gezielt zu verbessern, sehr optimistisch einschätzen sollten. Doch um diese Möglichkeiten zu erkunden, müssen wir genau wissen, welche Umweltfaktoren die Intelligenz und andere menschliche Fähigkeiten beeinflussen. Das ist die nächste Frage.

Das Potential des Gehirns freisetzen

Kinder, denen einige oder viele der Millionen von neuroplastischen Lernerfahrungen in Familie und Schule vorenthalten werden, weisen intellektuelle Leistungsdefizite auf. Armut ist einer der Hauptgründe, weshalb Kinder diese Erfahrungen entbehren müssen: Armut untergräbt die geistigen Fähigkeiten. Natürlich können auch andere Faktoren, die mit Armut zusammenhängen, wie schlechte Ernährung, geringe Leistungsmotivation und vieles weitere, Auswirkungen auf die Leistung des Gehirns haben.

Wir wissen jedoch, daß jene Form der einfühlsamen Interaktion, die Sam in der am Anfang dieses Kapitels beschriebenen Szene mit seinem Vater hatte, für das Wachstum und die Stärkung der neuronalen Verbindungen im Gehirn von entscheidender Bedeutung ist. Wenn dem so ist, dann sollten wir die Intelligenz fördern können, indem wir armen Kindern, die in ihrem sozialen Umfeld keine entsprechende Förderung erfuhren, diese Art von Stimulation geben.

In den sechziger Jahren gab es in den Vereinigten Staaten eine großangelegte Initiative, um diese Probleme unter den Hunderttausenden von Kindern, die in Armut lebten, zu beheben. Das Projekt »Head Start« bestand aus einer breiten Palette von Programmen im ganzen Land, darunter einigen langfristigen Förderprojekten, die über Jahre liefen, und anderen, viel kürzeren, die nur Wochen oder Monate dauerten.

Dieses Großprojekt wurde von vielen als Fehlschlag beurteilt, in Wirklichkeit aber erbrachten die besten Programme innerhalb des Projekts »Head Start« einige bemerkenswerte Verbesserungen. Einige ihrer positiven Wirkungen waren noch Jahre nach Abschluß des Projekts nachweisbar, wobei Zuwächse von 10 IQ-Punkten nicht ungewöhnlich waren.[12]

Denken Sie nun einen Augenblick an die etwa 10 Millionen Wörter pro Jahr, die im Schnitt während der ersten drei Lebensjahre an ein Kleinkind in einer Mittelschichtfamilie gerichtet werden. Und vergleichen Sie dies dann mit den etwa 3 Millionen Wörtern, die Eltern, die von Sozialhilfe leben, im Schnitt an ein Kleinkind richten. Multiplizieren Sie diese Zahl neuroplastischer Interaktionen mit der Zahl der Kindheitsjahre, und schon haben Sie eine quantitative Größe des enormen Stimulationsdefizits für das Gehirn. Selbst das umfassendste institutionelle Bildungs- und Stimulationsprogramm kann kaum mehr als einen relativ kleinen Bruchteil dieser Erfahrungen wettmachen. Doch trotz dieser enormen Trägheit zeigen viele Studien, daß Förderprogramme immerhin einen Teil dieses Defizits an Hirnstimulation ausgleichen können.

Wie aber steht es mit dem Kind, das nicht in Armut lebt? Kann eine überdurchschnittliche geistige Leistungsfähigkeit durch die richtige Art von Stimulation weiter gesteigert werden? Wir wollen uns nun dieser Frage zuwenden.

Ein Rezept für die Produktion von Genies?

»Genies werden geboren, nicht gemacht.« Unsinn. Allenfalls sind sie das Produkt von Anlage *und* Umwelt – doch wissenschaftliche Befunde deuten darauf hin, daß die Umwelt eine stärkere Rolle spielt als die Gene. Nehmen wir zum Beispiel Mozart, dessen Vater ihn im Alter von nur sechs Jahren auf Tournee nach Paris und London schickte, wo er sein musikalisches Genie vor ausverkauften Häusern darbot. Mozarts Vater gab seinem frühreifen Sohn schon, bevor er sprechen konnte, Musikunterricht. Bobby Fischer, einer der genialsten Schachspieler der Welt und schon im Alter von fünfzehn Jahren Internationaler Großmeister, wurde ab seinem siebten Lebensjahr vom Vorsitzenden des Brooklyner Schachklubs nach einem festen wöchentlichen Stundenplan unterrichtet. Judit Polgar, die ebenfalls mit fünfzehn den Titel eines Internationalen Großmeisters erhielt, wurde ab dem vierten Lebensjahr von ihrem Vater gefördert; sie besuchte keine Schule und erhielt die Erlaubnis, ihre ganze Zeit mit ihren Eltern zu verbringen, die beide Lehrer waren.

Zwei Wissenschaftler haben sämtliche Studien weltweit zum Thema »Spitzenleistungen« ausgewertet und gelangten zu einem verblüffenden Ergebnis: Der wichtigste Faktor, der über Erfolg und Ansehen auf internationaler Ebene entscheidet, ist das Ausmaß an praktischer Übung![13] Sie stellten nicht nur fest, daß die veröffentlichten Studien diese Schlußfolgerung nahelegten, sondern fanden es auch selbst bestätigt, nachdem sie eine Studie mit hochkarätigen Geigern/Geigerinnen und Pianisten/Pianistinnen an der international renommierten Hochschule für Musik in Berlin erstellt hatten.

Sie verglichen die Besten dieser Studenten mit einer Gruppe ihrer leistungsstarken, aber nicht ganz so vorzüglichen Kommilitonen. Diese wurden außerdem einerseits mit internationalen Berufsmusikern und andererseits mit einer Gruppe von Spielern verglichen, die Musiklehrer und keine Berufsmusiker werden wollten. Worin unterschieden sich die Studenten, die Musiker werden wollten, und die Berufsgeiger von denen, die Musiklehrer werden wollten? Die Antwort lautet: in der Gesamtzeit, die sie für Übungen aufwandten. Die Studenten, die Berufsmusiker werden wollten, übten fast dreimal so lange wie die Studenten mit dem Fach Schulmusik.

In der Untersuchung wurde auch die Summe der Übungsstunden bis zum Alter von achtzehn Jahren berechnet. Es zeigte sich, daß sie für die internationalen Berufsmusiker und die Spitzenstudenten an der Musikhochschule gleich war. Die zweite Gruppe an der Musikhochschule hatte im Alter von achtzehn weniger Übungsstunden absolviert als ihre herausragenden Kommilitonen, aber sie hatten mehr Praxis als die »Musiklehrer«.

Die Forscher folgerten daraus, daß es mindestens zehn Jahre regelmäßiger Übung bedarf, um das höchste Niveau des Könnens zu erreichen – nicht nur in der Musik, sondern auf den meisten Gebieten menschlichen Strebens, vom Schachspiel bis zur Wissenschaft, von der Schriftstellerei bis zur bildenden Kunst. Das Fazit ihrer aufwendigen Studie lautete, daß »angeborene Fähigkeiten keinen bedeutenden Beitrag zu fachlichem Können leisten«. »Begabung« ist ihres Erachtens keine Erklärung für Sachkompetenz und herausragendes Leistungsvermögen; vielmehr verdankt sich überragendes Können einem Minimum von zehn Jahren intensiver, gezielter Übung.

Dies soll nun nicht heißen, daß alle Kinder gleich geboren werden. Natürlich spielen Gene bei vielen Fähigkeiten einschließlich Intelligenz eine Rolle. Die Intelligenz, wie sie von IQ-Tests gemessen wird, sagt zuverlässig nur etwas über die Leistung von Personen zu Beginn des Erlernens neuer Fähigkeiten. Nach dieser Anfangsphase hängt der Leistungsstand in zunehmendem Maße von dem Ausmaß der Übung ab.

Wenn man sich die berühmtesten Menschen der letzten Jahrhunderte anschaut, wird man feststellen, daß diejenigen, die auf ihrem Gebiet Herausragendes vollbrachten, sich in der Regel nicht durch ausgezeichnete Schul- oder Studienleistungen hervortaten. Albert Einstein ist ein bekanntes Beispiel dafür, ebenso Sir Winston Churchill.

Obgleich hohe Intelligenz ein unabdingbares Element ihres herausragenden Könnens war, war es im allgemeinen nicht die höchste Intelligenz, die Genialität hervorbrachte. Ist ein bestimmtes Intelligenzniveau vorhanden, dann sind es vor allem Beharrlichkeit, Motivation und harte Arbeit, die den Weg zur Genialität ebnen.

Allerdings ist es möglich, daß einige dieser Merkmale – Motivation, Bereitschaft zu harter Arbeit und das Vermögen, über längere Zeiträume gezielter Übung seine Aufmerksamkeit auf eine Sache zu konzentrieren – ihrerseits angeboren sind, auch wenn es äußerst unwahrscheinlich ist, daß die Umwelt nicht auch diese Faktoren nachhaltig beeinflußt. Es steht außer Zweifel, daß sich das Gehirn mancher Kinder nicht normal entwickelt, und dies führt zu Beeinträchtigungen bestimmter kognitiver Fähigkeiten, angefangen von der Konzentrationsfähigkeit bis zum Gedächtnis.

Obgleich das Gehirn der Erlernbarkeit einer Fähigkeit gewisse Grenzen setzt, steht doch fest, daß praktisch alle menschlichen Fähigkeiten – einschließlich derjenigen, die durch IQ-Tests gemessen werden – durch Training und Übung verbessert werden können.

Nehmen wir zum Beispiel das Zahlengedächtnis, eine kognitive Funktion, die in einigen der gängigsten Intelligenztests abgefragt wird. Wissenschaftler, die diese Fähigkeit untersuchten, wiesen nach, daß Studenten ihre Fähigkeit, sich an Zahlenfolgen zu erinnern, durch Übung erheblich verbessern konnten – in einem Fall um 1000 Prozent. Ein normaler Mensch kann erstaunliche Gedächtnisleistungen vollbringen, wenn man ihm beibringt, einige Gedächtnisstrategien zu benutzen. Mentales Rechnen – eine weitere Standardaufgabe in Intelligenztests – läßt sich durch Übung ebenfalls in spektakulärer Weise verbessern.

Aber sind diese Wirkungen nicht nur auf eine Minderheit genialer Sonderlinge beschränkt, die unentwegt nur an ihre Musikinstrumente, Schachfiguren oder Tennisschläger denken? Wirken sich Training und Übung bei der Mehrzahl der Menschen nicht sehr viel schwächer aus? Keineswegs. Studien zu Unterrichtsmethoden haben gezeigt, daß Einzelunterricht das Leistungsniveau weit stärker erhöht als der allgemeine Gruppenunterricht nach pädagogischen Standardmethoden.[14]

So zeigte der *durchschnittliche* Schüler, der individuell betreut wurde, bessere Leistungen als 98 Prozent der Schüler, die Standardunterricht erhielten – und dies hatte wenig mit dem früheren Leistungsniveau zu tun. In der Gruppe, die Einzelunterricht erhielt, waren Übung und Anleitung die entscheidenden Erfolgsfaktoren, und die früheren schulischen Leistungen spielten nur eine relativ geringe Rolle. Nur wenn die didaktische Anleitung schlecht war – wie dies beim Standardunterricht in der Regel der Fall ist –, sagte das frühere Leistungsniveau etwas darüber aus, wer gute und wer schlechte Leistungen erbrachte.

Die Bedeutung dieser Tatsache läßt sich kaum überschätzen. Nehmen wir ein beliebiges Schulfach – Mathematik, Geographie, Deutsch beispielsweise. Stecken wir nun 100 Kinder in die Standardklasse, und messen wir ihren Leistungsstand am Ende eines Kurses, der nach dem üblichen Gruppenunterricht erteilt wird. Nun nehmen wir weitere 100 Kinder, deren durchschnittliches Leistungs- und Intelligenzniveau dem der ersten Gruppe entspricht, und erteilen ihnen Einzelunterricht. Unabhängig vom Leistungsstand zu Beginn des Kurses schneidet der *durchschnittliche* Schüler, der Einzelunterricht erhielt, besser ab als 98 Prozent der Kinder in der Gruppe, die Standardunterricht erhielt.

Welchen Stellenwert haben bei dieser Unterrichtsform dann vorher vorhandene Begabungen? Einen äußerst geringen – nach Ansicht der Forscher. Dies ist für Eltern, die meinen, sie könnten sich zurücklehnen, weil die Gene ihre Kinder automatisch zu Höchstleistungen tragen würden, keine sonderlich angenehme Neuigkeit! Auch wenn gute Erbanlagen förderlich sind, hat die Art des Unterrichts und der Anleitung, die ein Kind erhält, einen enormen Einfluß auf die Entwicklung seiner kognitiven Fähigkeiten. Was also soll man tun, um dieses Potential freizusetzen?

Die Schlüssel zur Freisetzung des geistigen Potentials

Bedeutet dies, daß alle Kinder Einzelunterricht erhalten sollten? Nein, denn die Änderung des gängigen Gruppenunterrichts kann fast ebensoviel bewirken wie der Einzelunterricht. Hierzu müssen Lehrer in dem Fach, das sie unterrichten, Standardprüfungen durchführen. Dann geben sie jedem einzelnen Schüler ein Feedback über die Fehler, die er gemacht hat, und sie zeigen dem einzelnen und der Klasse, wie sie diese Fehler in Zukunft vermeiden können. Danach werden weitere Prüfungen abgehalten, und zwar so lange, bis so viele Kinder wie möglich die Thematik begriffen haben.

Wenn gewöhnliche Lehrer in gewöhnlichen Klassen diese Feedbackmethode benutzen, weist der *durchschnittliche* Schüler dieser Klasse einen besseren Leistungsstand auf als 84 Prozent der Schüler in Klassen, die nicht nach dieser Methode unterrichtet werden.[15] Viele gute Lehrer verfahren zweifellos bereits nach dieser Methode: Sie sind die Lehrer, deren Schüler in der Schule am meisten lernen und die besten Noten erhalten. Lehrer, welche die Fehler, die einzelne Kinder in einem Stoffgebiet machen, nicht »diagnostizieren«, vernachlässigen ihre Schüler, indem sie deren Gehirnen das maßgeschneiderte Feedback vorenthalten, das sie benötigen, um ihre neuronalen Netzwerke zu strukturieren. Denn diese neuroplastische Modellierung ist die Grundlage des Lernens.

Weitere geringfügige Änderungen am Unterrichtsstil können sogar dazu führen, daß der durchschnittliche Schüler einen Leistungsstand erreicht, der besser ist als der von 95 Prozent der Schüler, die nach den üblichen didaktischen Methoden unterrichtet werden. Dazu muß man die testgestützte Feedbackmethode um ein weiteres Element ergänzen.

Eine Schwierigkeit beim Lernen eines neuen Stoffgebiets – etwa Wahrscheinlichkeitsrechnung und Statistik – besteht darin, daß der Schüler vielleicht nicht die Grundlagen anderer Unterrichtseinheiten beherrscht, die er benötigt, um das neue Thema zu verstehen. So dürfte etwa ein Schüler, der schwach in Arithmetik oder Algebra war, mit Sicherheit Probleme mit Statistik und Wahrscheinlichkeitsrechnung haben. Auch wenn der Unterricht zu diesem neuen Stoff noch so vorzüglich wäre, hätten die Schüler Schwierigkeiten damit, weil ihnen die Grundvoraussetzungen anderer, elementarerer Unterrichtseinheiten fehlen.

Lehrer können, wiederum mit Hilfe von Standardtests zu diesen elementaren Unterrichtseinheiten, diagnostizieren, ob und welche Grundvoraussetzungen bei einzelnen Schülern fehlen. Sie können diesen Schülern dann durch Förderunterricht gezielt die fehlenden Grundlagen beibringen, bevor sie mit der neuen Unterrichtseinheit beginnen. Wendet man anschließend noch die Feedbackmethode bei dem neuen Thema an, dann schneidet der durchschnittliche Schüler besser ab als 95 Prozent seiner nach der Standardmethode unterrichteten Altersgenossen.

In der Interaktion zwischen Sam und seinem Vater sind die meisten Elemente enthalten, die nötig sind, um das kognitive Potential freizusetzen und das vibrierende Netz zu modellieren. Würde Sams Vater dies zu seiner Lebensaufgabe machen – wie es beispielsweise Mozarts Vater tat –, dann hätte er eine gute Chance, Sam mit Hilfe vorzüglicher Lehrer in einer bestimmten Fähigkeit auf ein sehr hohes Leistungsniveau zu trimmen. Dies könnte Musik, Mathematik, Schach, Tennis oder irgendeine von tausend anderen Kompetenzen sein, die sich entwickeln und trainieren lassen.

Selbstverständlich sind all dem biologische Grenzen gesetzt. Viele Kinder sind auf einem Gebiet begabter als auf einem anderen. Aber die Bedeutung von harter Arbeit und Praxis – jene zehn Jahre intensiver Übung und sorgfältiger Anleitung durch gute Lehrer –, um eine Fähigkeit zur höchsten Vollendung zu bringen, läßt sich kaum überschätzen.

Forschungen zeigen, daß die folgenden Elemente für diese Entwicklung von zentraler Bedeutung sind. Nehmen wir zum Beispiel Sams gerunzelte Stirn und intensive Konzentration, als er sich bemühte, jeden Buchstaben des Wortes »Rad« zu lesen. Hier haben wir die erste Voraussetzung für hervorragendes Können: Motivation und Anstrengung. Ohne diese Faktoren wird es Sam auf keinem Gebiet sonderlich weit bringen. Ermutigung und vorbildhaftes Verhalten sind Hauptquellen der Motivation, desgleichen Selbstvertrauen und Selbstachtung. Die Aufmerksamkeit und die Ermutigung durch seinen Vater gaben Sam die Kraft, die Mühsal des Lernens durchzustehen.

An Sams Unterweisung fällt noch etwas weiteres auf. Sein Vater ließ ihn zunächst ein einfaches Wort lesen, dessen Lautfolge er bereits kannte und das er verstand. Anders gesagt, der Nachhilfeunterricht war exakt auf Sams Wissensstand und kognitive Fähigkeiten zugeschnitten. Dies ist die zweite Voraussetzung für erfolgreiches Lernen: die sorgfältige Beachtung der vorhandenen Kenntnisse und Fähigkeiten des Kindes und das Maßschneidern des Unterrichts auf dieses Kompetenzniveau.

Jeder, der einen schlechten, unsensiblen Sporttrainer gehabt hat – etwa einen Skilehrer –, weiß, wie überaus wichtig es ist, daß der Lehrer das Leistungsniveau des Schülers richtig einschätzt. Wenn Sie an frühere Lehrer zurückdenken, werden Sie sich vielleicht an einen erinnern, der Ihr Verständnis eines Themengebiets völlig überschätzte. Infolgedessen war der nachfolgende Unterricht größtenteils vergeblich. Dies kann manchmal dazu führen, daß Schüler fest davon überzeugt sind, für ein bestimmtes Fach – etwa Physik oder Mathematik – einfach »völlig unbegabt« zu sein und es nicht lernen zu können. In den meisten Fällen läßt sich dies auf schlechten Unterricht zurückführen, möglicherweise gekoppelt mit einer inneren Haltung des Schülers, die als eine Art sich selbst erfüllende Prophezeiung wirkt. Es kann einfach daran liegen, daß sich der Lehrer nicht die Mühe gemacht hat, seinen Unterricht auf den Wissensstand und das Verständnisniveau eines Schülers abzustimmen.

Dennoch gelingt es guten Lehrern, die intellektuelle Leistungsfähigkeit vieler Schüler nachhaltig zu steigern, und eine wichtige Methode dabei ist das *Feedback* – die dritte Zutat in dem Rezept für die Freisetzung des intellektuellen Potentials. Denken wir an Sams Vater, der sagte: »Gut gemacht, Sam«, als sein Sohn den richtigen Laut für den Schnörkel auf der Seite aussprach. Und wenn Sam »dar« statt »Rad« sagte, wies sein Vater ihn unverzüglich auf seinen Fehler hin.

Zu wissen, ob das, was man gesagt oder getan hat, richtig oder falsch ist, ist maßgeblich für den Lernerfolg und ein Schlüsselfaktor für die Gestaltung und Stärkung der Synapsen im neuronalen Netzwerk. Einige Formen von Gruppenunterricht eignen sich – selbst bei sehr großen Klassen – hervorragend für diese Art von Feedback. In manchen Staaten forderten jedoch in den letzten Jahren vermeintlich fortschrittliche Unterrichtstheorien von den Lehrern, sie sollten die Kinder nicht »entmutigen«, indem sie sie auf Fehler aufmerksam machten.

So konnte beispielsweise einer der kleinen Söhne eines Freundes von mir bereits lesen, bevor er eingeschult wurde, und zwar ungefähr auf dem Niveau von Sam. In der Schule verfuhr man jedoch nach dem Grundsatz, daß Kinder Bücher »erkunden« sollten, und sie wurden ermuntert, Wörter zu erraten, indem sie Bilder betrachteten, die um die Wörter angeordnet waren. Dies führte dazu, daß sich der Junge nicht mehr die Mühe machte, die Schnörkel auf der Seite zu entschlüsseln, und sein Vater sah, wie seine Augen jedes Mal, wenn er ein Wort zu lesen versuchte, nach den Bildern spähten. Seine ziellosen Vermutungen wurden nur gelegentlich korrigiert, einfach deshalb, weil der Lehrer vermutlich schlicht überfordert war, die Lesefertigkeit jedes einzelnen Schülers zu kontrollieren. Folglich war nicht nur das Feedback sehr dürftig, zudem war dem kleinen Jungen eine Lesemethode beigebracht worden, die zwangsläufig zu viel mehr Fehlern führte als eine Methode, nach der er sorgfältig jedes Wort Buchstabe für Buchstabe zu entschlüsseln hatte.

Man kann auch das allgemein-abstrakte Denkvermögen von Kindern fördern, so daß sich ihre Leistungen in mehreren Schulfächern und nicht nur fachspezifisch verbessern. In einer Studie wurden die Wirkungen einer speziellen Unterrichtsstunde, die über einen Zeitraum von zwei Jahren alle vierzehn Tage abgehalten wurde, auf mehrere Klassen von Zwölfjährigen in Londoner Schulen untersucht. Obgleich die Stunden im Rahmen des naturwissenschaftlichen Lehrplans erteilt wurden, ging es dabei vor allem darum, den Schülern allgemeine Denkstrategien beizubringen, und weniger darum, ihnen bestimmte naturwissenschaftliche Prinzipien zu vermitteln. So sollten sie sich beispielsweise eine Gruppe von Gegenständen und Figuren anschauen und dann sagen, nach welchen Dimensionen bzw. Variablen sie klassifiziert werden könnten – Größe, Farbe, Gebrauch, Gestalt und so weiter. Sie wurden auch aufgefordert, über ihre eigene Denkweise zu reflektieren. Statt beispielsweise nach einem schwierigen Problem einfach zu sagen: »Das war schwierig«, brachte man ihnen bei, sich selbst Fragen zu stellen wie: »Was war an diesem Problem schwierig, und wie habe ich die Schwierigkeit überwunden?« Dies alles war eingebettet in naturwissenschaftliche Experimente und die Lösung naturwissenschaftlicher Probleme.

Dieser Sonderunterricht wirkte sich nun nicht nur auf die naturwissenschaftliche Kompetenz aus, sondern auch auf die Prüfungsergebnisse in Mathematik und Englisch. Zwei Jahre nach *Abschluß* des Sonderunterrichts übertrafen die Kinder, die diese vierzehntägige Unterrichtseinheit besucht hatten, im Durchschnitt andere Schüler sehr deutlich. In bezug auf die Naturwissenschaften belief sich der Effekt auf eine Standardabweichung; anders gesagt, der durchschnittliche Schüler, der den naturwissenschaftlichen Spezialunterricht besucht hatte, übertraf in offiziellen Prüfungen vier Jahre nach Beginn des Unterrichts 84 Prozent der Schüler, die den Unterricht nicht besucht hatten. Fast genauso große Effekte waren in Mathematik und Englisch nachweisbar.[16]

Die letzte »Zutat« in dem Rezept für überragendes Können ist schlichte Übung. US-Bürger asiatischer Abstammung haben die Angehörigen der meisten anderen ethnischen Gruppen hinsichtlich ihrer Studienleistungen übertroffen, und sie sind in Studienfächern wie Naturwissenschaften und Medizin überrepräsentiert. Dabei deutet alles darauf hin, daß ihre IQ-Werte denen leistungsschwächerer Kommilitonen aus anderen ethnischen Gruppen entsprechen. Die Differenz rührt offenbar von der Leistungsbereitschaft und der Motivation her, mit denen sie ihre Studien betreiben.[17]

Dies deckt sich mit den Befunden bei den deutschen Musikern und anderen Gruppen – daß nämlich Jahre regelmäßiger harter Arbeit und Anstrengung erforderlich sind, um hohes fachliches Können zu erreichen und es zur Meisterschaft in einer Fertigkeit oder auf einem Gebiet zu bringen. Sam wird sein gesamtes Leben hindurch viele Millionen Wörter lesen, und diese Übung ist für die »Dressur« der neuronalen Netzwerke in seinem Gehirn, die ihm ermöglichen, so flüssig und mühelos wie ein Erwachsener zu lesen, von entscheidender Bedeutung.

Wie aber steht es mit den Menschen, die nicht lernen, flüssig zu lesen? Betrachten wir kurz ein Problem, das in den letzten Jahren in vielen Staaten deutlich sichtbar geworden ist – die Leseschwäche (Dyslexie). Schauen wir nun, ob dies irgend etwas mit der neuroplastischen Gestaltung des Gehirns zu tun hat.

Die Bürde der Leseschwäche

Im Alter von zehn Jahren war Simon ein sehr geschickter Holzbearbeiter. Dabei hatte er zweifellos keine Zeile zu dem Thema gelesen, weil er sich nicht viel aus Lesen »machte« – im Unterschied zu seinem Bruder, der in allen Fächern Primus war. Simon verließ die Schule ohne Abschluß, und jetzt, im Alter von sechsunddreißig Jahren, arbeitet er als Gelegenheitsarbeiter und ist frustriert, weil er nur die Hälfte des Gehalts seiner Schwester verdient.

Die Schule ließ in Simon ein dumpfes Gefühl der persönlichen Unzulänglichkeit zurück. Seine Lehrer hielten ihn für einen »Dummkopf« und behandelten ihn entsprechend; er reagierte, indem er gegen das System aufbegehrte, und wurde als »Unruhestifter« abgestempelt. Sein ohnehin schon geringes Selbstwertgefühl wurde zusätzlich durch die Konkurrenz mit seinem älteren Bruder, dem Primus der Schule, gedrückt; die daraus erwachsenden Spannungen vergifteten ihre Beziehung unwiderruflich. In Wirklichkeit waren sowohl Simon als auch sein Bruder hochintelligent, doch Simon hatte eine unerkannte Lese- und Rechtschreibschwäche. Diese sogenannte entwicklungsbedingte Lesestörung untergrub Simons Selbstwertgefühl, beeinträchtigte seine Beziehungen und vergällte ihm letztlich das ganze Leben.

Bis zu zwei Millionen Menschen allein in Großbritannien – also jeder Fünfundzwanzigste – leiden an derselben Störung wie Simon. Dabei ließe sich diese Zahl erheblich verringern – vielleicht so weit, daß nur noch jeder Hundertste davon betroffen wäre –, wenn zeitlich wohlabgestimmte neuroplastische Interventionen in den ersten Schuljahren durchgeführt würden.

Kinder, die das Lesen wie Sam erlernen, nämlich durch Zerlegung von Wörtern in ihre Phoneme, können besser lesen als Kinder, die nicht in dieser Weise lernen. Sie lesen flüssiger und verstehen mehr von dem, was sie lesen. Wenn man Kindern beibringt, Wörter in ihre Laute zu zerlegen, und sie dann intensiv üben läßt, die Laute wieder zu Silben zusammenzusetzen, fördert man ihre Lesefähigkeit nachhaltig.[18]

Simons Leseprobleme sind vermutlich teilweise genetisch bedingt: Auch sein Vater litt an Leseschwäche, ebenso sein Großvater. Genetische Forschungen bestätigen, daß Leseschwäche in manchen Fällen erblich ist – tatsächlich wurden bereits einige genetische Marker identifiziert. Und es gibt auch Anhaltspunkte dafür, daß das Gehirn mancher Menschen mit Leseschwäche insofern abnorme Veränderungen aufweist, als ihre linke und rechte Hirnhälfte symmetrischer sind, als dies bei Menschen ohne Leseschwäche der Fall ist.

Allerdings ist wie bei der Intelligenz vollkommen unklar, welche Bedeutung dieser genetische Unterschied hat. So könnte es beispielsweise sein, daß der genetische Einfluß auf die Fähigkeit, lesen zu lernen, sehr gering bliebe, wenn Eltern ihren Kindern die richtige Art und Menge an Stimulation zukommen ließen und Lehrer ihnen den geeigneten Leseunterricht erteilen würden. Die genetischen Unterschiede wirken sich möglicherweise erst dann nachhaltig auf die Unterschiede in der Lesefähigkeit aus, wenn es an der geeigneten Stimulation und einem angemessenen Unterricht fehlt.

Eine solche Situation betraf während der letzten zwanzig Jahre zeitweise viele Millionen Kinder in den USA und Großbritannien. Sehr viele Eltern lesen ihren Kindern nur selten etwas vor und lassen sie statt dessen von Video- und Fernsehfilmen berieseln. Als diese Kinder zur Schule gingen, haben es viele Lehrer aus unerfindlichen Gründen versäumt, ihnen beizubringen, wie man Wörter in Laute zerlegt. Wird dem Gehirn in dieser Weise die richtige Stimulation vorenthalten, dann könnte es durchaus sein, daß genetische Unterschiede zwischen den Kindern einen sehr viel stärkeren Einfluß darauf haben, wer lesen lernt und wer nicht. Dies hängt damit zusammen, daß ein zentrales Problem bei der Leseschwäche offenbar die sogenannten phonematischen Aspekte der Sprache betrifft – also die Fähigkeit, gesprochene Sprache in Lautsegmente zu zerlegen. Dies war eine Schwierigkeit, die wir bei den analphabetischen Portugiesinnen festgestellt haben. Phonematische Störungen führen dazu, daß die Betreffenden große Schwierigkeiten beim Lesen und bei der Rechtschreibung haben. So kann man anhand der Ergebnisse phonematischer Tests vorhersagen, welche Drei- und Vierjährigen im Alter von sechs und sieben Jahren Leseschwierigkeiten haben werden.

Die schlechten Leser sind unter anderem nicht in der Lage, die ersten beiden Zeilen von Kinderliedern zu wiederholen, bevor sie lesen lernen. Zudem haben Kinder, die später an Leseschwäche leiden – wie die analphabetischen Portugiesinnen –, große Mühe bei der sogenannten Phonemsegmentierung. Bei einem Test dieser Fähigkeit werden die Kinder aufgefordert, jedes Phonem in einem Wort, das sie hören, durch Klopfen mit einem Stock anzuzeigen. Hören sie etwa Sams Wort »Rad«, dann müßten sie richtigerweise für die Phoneme /r/, /a/ und /d/ dreimal klopfen. Bei der Studie fand man heraus, daß die Ergebnisse dieses Tests bei Sechsjährigen ihre Lesefähigkeit ein Jahr später zuverlässig vorhersagten. Personen, die von Leseschwäche betroffen sind, zeigen mitunter ein breites Spektrum weiterer kognitiver Defizite, doch die wissenschaftlichen Befunde deuten zweifelsfrei darauf hin, daß der Kern des Problems in der Fähigkeit liegt, Sprache – und vor allem ihre Lautstruktur bzw. Phonematik – zu verstehen.[19]

Wie fast alle kognitiven Fähigkeiten hängt auch das Vermögen, Wörter in ihre Laute zu zerlegen, vermutlich teilweise davon ab, was für ein Gehirn man geerbt hat, und teilweise davon, wie das Gehirn durch Erfahrungen modelliert wurde.

Viele Menschen mit Lese- oder Rechtschreibschwäche sind einfach nicht gut genug unterrichtet worden – durch Eltern und durch Lehrer. Wenn Eltern lieber einen Videofilm einlegen, als ihren Kindern etwas vorzulesen, dann gehen die Tausende von Stunden an Schulung der »phonematischen Aufmerksamkeit« – welche die Millionen von neuroplastischen Interaktionen enthalten –, die aus dem täglichen Vorlesen von Kinderliedern und -geschichten hervorgehen, verloren, und die Kinder sind in der Schule von Anfang an benachteiligt. Sam gehört zu denen, die Glück haben.

Während der siebziger und achtziger Jahre waren pädagogische Hochschulen in Großbritannien stark beeinflußt von einer in Nordamerika entwickelten Theorie darüber, wie Kinder lesen lernen. Diese Erziehungstheoretiker stellten wissenschaftlich unbewiesene Theorien auf, wonach es *schädlich* sei, Kindern in strukturierten Programmen »phonetisches« Lesen beizubringen. Vielmehr sollten Kinder durch Vermutungen und unstrukturierte Erfahrungen lesen lernen. Dies trug mit dazu bei, daß der Sohn meines Freundes nach seiner Einschulung so große Schwierigkeiten hatte, lesen zu lernen. Als direkte Folge dieser Theorie erhielt mindestens eine Generation von Lehrern in Großbritannien während des Studiums praktisch keinerlei Anleitung, wie man Kindern das Lesen beibringt. Nun zeigt sich jedoch, daß diese *Laissez-faire*-Theorien des Lesens vollkommen falsch waren. Studien belegen zweifelsfrei, daß die Kinder, die gut lesen lernen, diejenigen sind, denen das Alphabet beigebracht wurde und deren Gehirn gelernt hat, Wörter in ihre einzelnen Laute zu zerlegen.

Die Aussprache einiger Wörter im Englischen läßt sich nicht aus ihren einzelnen Phonemen rekonstruieren. Das Wort »tough« [taf] beispielsweise muß als Einheit gelernt und direkt in das lexikalisch-semantische System des Gehirns eingespeichert werden. Wenn man versuchen würde, eine Ausspracheregel für »tough« zu formulieren, würde man in dem Moment in Schwierigkeiten geraten, in dem man dem Kind die Aussprache von »plough« [plau] beibringen wollte. Für unregelmäßig ausgesprochene Wörter wie diese muß man den Kindern demnach beibringen, sich einige Wörter als Ganzes einzuprägen. Das Gehirn ist ein kompliziertes Organ, und man braucht für verschiedene Situationen verschiedene neuroplastische Methoden, wenn man das Beste aus ihm herausholen will.

Intelligente Kinder kommen mit dieser Methode oftmals einigermaßen gut zurecht, da ihnen jedoch nicht beigebracht wurde, Wörter in ihre Laute zu zerlegen, ähneln sie bis zu einem gewissen Grad den analphabetischen Portugiesinnen. Es ist durchaus möglich, daß auch ihr Gehirn sich aufgrund dessen anders entwickelt hat, auch wenn es bislang keine direkten Beweise dafür gibt.

Beim Lesen alles auf eine Karte zu setzen ist jedoch eine recht riskante Strategie. Wörter auszusprechen, ohne sie in ihre einzelnen Phoneme zerlegen zu können, mag in den ersten Schuljahren eine passable Methode sein, was aber ist später, wenn man Wörter wie »Chlorwasserstoff« und »Differentialgleichung« meistern muß? Wenn der Schüler erst einmal mit Fachbegriffen wie diesen überschüttet wird, wird er große Schwierigkeiten mit der lexikalischen Ganzwortstrategie haben. Wörter wie diese muß man in ihre Laute zerlegen können. Ohne diese Fähigkeit gleicht man den lese- und schreibunkundigen Portugiesinnen, die Wörter, die sie nicht kannten, nicht fehlerfrei wiederholen konnten.

Tatsächlich zeigen Studien in England, daß genau dies mit Kindern geschieht, die durch ein Schulsystem vernachlässigt wurden, das in unverantwortlicher Weise weitgehend auf phonematische Methoden im Leseunterricht verzichtete. Forscher in Oxford identifizierten eine solche Gruppe von Schülern, die erst nach dem Erreichen des Teenageralters Probleme in der Schule bekamen. Die Wissenschaftler stellten die Hypothese auf, es handele sich dabei um Kinder, die nach der Ganzwortmethode lesen gelernt hätten und die nicht in der Lage seien, unbekannte Wörter in ihre Einzellaute zu zerlegen.[20]

Schulbildung und Erziehung verändern zweifellos die physische Struktur des Gehirns von Kindern. Es spielt eine ganz entscheidende Rolle, auf welche Weise Kinder unterrichtet werden und wieviel man ihnen beibringt. Mit Hilfe der besten Methode läßt sich das enorme Potential des Gehirns freisetzen. Viele leseschwache Kinder würden nicht an Leseschwäche leiden, wenn ihre vibrierenden Netzwerke in der richtigen Weise durch den richtigen Unterricht geformt worden wären. Und viele Kinder könnten ihre Leseschwierigkeiten in den ersten zwei bis drei Schuljahren überwinden, wenn sie den geeigneten Input erhielten.

Doch nicht nur durch die Art und Weise, wie wir unseren Kindern das Lesen beibringen, formen wir ihr Gehirn mehr oder minder geschickt. Jegliche Form von Erfahrung prägt ihr Gehirn, beschneidet dessen reich verzweigte Netzwerke, bewahrt einige Verbindungen und läßt andere verkümmern. Die Fähigkeit, einer Sache Aufmerksamkeit zu schenken – sich auf etwas zu konzentrieren –, ist etwas, das wir unseren Kindern in jedem Augenblick jedes Tages beibringen.

Das sogenannte Aufmerksamkeitsdefizitsyndrom ist eine Störung, die in den Vereinigten Staaten, Australien und den Niederlanden – in geringerem Maße auch in Großbritannien – sehr häufig diagnostiziert wird. In den Vereinigten Staaten wird schon fast jedem zwanzigsten Kind das Präparat Methylphenidat – unter dem Handelsnamen Ritalin – verordnet, um das unaufmerksame, zerstreute Verhalten zu bessern. Einige dieser Kinder weisen tatsächlich Hirnveränderungen auf, die es ihnen erschweren, sich länger als ein paar Minuten auf irgend etwas zu konzentrieren, doch in vielen anderen Fällen wurden die Aufmerksamkeitssysteme des Gehirns einfach nicht angemessen geschult.

So wie Sams Vater gewisse Regionen des Gehirns seines Sohnes so formte, daß es in der Lage war, Wörter in ihre Einzellaute zu zerlegen, so trainierte er auch die Aufmerksamkeitssysteme in Sams Gehirn derart, daß er sich auf eine Aufgabe konzentrieren kann, selbst wenn diese schwierig und manchmal langweilig ist.

Bei meiner Arbeit mit hirngeschädigten Menschen bringe ich ihnen bei, ihre Aufmerksamkeit auf eine Aufgabe zu fokussieren und sie nicht ziellos treiben zu lassen. Genau das gleiche tun Eltern fortwährend mit ihren Kindern, indem sie sie dazu bewegen, das Bild, das sie zeichnen, zu beenden, oder indem sie Fernsehsendungen kommentierend begleiten, damit die Kinder den Faden der Geschichte nicht verlieren. Manche Eltern lassen es jedoch zu, daß die Aufmerksamkeit ihrer Kinder wahllos von äußeren Vorgängen in Anspruch genommen wird. Statt sich mit dem Kind hinzusetzen und ihm zu helfen, das Spielzeug zusammenzubauen, das es selbst in Angriff genommen hat, lassen die Eltern es zu, daß es sich abwendet, wenn es an eine schwierige Stelle kommt, und fernsieht.

Beim Fernsehen wird unsere Aufmerksamkeit auf passive Weise durch Laute, Geschichten und Farben auf dem Bildschirm in Anspruch genommen. Wie wir weiter oben sahen, ist die Aufmerksamkeit einer der Schlüssel zur neuroplastischen Gestaltung des Gehirns. Wenn wir uns nicht auf das konzentrieren, was wir tun, wird unser Gehirn auch nicht annähernd so plastisch geformt, wie wenn wir Ereignissen unsere volle Aufmerksamkeit schenken. Dies bedeutet, daß man sich *aktiv* konzentriert, und nicht, daß man seine Aufmerksamkeit durch beliebige Vorgänge in der Welt oder im Fernsehen in Beschlag nehmen läßt.

Eltern üben in dieser Hinsicht den prägenden Einfluß auf das Gehirn ihrer Kinder aus; sie bringen ihnen bei, worauf sie sich konzentrieren sollen, und sie trainieren ihr Gehirn, damit es der Neigung widersteht, sich allem Neuen und Aufregenden zuzuwenden statt bei der Aufgabe zu bleiben, mit der sie begonnen haben.

Hier gilt das gleiche wie bei der Leseschwäche; es gibt viele Kinder, bei denen ein Aufmerksamkeitsdefizitsyndrom diagnostiziert wird und die daraufhin starke Medikamente erhalten, die ihre Hirnfunktion so beeinflussen sollen, daß sie sich leichter konzentrieren können. Auch wenn tatsächlich einige dieser Kinder von Geburt an Hirndefekte aufweisen, könnten sich doch viele andere konzentrieren, wenn ihr Gehirn das richtige Training und die richtige neuroplastische Stimulation erhalten hätte.

Doch die Modellierung des Gehirns erfordert nicht nur vom Kind Anstrengung, Aufmerksamkeit und Übung, sondern auch von seinen beschäftigten Eltern, die ihre eigenen Sorgen und Anliegen haben.

Sollen wir Genies heranzüchten?

Die Leistungsfähigkeit des Gehirns der meisten Menschen läßt sich, wie wir gesehen haben, durch gezielte Übung erheblich steigern. Da erliegt man dann leicht der Versuchung, alles daranzusetzen, die Kompetenz und Intelligenz seiner Kinder zu fördern, um ihnen auf diese Weise zu helfen, in der Welt Erfolg zu haben. Es ist möglich, was also spricht dagegen?

Nun, man braucht sich nur junge, talentierte Nachwuchssportler anzuschauen, deren Leistungsvermögen von Kindesbeinen an in speziellen Schulen durch Hunderttausende von Übungsstunden aufgebaut wurde. Als Teenager werden sie Weltmeister, bis sie eines Tages von einem noch jüngeren Sieger vom Sockel gestoßen werden. Was nun? Vielleicht sind es eindimensionale Menschen, die nur an einer Sache interessiert sind und sich nur auf eine Sache verstehen. Ist es das, was wir für unsere Kinder möchten?

Das gleiche gilt für Schul- und Studienleistungen. Wenn wir wirklich Tausende von Stunden dafür aufwenden, nur einen Aspekt des Lebens durch Übung zu fördern, was wird dann aus den anderen Seiten unserer Persönlichkeit und unseres Lebens? Was bleibt an Lebensfreude? Können wir dann überhaupt noch, befreit von der endlosen Tretmühle von gesetzten Zielen und Leistung, einfach nur spielen? Und wie steht es mit dem Erlernen der wichtigsten und schwierigsten Kompetenz im Leben: dem Umgang mit unseren Gefühlen und dem Aufbau von Beziehungen zu anderen Menschen?

Wenn man sich ansieht, wie Menschen in der Welt außerhalb der künstlichen Atmosphäre von Weltmeisterschaften und internationalen Konzertsälen zurechtkommen, dann ist Intelligenz alles andere als ein zuverlässiges prognostisches Kriterium. Gewiß, man braucht Intelligenz, um auf den meisten Gebieten an die Spitze zu gelangen, doch in vielen Fällen ist die Fähigkeit, mit anderen Menschen zurechtzukommen, sie zu durchschauen und zu verstehen und angemessen auf sie zu reagieren, noch viel wichtiger. Diese Fähigkeit hängt ihrerseits von der Fähigkeit ab, die eigenen Emotionen zu verstehen, zu artikulieren und zu kontrollieren.

Emotionale Intelligenz ist für unsere Kinder vermutlich ein noch wichtigeres Ziel als intellektuelle Leistungsfähigkeit und Können. Damit wollen wir uns jetzt befassen.

Furcht und Ekel im Gehirn

Es war ein wunderschöner Urlaub gewesen. Der Kofferraum war vollgepackt mit französischem Wein, würzigem Käse und den Mitbringseln von zwei warmen und erholsamen Wochen in der Dordogne. Er saß allein im vorausfahrenden Wagen und klopfte mit den Fingern im Takt der Musik von Emmylou Harris aufs Lenkrad: Jill und die Jungs hätten ihm diesen Luxus niemals erlaubt, wenn sie alle zusammen in einem Auto gefahren wären. Dies war also immerhin ein Vorteil der aberwitzigen Raserei an einem Freitagabend vor zwei Wochen, als er den Firmenwagen an der Fährbrücke abgestellt und es mit knapper Not auf das Schiff geschafft hatte, bevor es Richtung Frankreich ablegte.

Er warf einen prüfenden Blick in den Rückspiegel. Jill war 100 Meter hinter ihm, und er konnte vage erkennen, daß sich die Köpfe von Rob und Peter auf dem Rücksitz auf und ab bewegten, soweit es ihre Sicherheitsgurte zuließen. Sicherheit war für Jill oberstes Gebot, und obgleich die Jungen schon neun bzw. zehn Jahre alt waren, bestand sie darauf, daß sie spezielle Sicherheitsgurte anlegten.

Nur noch 16 Kilometer. Die Sommersonne tauchte die Cotswold Hills in ein sanftes englisches Licht; schließlich war es auch ganz schön, wieder nach Hause zu kommen. Er fuhr eine Kurve aus und bremste scharf, als plötzlich ein Anhänger, hoch beladen mit frisch geschnittenem Gras, sichtbar wurde. Er warf einen kurzen Blick in den Rückspiegel, aber er hätte sich keine Sorgen zu machen brauchen – Jill hatte wie gewöhnlich die Kurve mit gedrosselter Geschwindigkeit durchfahren, immer auf der Hut vor unerwarteten Gefahren, die in jeder Kurve lauern konnten. Wäre er allein unterwegs gewesen, wäre er schon vor einer Stunde zu Hause angekommen.

Die Straßen waren seltsam leer. Auf der langen geraden Wegstrecke vor dem letzten Hügel, der sie von zu Hause trennte, näherte sich ihnen in der Ferne nur ein einziger Wagen. Emmylou Harris sang »These Sleepless Nights«, und plötzlich schoß ihm durch den Kopf, daß er dieses Lied an jenem Abend gespielt hatte, an dem Peter zur Welt gekommen war. Diese Erinnerung verschmolz mit dem strahlenden Licht, das die untergehende Sonne über die grünen Felder ausgoß, zu einem intensiven, nostalgischen Glücksgefühl.

Das Lied ging zu Ende, und die Straße war, wie im Gleichklang mit seiner stillen inneren Freude, noch immer leer, abgesehen von dem einen roten Auto – er sah, daß es ein alter Vauxhall Cavalier war –, das auf ihn zukam. Der Wagen fesselte auf merkwürdige Weise seine Aufmerksamkeit. Je näher er kam, um so stärker lud er sich mit einer seltsamen Bedeutung auf, wie ein längst vergessenes Gesicht, das man langsam wiedererkennt.

Die ganze weite Welt verengte sich auf diesen einen Gegenstand, der näherkam. Die Zeit schien sich zu verlangsamen, als er beobachtete, wie sich der Wagen langsam über die Mittellinie schob. Die Schutzmauer ragte bedrohlich zu seiner Linken auf, doch seine Augen verfolgten wie gebannt die halbe Tonne aus schmutzigem rotem Metall, die auf der falschen Straßenseite auf ihn zuraste. Er riß das Lenkrad nach links und spürte, wie sein Auto auf dem schmalen, abschüssigen Seitenstreifen ins Schleudern geriet, wobei er sich gleichzeitig bewußt war, daß der rote Wagen an seinem rechten Fenster vorbeiraste.

Er prallte gegen die Mauer, wurde zurückgeschleudert und kam schließlich zum Stillstand. In der Stille dieser Sekunde schien der Knall hinter ihm mehrere Minuten lang zu dauern. Panik durchdrang jede Faser seines Körpers. Er suchte tastend nach dem Türgriff, taumelte aus dem Wagen und starrte, wie von Sinnen, auf die Straße hinter ihm. Der rote Wagen lag auf dem Dach, und seine Räder drehten sich noch immer. Direkt dahinter befand sich der zerknautschte und rauchende Wagen von Jill, mit der Schnauze im Graben.

Tim begann zu laufen und gleichzeitig zu rufen, wobei er gegen die bleierne Schwere seiner Beine ankämpfte. Als er sich dem Wagen näherte, sah er, daß kleine Flammen unter der Türschwelle züngelten. Er hörte einen Ruf, der zu einem gellenden Schrei wurde, doch nach zehn Schritten merkte er, daß es seine eigene Stimme war.

Als er den Wagen erreichte, schlugen ihm Stille und der Geruch von Benzin entgegen. Hinter dem hypnotischen Züngeln der lautlosen Flammen nahm er die gespensterhaften, flehenden Gesichter von Jill und den Jungen wahr. Er stand da, wie eingefroren in einem Traum. Erst als er den schrillen Ruf »Daddy!« hörte, löste sich der lähmende Bann, er machte einen Satz zur Tür und versuchte sie mit aller Kraft aufzureißen. Doch sie gab nicht nach. Durch die Flammen hindurch zog er heftig am vorderen Türgriff. Die Tür flog auf. Mit beiden Händen packte er eine schreiende Jill und zog sie auf die Straße hinaus, er kroch auf den Rücksitz, zerrte an den Sicherheitsgurten der Jungen, deren Finger ihn krampfhaft festhielten, während sich ihre Schreie mit dem Knistern der nun nicht mehr lautlosen Flammen vermischten.

Schließlich gaben die Gurtschnallen nach, und er zog die Jungen an ihren Kragen über die Sitze und durch die Flammen auf den Asphalt hinaus. Während sie sich kriechend und rollend von dem Auto entfernten, ging es unter einem dumpfen »wumm« in einem Flammenmeer auf.

Emotionale Narben

Tim, Jill und die Jungen waren nicht schwer verletzt – zumindest nicht körperlich. Nach zwei Tagen wurden sie aus dem Krankenhaus entlassen. Rob und Peter wollten unbedingt im Schlafzimmer ihrer Eltern übernachten, als sie an jenem Abend nach Hause kamen, doch nach einer Woche war damit Schluß, denn keiner machte ein Auge zu: Fast jede Stunde stieß einer von ihnen während eines unruhigen Schlafs einen Angstschrei aus.

Schon bald schliefen auch Tim und Jill in getrennten Räumen, und eine gereizte, nervöse Atmosphäre nagte an den einstmals engen familiären Banden. Am schlimmsten traf es die Beziehung zwischen Tim und Jill. Jill hatte den Eindruck, daß sich Tim von ihr und den Jungen zurückgezogen und verschlossen hatte, und zwar so sehr, daß er ihr jetzt fast wie ein Fremder vorkam. Sie alle waren gereizt, doch Tims Wutausbrüche setzten ihren Beziehungen mehr zu als alles andere.

Tim dagegen hatte das Gefühl, seit dem Unfall einen permanenten Alptraum zu durchleben. Er fühlte sich durch eine trostlos wirkende Wand von jedem und allem getrennt. Er konnte sich auf nichts konzentrieren, weder auf Bücher noch auf Fernsehfilme, noch auf seine Arbeit, und das leiseste unerwartete Geräusch erschreckte ihn, ließ sein Herz rasen und jagte ihm den kalten Schweiß über den Rücken. Sein Gedächtnis schien ihn verlassen zu haben: Bei der Arbeit vergaß er die Namen von Kunden, versäumte Termine und stellte wichtige Projekte nicht fertig.

Das Leben hatte für Tim seinen Sinn verloren, und es schien keine Zukunft mehr zu geben – weder für ihn noch für seine Familie. Fortan schien nichts mehr sicher und vorhersagbar zu sein. Das Leben war zu einer Folge freudloser Zeitabschnitte geworden, die von Rückblenden bei Tag und Alpträumen bei Nacht unterbrochen wurden.

Die Rückblenden konnten durch die schwächsten Sinnesreize, die mit dem Unfall assoziiert waren, ausgelöst werden: ein roter Wagen auf der Straße, das Quietschen von Reifen oder ein Kind, das auf der Straße »Daddy« rief. Manchmal kamen sie aus heiterem Himmel, trieben ihm die Schweißperlen auf die Stirn, ließen sein Herz flattern und überfielen sein Gehirn mit grausam deutlichen Seh-, Hör- und Geruchseindrücken von jenem Augustabend.

Die Alpträume waren noch schlimmer: Seine Kinder verbrennen; Jill, die in einem brennenden Auto gefangen ist, umklammert seinen Ärmel; er rennt eine Straße hinunter zu ihnen, kommt aber nicht vom Fleck, weil sich die Straße in einen Sumpf verwandelt.

Am schlimmsten waren die Geruchseindrücke. Er konnte zu keiner Tankstelle fahren, da der Benzingeruch stärker in sein Gehirn eindrang, als es irgendein Medikament hätte tun können. Er konnte nicht mehr über Landstraßen fahren, und dies führte zusammen mit seiner Unfähigkeit, sich zu konzentrieren, seinen Gedächtnislücken und seiner seltsamen Distanziertheit dazu, daß Tim seine Stelle, seine Ehe und seine Familie verlor.

In diesem Kapitel werden Sie erfahren, wie die durch den Unfall ausgelösten Emotionen Tims Gehirn veränderten und diese verheerende Folge von Ereignissen in Gang setzten. Denn emotionale Ereignisse haben von den verschiedenen Formen von Erfahrung, die alle in einem gewissen Maß unser Gehirn verändern, die einschneidendsten Wirkungen auf das vibrierende neuronale Netzwerk. Doch zunächst ein paar Worte zu den neurobiologischen Grundlagen von Emotionen.

»Usurpation« im Gehirn

Wir sind uns nur eines Bruchteils dessen bewußt, was in unserem Gehirn abläuft, und selbst wenn wir dieses Bruchteils innewerden, hinkt das Bewußtsein oftmals weit hinter den Reaktionen des Gehirns her, wie ein Kleinkind, das versucht, mit einer Gruppe von Zehnjährigen Schritt zu halten.

Und das ist gut so, denn andernfalls wären wir – wie die Dinosaurier – schon vor langer Zeit ausgestorben. Stellen Sie sich vor, Sie müßten sich auf Ihr Bewußtsein verlassen, wenn Sie den LKW bemerken, der auf Sie zusteuert, während Sie sich mitten auf der Straße befinden: Sie wären im Bruchteil einer Sekunde zerschmettert. Tatsächlich aber werden Sie sich – wenn Sie Glück haben – keuchend und schwitzend am Straßenrand wiederfinden, nachdem Sie sich mit einem Sprung aus seiner Bahn katapultiert haben.

Wie ein knallhartes Mitglied eines Sondereinsatzkommandos, das den unentschlossenen Streifenpolizisten mit dem Ellbogen zur Seite stößt, übernimmt in Notsituationen ein älterer, robusterer Teil des Gehirns die Leitung und rettet Sie vor dem Tod. Weit unterhalb der Großhirnrinde registrieren zwei mandelförmige Hirnstrukturen – die sogenannte Amygdala (Mandelkern) – im Bruchteil einer Sekunde drohende Gefahren; sie übernehmen das Kommando und zwingen Sie, zu springen und sich zu retten.[1]

Die Amygdala ist Teil des emotionalen Systems des Gehirns – des sogenannten limbischen Systems. Wenn man etwas hört, sieht, tastet oder riecht, wird diese Information sowohl an die Hirnrinde als auch an die Amygdala weitergeleitet. Tatsächlich gelangt sie zur Amygdala, bevor sie andere Regionen des Gehirns erreicht; und wenn die Sinnesempfindung mit Gefahr assoziiert ist, schaltet sich die Amygdala ein.

Dies hängt damit zusammen, daß die Amygdala als ein Speicher emotionaler Erinnerungen dient. Allerdings ist sie kein Einstein, und sie interpretiert die Informationen, die sie erhält, auf recht grobe Weise. So ist die Amygdala die Hauptquelle unserer »instinktiven Gefühle« – und wie jeder weiß, kann man diese kaum ignorieren. Nach dieser Direktmeldung an die Amygdala kommen weitere Informationen, die von den höheren Zentren in der Großhirnrinde stammen. Diese Informationen werden zwar langsamer bereitgestellt, basieren jedoch auf einer differenzierteren Analyse der Hör-, Seh- und Geruchsempfindungen.

Angenommen, Sie öffnen eine Schublade und erblicken eine riesige behaarte Vogelspinne. Ihre Amygdala läßt Sie einen Schrei ausstoßen und spannt Ihre Muskeln an, so daß Sie sprungbereit sind, doch dann gibt Ihre Großhirnrinde Entwarnung: »Keine Angst, es ist eine Kunststoffspinne, die dein Sohn dort versteckt hat, um dich zu erschrecken.« Obgleich Sie noch immer ein bißchen aufgeregt sind, beruhigt Sie dieses Wissen so weit, daß Sie das Untier jetzt in die Hand nehmen und entschlossen die Treppe hinuntergehen können, um eine alte Rechnung zu begleichen.

Die augenfälligen Merkmale der behaarten Spinne lösten eine uralte Furcht aus, die von der Evolution in die Amygdala einprogrammiert wurde, und sie setzten eine Selbsterhaltungsreaktion nach dem Motto »Kampf oder Flucht« in Gang, die mit fliegendem Puls, kaltem Schweiß und gesträubten Nackenhaaren einhergeht. Diese Reaktion wurde so schnell und unwillkürlich ausgelöst, daß Sie, völlig überrumpelt, nicht viel dagegen unternehmen konnten. Dies ist darauf zurückzuführen, daß sie durch die »direkte Leitung« zwischen Ihren Sinnen und der Amygdala ausgelöst wurde. Doch in weniger als einer Sekunde durchschaute Ihre sehr viel klügere, aber langsamere Großhirnrinde den Schwindel und sandte beruhigende »Keine Sorge, es ist nur ein Spielzeug«-Botschaften von den höheren kortikalen Zentren zur Amygdala.

Ohne diese prompten Reaktionen auf Gefahren hätte die Menschheit nicht überlebt. Der bedeutende Evolutionsbiologe Charles Darwin erkannte, wie wichtig diese primitiven Reaktionen für das Überleben der Individuen sind. Er beschrieb einmal einen Besuch im Reptilienhaus des Londoner Zoos, wo er sein Gesicht an die Scheibe eines Terrariums drückte, das eine hochgiftige Puffotter beherbergte, entschlossen, nicht zurückzuschrecken, wenn sie nach ihm stoßen sollte. Doch als die

Schlange hinter dem Glas vorschnellte, sprang er zurück, angetrieben von uralten neuronalen Schaltkreisen im Gehirn, die nicht willentlich gesteuert werden. Kein noch so hohes Maß an Einsicht und Vernunft könnte diese primitive Reaktion unterbinden, die Darwins genetischen Vorgängern geholfen hatte, vor Hunderttausenden von Jahren in schlangenverseuchten Wäldern zu überleben.[2]

Die Amygdala ist die Hauptquelle dieser unwillkürlichen Reaktionen. Sie ist genetisch programmiert, auf gewisse »vorbereitete« Stimuli wie Schlangen zu reagieren, weil diejenigen unserer Vorfahren, die mit diesen Rückschnell-Reaktionen nicht so gut ausgestattet waren, mit der Zeit ausstarben und daher die Gene, die den neuronalen Schaltkreisen für diese Reaktionen zugrunde liegen, nicht weitergaben.

Die uralte Angst vor Schlangen zahlt sich in einigen Gegenden der Erde noch immer aus. In ländlichen Regionen Indiens beispielsweise sterben alljährlich zwischen 10 000 und 20 000 Menschen allein an den Folgen von Kobrabissen. Doch die meisten Leser dieses Buches leben vermutlich in Städten, in denen es keine Schlangen gibt, so daß solche Reaktionen ihren Sinn verloren haben.

Die Vernunft kann jedoch die Auswüchse der evolutionsgeschichtlich so alten limbischen Systeme, die in unserem Leben so viel Schmerz – und so erlesene Freuden – verursachen, nur in begrenztem Umfang zügeln. Wenn wir uns allzusehr auf die Vernunft verließen, würde uns bald ein LKW zermalmen. Deshalb ist unser Leben ein beständiger Balanceakt zwischen diesen Wallungen frühzeitlicher Emotionen und den von ihnen ausgelösten impulsiven Verhaltensweisen einerseits und den langsameren Reflexionen und Ermahnungen der evolutionsgeschichtlich jüngeren Großhirnrinde andererseits.

Denn der Kortex – und insbesondere das Stirnhirn – kann unsere emotionalen Reaktionen bis zu einem gewissen Grad kontrollieren. Faserverbindungen, die von der mittleren Oberfläche der Stirnlappen zur Amygdala führen, können deren

Erregbarkeit dämpfen. Sie können sie auch aktivieren, wenn es sich um eine komplexe und subtile Bedrohung handelt, die nur der kluge Kortex erkennen kann.[3]

Nachdem 1986 ein Atomreaktor in Tschernobyl explodierte, war ein Großteil des Milchangebots in vielen Regionen Europas radioaktiv verseucht. Eine Flasche Milch löste bei manchen Eltern kleiner Kinder ein ähnlich starkes Angstgefühl aus wie eine Schlange. Die recht begriffsstutzige Amygdala konnte diese Bedrohung jedoch nicht über ihre direkten Verbindungen zu den sensorischen Hirnregionen wahrgenommen haben. Vielmehr berechnete die Großhirnrinde die unsichtbare Bedrohung und veranlaßte ihren Nachbarn im Untergeschoß zu gesteigerter Wachsamkeit.

Allerdings existieren viel mehr Bahnen, die von der Amygdala zur Großhirnrinde führen, als umgekehrt. Obgleich die höheren Hirnregionen also eine gewisse Kontrolle über ihre manchmal ungestümen emotionalen Genossen ausüben, kann das limbische System sehr viel leichter die höheren kortikalen Zentren »usurpieren«. Auch auf die Gefahr hin, banal zu klingen, ist doch keine andere Erkenntnis über die Funktionsweise des Gehirns für die Erklärung von Kriegen, Konflikten und ökologischer Rücksichtslosigkeit von größerer Bedeutung.

Das Unbewußte programmieren

Doch nicht nur Schlangen versetzen uns in Schrecken. Dinge – Geräusche, Anblicke, Geschmacks- und Geruchsempfindungen –, die unser Gehirn mit Furcht *verknüpft*, können zu Auslösern entsetzlicher Angst werden. Für Tim beispielsweise waren rote Autos und Landstraßen vor dem Unfall ziemlich neutrale Dinge. Jetzt jagen sie ihm mehr Furcht ein, als es eine Puffotter vermöchte.

Die Furcht vor einer Flasche radioaktiv verseuchter Milch ist rational begründet. Panische Angst beim Anblick eines roten

Wagens auf einer Landstraße ist es nicht. Die Wahrscheinlichkeit, daß man seinem Kind Schaden zufügt, wenn man ihm diese Milch zu trinken gibt, ist beachtlich. Die Wahrscheinlichkeit, daß ein rotes Auto auf einer Landstraße Tims Familie erneut in einen Unfall verwickelt, ist verschwindend gering.

Doch Emotionen sind nicht unbedingt rational. Tim hat schreckliche Angst vor roten Autos und dem Geruch von Benzin, weil sie zeitlich mit der panischen Angst verbunden waren, seine Familie könnte vor seinen Augen bei lebendigem Leib verbrennen. Diese Verbindung ist in sein Gehirn eingebrannt wie ein Brandmal in das Fell eines Stiers. Die von roten Autos und Benzindünsten ausgelösten primitiven Empfindungen wurden in Tims Amygdala eng mit den Nervenzellen verschweißt, die panische Angst auslösen. Zellen, die sich gleichzeitig entladen, verdrahten sich miteinander – ein weiterer Fall von Hebbschem Lernen.

Allerdings ist dies eine besonders brutale Art von Hebbschem Lernen, die fast unauslöschliche Spuren hinterläßt. Gemäß der einfachen Logik der evolutionsgeschichtlichen Selbsterhaltung sollte man die angemessene Reaktion auf eine Gefahr nicht immer wieder neu lernen müssen. Gebranntes Kind scheut das Feuer. Halte dich fern von Feuern – und roten Autos –, lautet das Verhaltensgebot unserer Amygdala. So ist das Einweben von Emotionen in das vibrierende neuronale Netz eine besondere Art des Strickens – es ist Häkeln mit einem Stahlfaden.

Pawlows berühmte Hunde blickten zunächst neugierig, aber gleichgültig auf seine klingelnde Glocke. Doch dann streute er jedesmal, wenn die Glocke erklang, Fleischpulver unter ihren Nasen aus. Hunde mögen den Geruch von Fleisch, der reflektorisch die Speichelabsonderung auslöst. Nach einer gewissen Zeit wurden der Glockenton und das Fleischpulver in dem hungrigen neuronalen Netz der Hunde miteinander verknüpft.

Dies wird als Konditionierung bezeichnet. Wenn jemand pfeift und unmittelbar danach einen leichten Lufthauch in Ihr

Auge bläst, werden Sie unwillkürlich blinzeln. Das Blinzeln nach einem Lufthauch ist eine natürliche, genetisch programmierte Schutzreaktion zur Abschirmung der Augen. Wird dies mehrfach wiederholt, genügt schon allein der Pfeifton, um ein Blinzeln auszulösen.

Nach einem Pfeifton mit den Augen zu blinzeln ist nicht genetisch programmiert. Das Blinzeln nach einem Pfeifton ist das Resultat einer Veränderung des Gehirns – aufgrund der zeitlichen Kopplung von Pfeifton und Blinzeln. Zellen, die sich gleichzeitig entladen, verdrahten sich miteinander. An jedem Tag Ihres Lebens wird Ihr Gehirn durch Erfahrungen wie diese umgeformt und neu strukturiert. Die meisten dieser neuroplastischen Prozesse laufen allerdings unbewußt ab.

Als ich ein Junge war, überkam mich immer, wenn ich in der öffentlichen Bibliothek unserer Gemeinde nach einem Buch zu suchen begann, ein unwiderstehlicher Drang, die Toilette aufzusuchen. Es schien keine Rolle zu spielen, ob ich vorher zu Hause noch auf die Toilette gegangen war. Manche Psychoanalytiker würden tiefgründige Erklärungen dafür präsentieren, doch die Wahrheit ist simpler. Ich hatte einige Male tatsächlich dringend auf die Toilette gehen müssen, während ich nach einem Buch suchte. Da ich jedoch ein recht unschlüssiger Bursche war, hatte ich mich auf diesen gefährlichen Balanceakt zwischen dem Wunsch nach einer interessanten Lektüre einerseits und dem unbezwingbaren Drang nach Erleichterung andererseits eingelassen. Im letzten Moment rannte ich dann mit einem Buch in der Hand aus der Bibliothek, die keine Toiletten hatte, nach Hause.

Einige derartige Erlebnisse besaßen eine derart konfliktträchtige Brisanz, daß die bloßen Geräusche und Gerüche, die visuellen und taktilen Empfindungen bei der Suche nach einem Buch in einer Bibliothek viele Jahre lang meine Eingeweide in Aufruhr versetzten. Natürlich hatte ich damals keine Ahnung, wie mein Gehirn eine Kopplung zwischen Büchereien und dem Drang, zur Toilette zu gehen, hergestellt hatte. Aber hergestellt hatte es sie, so sicher wie Pawlow bei seinen unterernährten Schäferhunden durch den Glockenton das Hungergefühl aktivierte.

Glücklicherweise hat sich diese Verbindung in meinem Gehirn während meiner Laufbahn als Akademiker, der dazu verdammt war, die Gänge von Bibliotheken zu durchstreifen, allmählich aufgelöst. Man nennt das Rückgängigmachen solcher konditionierten Verbindungen »Extinktion«. Zur Extinktion kommt es in der Regel dann, wenn der »bedingte Reiz« – Pfeifton, Glockenton, Bibliothek – wiederholt ohne seinen biologischen Partner – Lufthauch, Fleischpulver, gefüllte Blase – auftritt. Dabei kommt das Prinzip »Asynchrone Entladung – schwindende Verdrahtung« zum Tragen.

Allerdings verkümmern die Verschaltungen nicht vollständig. Spuren dieser Kopplungen bleiben erhalten, selbst nach ihrer scheinbaren Tilgung durch Extinktion. Dies läßt sich aus der Beobachtung folgern, daß die Wiederherstellung der Verbindung in der Regel leichter ist als ihre ursprüngliche Anlage; und bestimmte Formen der Konditionierung sind fast unauslöschlich.

Ich weiß dies, weil ich einmal in einem Pfadfinderlager ein ganzes Paket Schokoladekekse in zehn Minuten verschlang. Selbst nach einstündigem explosionsartigem Erbrechen löste der bloße Gedanke an einen Schokoladekeks erneut einen Brechreiz aus. Fünfunddreißig Jahre später überkommt mich beim Anblick eines Schokoladekekses noch immer eine leichte Übelkeit.

Obgleich in den Wäldern, die unsere Vorfahren – Jäger und Sammler – durchstreiften, keine Schokoladekekse zu finden waren, gab es jede Menge giftiger Pflanzen und Beeren. Explosionsartiges Erbrechen war eine geeignete Schutzreaktion nach dem Verzehr giftiger Beeren. Menschen, deren Gehirn noch lange nach dem Verzehr einer Beere bei deren bloßem Anblick ein Gefühl der Übelkeit auslöste, schreckten eher davor zurück, diese Beere noch einmal zu essen. Entsprechend höher war die

Wahrscheinlichkeit, daß diese Individuen so lange überlebten, daß sie ihre Gene weitergeben konnten.

Mein Gehirn – unser aller Gehirn – hat diese Neigung geerbt, leicht einen Widerwillen gegen etwas, das uns krank macht, zu entwickeln. Da diese Art des Lernens durch unsere genetische Ausstattung erheblich begünstigt wird, läßt sie sich viel schwerer rückgängig machen als etwa die Verbindung zwischen dem Pfeifton und dem Lufthauch ins Auge.

Und dies gilt leider auch für Tims Furcht. Die Gründe sind die gleichen – es ist sinnvoll, Stahlfäden in das vibrierende Netz einzuziehen, wenn es um Gefahren geht. Obgleich das Gehirn also genetisch programmiert ist, auf gewisse Stimuli, wie etwa Schlangen, mit Furcht zu reagieren, kann es auch lernen, sich vor nahezu allem zu fürchten, vorausgesetzt, dieses Etwas wurde mit extremer Angst assoziiert.

So habe ich als klinischer Psychologe Menschen kennengelernt, die eine krankhafte Angst – eine lähmende Furcht – vor Vögeln, Nachtfaltern, Raupen, Hunden, Aufzügen, Supermärkten sowie zahllosen weiteren harmlosen Gegenständen, Tieren oder Orten hatten. So wie die Pawlowschen Hunde darauf konditioniert waren, beim Erklingen der Glocke zu speicheln, so waren meine Patienten darauf konditioniert, eine heftige Angst zu erleben, wenn sie dem Objekt ihrer Furcht begegneten.

Manchmal läßt sich die Konditionierung der Furcht auf naheliegende Ursachen zurückführen. Ein Mann beispielsweise war als kleiner Junge versehentlich für kurze Zeit in einen Schrank eingesperrt worden. Jeder kleine, geschlossene Raum, wie etwa ein Aufzug, löste daraufhin in seinem späteren Leben eine starke Angstreaktion aus.

Manchmal aber geschieht die Konditionierung auf indirekterem Wege. Eine Frau, die mich aufsuchte, stand unter starkem Streß, weil ihre Mutter im Endstadium einer unheilbaren Krankheit war. Als sie eines Tages in ihr Schlafzimmer ging, sah sie, wie eine Amsel, die sich darin verirrt hatte, von panischer Angst ergriffen kreuz und quer durch das Zimmer flatterte. Sie wurde von einer entsetzlichen Angst befallen, die zu einer so schweren Vogelphobie führte, daß sie sich monatelang kaum aus dem Haus wagte.

Diese Frau war bis dahin eine nervlich stabile Person gewesen, die nicht zu Angstreaktionen neigte. Jetzt aber waren ihre Nerven aufgrund des Stresses, dem sie durch die Krankheit ihrer Mutter ausgesetzt war, extrem angespannt, so daß ein geringfügiger zusätzlicher Stressor – das Erschrecken darüber, daß ein Vogel durch ihr Schlafzimmer flatterte – gleichsam das Faß der Emotionen zum Überlaufen brachte. Die Angstattacke war so stark, daß sie mit dem unmittelbaren vordergründigen Auslöser assoziiert wurde – dem ziellos umherflatternden Vogel.

Diese Angstkonditionierung vollzieht sich in der Amygdala. Tiere mit einer geschädigten bzw. vom übrigen Gehirn abgetrennten Amygdala zeigen keine Angstkonditionierung. Wissenschaftler haben die Programmierung des Unbewußten, das im menschlichen Gehirn stattfindet, eingehend untersucht. Dabei zeigte man den Probanden Fotos zweiter wütender Gesichter. Jedesmal, wenn eines der Gesichter erschien, ertönte ein sehr lautes, erschreckendes Geräusch aus einem Lautsprecher neben ihnen. Dies wurde so lange wiederholt, bis eines der Gesichter ohne das Geräusch eine ängstliche Schreckreaktion auslöste. Daraufhin wurde die Hirnaktivität der Probanden beim Betrachten der Bilder mit Hilfe eines Positronenemissionstomographen untersucht – die Bilder wurden ihnen jedoch so schnell und in einer solchen Weise gezeigt, daß sie die Gesichter nicht bewußt wahrnehmen konnten; das heißt, sie wurden unterschwellig dargeboten.[4] Obgleich sie die Gesichter nicht bewußt wahrnahmen, wurde ihre rechte Amygdala bei jeder Darbietung eines Bildes aktiviert. Hier kam das Unbewußte ins Spiel, das auf etwas reagiert, das das Bewußtsein übersieht. Das Gehirn dieser Menschen war physisch verändert worden, modelliert durch die Erfahrung, ein Gesicht zu sehen und gleichzeitig ein erschreckendes Geräusch zu hören.

Tims Hirnfunktion wurde höchstwahrscheinlich durch sein traumatisches Erlebnis in einer ähnlichen, aber viel einschneidenderen Weise verändert. Bei der Untersuchung der Hirntätigkeit von Vietnam-Veteranen – die wie Tim an einer posttraumatischen Belastungsstörung litten – zeigte sich bei diesen ein ähnliches Aktivierungsmuster. Bat man sie beispielsweise, sich Kampfszenen vorzustellen, wurde die rechte Amygdala aktiviert, so wie es in der Konditionierungsstudie mit den zornigen Gesichtern der Fall war.[5]

Unser Gehirn wird also während unseres gesamten Lebens durch Erfahrungen geprägt, wobei emotionale Ereignisse die Verbindungen in dem vibrierenden Netz auf eine besonders wirksame und manchmal unauslöschliche Weise gestalten. Viele der Veränderungen in unseren Einstellungen und Vorlieben geschehen, ohne daß wir uns dessen bewußt sind; tatsächlich sind solche Manipulationen im allgemeinen wirkungsvoller, wenn die Betreffenden nicht merken, daß sie manipuliert werden.[6] Werbeagenturen wissen dies genau, und sie machen es sich zunutze, um unser Gehirn alltäglich aufs neue zu modellieren.

Allerdings müssen sie es heimlich tun. Weshalb? Weil bestimmte Formen von emotionalem Lernen die besten Erfolge erzielen, wenn wir uns dessen nicht bewußt sind. Werbeagenturen setzen alles daran, uns emotional an die Produkte zu binden, die sie bewerben. Doch um optimale Effekte zu erzielen, müssen sie das, was sie tun, so gut es geht verschleiern.

Werbefachleute wissen intuitiv eine Menge über die Funktionsweise des menschlichen Gehirns. Man kann die Fortschritte ihres Wissensstandes in den letzten fünfzig Jahren anschaulich nachvollziehen, wenn man Werbeanzeigen in alten Zeitschriften durchblättert.

Anzeige aus dem Jahr 1922 – Text: »Fahren Sie unseren eindrucksvollen neuen Sedan, und Sie werden sich bedeutend und mächtig fühlen. Sie werden die Bewunderung Ihrer Zeitgenossen – insbesondere des anderen Geschlechts – erregen.«

Bild: Ein geschniegelter junger Mann in schwarzem Anzug, der an einem funkelnden Sedan lehnt und der bevorstehenden Bewunderung von Mitgliedern des schönen Geschlechts harrt.

Anzeige aus dem Jahr 1992 – kein Text, nur Bilder: Ein schwarzer Wagen, der durch ein brennendes Zuckerrohrfeld fährt. Gefahr, Aufregung, exotisches Ambiente, Mehrdeutigkeit. Verschwommene Aufnahme vom Emblem des Autoherstellers.

Das Erfolgsgeheimnis besteht darin, Emotionen mit dem Markenbild zu verknüpfen – auf möglichst unterschwellige Weise. Es funktioniert nicht bei jedem Konsumenten, doch eine erfolgreiche Anzeige prägt sich in die neuronalen Netzwerke so vieler Konsumenten ein, daß sich der Aufwand lohnt. Bei Menschen, die eine Kopplung zwischen ihrer emotionalen Reaktion und dem Markennamen bemerken, ist die Wahrscheinlichkeit geringer, daß sich die Verbindung ihrem Gehirn fest einprägt. Bei Konsumenten dagegen, die diese Kopplung nicht bemerken, wird sie mit höherer Wahrscheinlichkeit unbewußt in ihre vibrierenden Netze eingewoben. Daher wird der Markenname bei ihnen eher die Emotionen der Werbeanzeige auslösen, wenn sie in Zukunft dem Produkt begegnen. Diese Emotionen sind ein stärkerer Kaufanreiz, als es ein rationales Argument sein könnte.

Einen letzten, schlüssigen Beweis dafür, daß das Unbewußte ohne bewußte Erinnerung programmiert werden kann, lieferte der französische Arzt Dr. Édouard Claparède im Jahr 1911. Eine seiner Patientinnen hatte eine Hirnschädigung erlitten, mit der Folge, daß sie keine neuen Erinnerungen abspeichern konnte. Diese Störung – der Fachterminus dafür lautet »anterograde Amnesie« – manifestierte sich etwa darin, daß sie in dieser Minute eine Person begrüßte, von der sie einige Augenblicke später nicht mehr wußte, daß sie ihr schon einmal begegnet war.

Eines Tages stellte sich Claparède ihr vor, wie er es schon viele Male getan hatte. Doch dieses Mal versteckte er ziemlich heimtückisch in der Innenfläche seiner Hand eine Nadel. Als sie ihm die Hand gab – fest davon überzeugt, dem bedeutenden Arzt zum ersten Mal zu begegnen –, zog sie sie ruckartig zurück, wobei sie vor Schmerz aufschrie. Als der Arzt sie das nächste Mal aufsuchte, erinnerte sie sich noch immer nicht an ihn und begegnete ihm mit der gewohnten Höflichkeit. Sie zeigte keinerlei Anzeichen von Vorsicht oder Angst, doch als er ihr, wie immer, die Hand entgegenstreckte, nahm sie sie nicht. Sie konnte ihm nicht sagen, warum sie sich weigerte.

Claparède hatte ihr Unbewußtes konditioniert, das seine Hand mit einem schmerzhaften, erschreckenden Ereignis in Verbindung brachte. Obgleich sie sich nicht bewußt an dieses Ereignis erinnerte, wurden die emotionalen Gedächtniszentren im Gehirn – zu denen in diesem Fall zweifellos auch die Amygdala gehörte – durch die Erfahrung modelliert.[7]

Furcht und Grausamkeit

Wenn die Amygdala für die Verknüpfung unserer Emotionen mit der Außenwelt so wichtig ist, stellt sich die Frage, was geschieht, wenn dieser Teil des Gehirns geschädigt oder zerstört wird. Manchmal wird die Amygdala im Rahmen der Behandlung von ansonsten nicht therapierbaren epileptischen Anfällen entfernt. Wirkt sich dies auf die Fähigkeit des Patienten aus, Emotionen wie Furcht zu empfinden?

Ja, durchaus. Eine Frau in Großbritannien, die sich dieser Operation unterzog, verlor ihr Gespür für Gefahren. So konnte ihr Ehemann sie einmal gerade noch davon abhalten, mit der Hand in einen Topf mit brodelndem Wasser zu greifen – und statt erschrocken zu sein, als sie erkannte, was sie beinahe getan hätte, lachte sie und zuckte mit den Achseln. Diese Frau kann der Handlung von Krimis nicht folgen, deren Story man nur dann versteht, wenn man die Furcht und die Gefahren nachempfinden kann.[8]

Eine Schädigung der rechten Amygdala bedeutet auch, daß man nicht mehr so leicht erschrickt.[9] Die Betroffenen verknüpfen die Angst nicht mehr so schnell mit einem harmlosen Stimulus.[10] Anders gesagt: Hätte Tim an Epilepsie gelitten und wäre ihm vor dem Unfall die Amygdala entfernt worden, dann hätte sein Gehirn auf den Geruch von Benzin oder den Anblick eines roten Autos nicht so leicht mit Angst reagiert.

Übrigens wäre es Tim dann auch schwergefallen, in den Gesichtern anderer Menschen Angst zu erkennen, denn dieser Teil des Gehirns scheint nicht nur für die Kopplung von Furcht an äußere Ereignisse, sondern für das gesamte Erleben von Angst und deren Erkennen in den Gesichtern und Stimmen anderer Menschen von entscheidender Bedeutung zu sein. Dies kann Auswirkungen haben, die weit über individuelle Verhaltensweisen hinausgehen.

Jeden Tag liest man in Zeitungen von Akten unabsichtlicher oder vorsätzlicher Grausamkeit, deren Opfer Männer, Frauen und Kinder sind. Fast jedes Land auf der Welt hat seinen berüchtigten Mörder. An diesen entsetzlichen Grausamkeiten bestürzt uns vor allem, daß die Menschen, die sie begangen haben, von ihren Taten nicht durch Einfühlung in ihre Opfer und die panische Angst, die sie in ihren Gesichtern gesehen haben müssen, bevor sie sie umbrachten, abgehalten wurden.

Oder vielleicht doch? Offenbar spricht das Gehirn mancher Psychopathen nicht in der gleichen Weise auf Anzeichen von Leid bei anderen Menschen an wie das Gehirn normaler Menschen. Wenn Sie oder ich erschrecken oder wir einen Film oder ein Bild betrachten, die uns bedrücken, erzeugt unser Gehirn eine physiologische Reaktion im Körper, zu der auch ein feuchtkaltes Gefühl auf der Haut gehört. Dieses Feuchtwerden der Haut verringert ihren elektrischen Widerstand und kann gemessen werden – es wird »elektrodermale Reaktion« genannt. Bei Psychopathen hingegen, denen man bedrückende Bilder zeigt, bleibt diese Veränderung der Haut aus, was beweist, daß sie auf Anzeichen von Leid bei anderen Menschen emotional nicht in einer normalen Weise reagieren.[11]

Dies soll ihr grausames Verhalten in keiner Weise entschuldigen oder rechtfertigen. Normalerweise entscheiden wir frei darüber, was wir tun, ob mit oder ohne Amygdala. Epileptiker, denen dieser Teil des Gehirns entfernt wird, werden im allgemeinen nicht zu Psychopathen. Grausames Verhalten ist zu komplex und multikausal, als daß es allein mit der Aktivität einer kleinen Struktur im Gehirn erklärt werden könnte. Andererseits könnten Störungen der Entwicklung der Amygdala durchaus eine Rolle dabei spielen, ob jemand zu einem Psychopathen wird.

Natürlich entwickelt sich das Gehirn nicht in einem Vakuum. Es wird bereits vor der Geburt durch Erfahrungen geprägt und strukturiert. Die Amygdala dürfte kaum eine Ausnahme von dieser Regel darstellen. So lernen etwa Kinder einfach deshalb, sich vor Gegenständen zu fürchten, weil sie sehen, daß ihre Mütter und Väter sich davor fürchten. Anders gesagt, Phobien können ansteckend sein.

Wenn ein Kind daher in einem Umfeld aufwächst, in dem Erwachsene keinerlei Hemmung zeigen, andere körperlich oder seelisch zu verletzen, dann wird das Gehirn dieses Kindes einige der Verschaltungen, die für ein soziales Gewissen erforderlich sind, nicht anlegen. Kinder, die sehen, daß ihre Eltern und andere Erwachsene mit Sorge auf das Leid anderer Menschen reagieren, werden stärkere Verbindungen in dem vibrierenden Netz entwickeln, und sie werden die Erfahrung der Sorge mit dem Anblick des Leids anderer Menschen verknüpfen.

Jede Armee versucht natürlich, einige dieser Verbindungen rückgängig zu machen und folglich die Gehirne ihrer jungen Rekruten zu verändern. Anderenfalls wäre sie eine schlechte Armee. Alle Soldaten müssen auf Befehl töten können, sonst wären sie nutzlos (da ich der Meinung bin, daß zivilisierte Staaten Armeen brauchen, ist dies kein moralischer Standpunkt, sondern lediglich eine Tatsachenfeststellung). Aus diesem Grund versucht man Soldaten beizubringen, den Angstimpuls, den die Amygdala in Erwartung der Tötung eines anderen Menschen erzeugt, zu beherrschen – und übrigens auch die Furcht, die durch Gedanken an ihren eigenen Tod bzw. an Verstümmelungen ausgelöst wird. In den meisten Fällen erreichen die Ausbilder nicht viel mehr, als die Angst zu dämpfen, doch ihr Training stärkt – wenn auch recht schwach – die abweisenden Verbindungen vom Kortex zur Amygdala.

Etwa ein Viertel der Menschen, die ein sehr schweres Trauma erleiden, entwickelt eine posttraumatische Belastungsstörung ähnlich wie Tim. Das unterschiedliche Ausmaß, in dem das Gehirn einzelner Personen mit Angst reagiert, wird jedoch höchstwahrscheinlich durch komplexe Wechselwirkungen zwischen Anlage und Umwelt determiniert. Diese Faktoren dürften auch erklären, weshalb längst nicht alle Menschen nach einem traumatischen Erlebnis einen psychischen Zusammenbruch erleiden.

Natürlich hätte kein Vater das, was Tim durchgemacht hat, psychisch unversehrt überstanden; es gibt jedoch weniger einschneidende Vorfälle, die bei einer Person einen langanhaltenden traumatischen Streß verursachen, bei einer anderen dagegen nicht. Wir wissen noch immer nicht genau, weshalb der eine Mensch mit chronischem Streß reagiert und der andere nicht, auch wenn sie dasselbe Ereignis durchlebten. Frühere psychische Probleme, ihre Beziehungen vor und nach dem Unfall sowie ihre Einstellungen und Ansichten über den Unfall stellen nur einige der Faktoren dar, die dabei eine Rolle spielen.

Posttraumatischer Streß ist nicht einfach mit einer Konditionierung auf der Ebene der Amygdala zu erklären, auch wenn dies höchstwahrscheinlich mit dazu beiträgt. Die Dinge sind viel komplexer, und die Reaktion auf ein Trauma hängt von vielen verschiedenen Faktoren ab – etwa der Einstellung zum Tod und dem Ausmaß, in dem man die Welt plötzlich als einen unvorhersehbaren und unkontrollierbaren Ort empfindet.

Wenn Haß ins Gehirn gebrannt wird

Nicht nur Phobien, auch Haßgefühle können ansteckend sein. Ein Kind, das sieht, wie sein Vater beim Anblick eines Hundes Furcht zeigt, wird vielleicht selbst Angst vor Hunden entwikkeln. Dazu braucht der Junge nicht einmal selbst gebissen worden zu sein, wie es vielleicht bei seinem Vater der Fall war. Und wenn sein Vater Vorurteile gegenüber einer ethnischen, sozialen oder religiösen Gruppe zeigt, dann wird dieses Vorurteil auch in sein vibrierendes Netz eingewoben werden. Dazu ist es ebenfalls nicht nötig, daß der Junge jemals ein Mitglied der verachteten Gruppe persönlich kennengelernt hat.

Eine solche Programmierung ist gerade deshalb besonders schwer rückgängig zu machen, weil sie unbewußt geschieht, durch direkten Zugriff auf das limbische System und die Modellierung von dessen Schaltkreisen in den ersten Lebensjahren. Denn Vorurteile funktionieren wie Werbung – Emotionen werden leichter mit Gegenständen oder Menschen verknüpft, wenn man sich dieser Verbindung nicht bewußt ist.

Ich erinnere mich an ein Gespräch mit einer Kollegin – einer Freundin, um genauer zu sein –, mit der ich einige Jahre lang zusammengearbeitet hatte. Sie war eine liebenswürdige, temperamentvolle, intelligente und geistreiche Frau mit liberalen Ansichten. Sie stammte aus einer protestantischen Familie in Nordirland, lebte aber in Großbritannien, wo sie mit einem Engländer verheiratet war. Auf einer Konferenz entspannten wir uns abends in zwangloser Runde bei ein paar Drinks, als sie sich plötzlich zu mir wandte, das Gesicht von tiefem Abscheu erfüllt: »Ich *hasse* Katholiken, Ian. Ich kann nichts dafür – ich hasse sie so sehr, daß mir vor ihnen schaudert.« Und als sie dies sagte, bebte sie *tatsächlich* am ganzen Körper. Ihr Gesicht war verzerrt, plötzlich verwandelt in eine abstoßende Fratze aus Haß und Ekel. Diese Verwandlung und die Gesinnung, die sie zum Ausdruck brachte, erschütterten mich.

Mit einem Mal mußte ich eine Person, die ich recht gut zu kennen und zu verstehen glaubte, neu beurteilen. Sie war eindeutig nicht die nette, tolerante und intelligente Person, für die ich sie in den letzten beiden Jahren gehalten hatte.

Heute, Jahre später, erkenne ich, daß ich mich geirrt habe. Sie *war* durchaus all dies. Sie war beispielsweise eine entschiedene Gegnerin des Rassismus in Südafrika vor der Epoche von Präsident Mandela. Der instinktive Haß, der an jenem Abend aus ihr hervorgebrochen war, war von Kindesbeinen an in ihr Gehirn einprogrammiert worden. Dadurch waren Verschaltungen angelegt worden – vermutlich neben anderen Hirnregionen auch in der Amygdala –, die fast so unauslöschlich waren wie die tiefsitzendste Phobie.

Wie Phobien in eine Region des Gehirns eingemeißelt sind, die sich der rationalen Kontrolle weitgehend entzieht, so auch ihr Haß auf die Katholiken, den sie von ihrem bewunderten Vater gelernt hatte. Diese scheinbare Spaltung ihrer Persönlichkeit basierte nicht auf einer pathologischen Störung. Es war schlicht die natürliche Folge der Organisation des Gehirns in das eher primitive, unwillkürliche limbische System einerseits und die rationalere Großhirnrinde andererseits.

Ihr Gehirn unterschied sich nicht von meinem – auch ich habe meine unwillkürlichen Vorlieben und Abneigungen, die mit ihren Stahlfäden in mein limbisches System eingewoben sind, und ich zeige diese Reaktionen bei bestimmten Kategorien von Menschen, auf die ich in einer bestimmten emotionalen Weise zu reagieren programmiert wurde. Der Unterschied zwischen mir und meiner früheren Bekannten liegt lediglich in der Stärke dieser Reaktionen.

Auf der ganzen Welt ist diese Art neuroplastischer Modellierung die Ursache vieler erbitterter Konflikte – in Regionen, die so weit voneinander entfernt sind wie Ruanda und Bosnien. Manche Politiker spannen diese unwillkürlichen, programmierten emotionalen Reaktionen im Gehirn für ihre finsteren Zwecke ein. Dabei schaffen sie gezielt Umstände, welche die neuronalen Schaltkreise, die diesen emotionalen Reaktionen zugrunde liegen, stärken, indem sie Massaker anzetteln, Rivalitäten und Konflikte über Wohnungsbau und Land anstacheln und Stereotype über die Massenmedien propagieren. So sind ganze politische Systeme darauf angelegt, die primitivsten emotionalen Reaktionen im Gehirn ihrer Bürger zu konditionieren.

Dies bringt mich zu der entscheidenden Frage über diese Form neuroplastischer Modellierung: Läßt sie sich wieder rückgängig machen?

Den Stahlfaden herausziehen

Die Pawlowschen Hunde reagierten noch lange, nachdem Pawlow ihnen kein Fleischpulver mehr gab, mit verstärkter Speichelabsonderung auf den Glockenton. Schließlich aber verlor die Glocke diese Macht, eine physiologische Reaktion auszulösen. Man nennt dies »Extinktion«. Das Gehirn der Hunde hatte gelernt, daß die Glocke nicht mehr den Geruch von Nahrung ankündigte.

Mit der Extinktion lassen sich gewisse Arten von Phobien behandeln, die in das Gehirn eingeätzt wurden. Nehmen wir etwa die Frau, die eine Vogelphobie entwickelt hatte. In ihrem Gehirn – und vor allem in der Amygdala – waren starke Verbindungen zwischen Angst und dem Anblick von Vögeln hergestellt worden. Als ich sie behandelte, verfuhr ich nach den gleichen Prinzipien wie Pawlow; das heißt, ich versuchte ihr den »bedingten Reiz« – den Vogel – immer wieder darzubieten, ohne bei ihr die »bedingte Reaktion« – Angst – auszulösen.

Wie ging ich dabei vor? Zunächst mußte ich dafür sorgen, daß sich meine Patientin entspannte, und dies tat ich dadurch, daß ich einfach mit ihr sprach und sie beruhigte. Manchmal kann auch ein methodischeres Entspannungstraining hilfreich sein, doch in diesem Fall war es nicht erforderlich. Dann bat ich sie, sich einige völlig harmlose Cartoon-artige Zeichnungen von Vögeln in einem Kinderbuch anzusehen. Dies führte bereits zu einem Anstieg ihres Angstniveaus, und ich mußte ihr die Bilder mehrere Minuten lang zeigen, bevor sie keine Angst mehr spürte. Dann machten wir mit wirklichkeitsgetreueren Bildern weiter, allerdings von kleinen, bunten Vögeln, die nicht in Großbritannien vorkommen, wie etwa Kolibris. Nachdem sie sich daran gewöhnt hatte, zeigte ich ihr Bilder von Vögeln, die der Art glichen, vor der sie sich besonders stark fürchtete. Am Ende unserer ersten Sitzung konnte sie problemlos Bilder von Vögeln betrachten. Als ich zur zweiten Sitzung einen kleinen ausgestopften Vogel mitbrachte, dauerte es jedoch eine ganze Stunde, bis sie ihn in die Hand nehmen konnte, ohne heftige Angst zu empfinden.

Dann führte ich ihr Videobänder mit Naturfilmen über Vögel vor, bevor ich sie dazu brachte, daß sie mit ihrem Mann ein kleines Vogelhaus im örtlichen Park besuchte. Sie mußte dies mehrmals tun, bis sie keine Angst mehr verspürte. Doch die eigentliche Herausforderung für sie war, sich einer Situation zu stellen, in der Vögel frei und unkontrollierbar um sie herumflatterten. Es war dieser Anblick des panischen Flatterns des in ihrem Schlafzimmer gefangenen Vogels, der ihr besonders großen Schrecken eingejagt hatte.

Um dies anzugehen, überredete ich sie, mit ihrem Gatten eine örtliche Schmetterlingszuchtanstalt zu besuchen, wo Schmetterlinge aller Größen – einige so groß wie kleine Vögel – in einem großen Gewächshaus frei umherflatterten. Als nächstes ging sie in einen Park, in dem viele Vögel frei umherflogen und von Menschen gefüttert wurden. Jedesmal, wenn sie einen neuen Ort aufsuchte, verspürte sie einen erneuten Angstschub, doch mit Hilfe ihres Mannes hielt sie durch, bis die Furcht vergangen war.

Das letzte Ziel war ein Ausflug zum Trafalgar Square in London, wo Hunderte von Tauben herumflattern und oftmals auf den Köpfen der Touristen landen, die sie füttern. Nachdem sie sich dort eine halbe Stunde lang aufgehalten hatte, war ihre Phobie besiegt. Wie in allen anderen Situationen, denen ich sie ausgesetzt hatte, hatte ihre Angst in dem Maße nachgelassen, wie sie sich an die Situation gewöhnt hatte. So erreichten wir den Punkt, wo der bedingte Reiz – Vogel – ohne die bedingte Reaktion – Angst – auftrat. Anders gesagt, wir hatten eine Extinktion durchgeführt.

Der Lebensstil, den sich meine Patientin nach dem traumatischen Erlebnis mit dem gefangenen Vogel angewöhnt hatte, änderte sich jetzt von Grund auf. Obgleich sie an einem gewöhnlichen Tag nicht damit rechnen mußte, vielen Vögeln zu begegnen, hatte die Phobie bewirkt, daß sie ständig auf der Hut war, und die Angst konnte schon durch einen gleitenden Schatten, den sie flüchtig aus den Augenwinkeln wahrnahm, ausgelöst werden. Infolgedessen geriet ihr Leben durch die allgegenwärtige Angst, ein Vogel – insbesondere ein gefangener, flatternder Vogel – könnte ihr zu nahe kommen, völlig aus den Fugen. Sie mied leere Zimmer, geschlossene Räume oder sonstige Orte, an denen sie Vögeln begegnen könnte. Obgleich sie mit knapper Not ihre Stelle behalten hatte, waren ihre sozialen Kontakte weitgehend erloschen, das Leben ihrer Kinder litt unter starken Einschränkungen, und ihre Ehe wurde auf eine harte Probe gestellt. Diese Probleme erzeugten ihrerseits noch mehr Angst, die wie Öl war, das in die Flammen ihrer Phobie gegossen wurde. Die ursprüngliche traumatische Erfahrung mit dem gefangenen Vogel, der das Faß ihrer seelischen Belastbarkeit zum Überlaufen gebracht hatte, hatte ihr Gehirn verändert, und das gleiche taten die Angst und der Streß, die daraufhin zusätzlich über sie hereinbrachen. Diese neuroplastischen Veränderungen in ihrem Gehirn mußte meine Therapie rückgängig machen.

Die Frau konnte wieder ein normales Leben führen, weil ihr Gehirn nicht mehr in einen Alarmzustand versetzt wurde, wenn sie einen Vogel sah bzw. zu sehen glaubte. Anders gesagt, die therapeutische Intervention hat ihr Gehirn höchstwahrscheinlich erneut verändert. Aber ging es dabei nur darum, die Stahlfäden, die das ursprüngliche Trauma in ihre Amygdala eingewoben hatte, herauszulösen? Vermutlich nicht.

Offenbar sind »höhere« Hirnareale, die lernen, die ungebärdige Amygdala zu zügeln, für die Extinktion verantwortlich. Insbesondere die mittlere Oberfläche der Stirnlappen scheint eine wichtige Rolle bei der Eindämmung ungezügelter Emotionen zu spielen. Wenn dieser Teil des Gehirns bei Tieren geschädigt wird, findet meist keine Extinktion statt.[12]

Die Frau gewöhnte sich allmählich an den ausgestopften Vogel, der sie aus kleinen, runden Augen von meinem Schreibtisch aus ansah, weil die vergleichsweise entspannte Situation ihren Stirnlappen erlaubte, die Panikreaktion der Amygdala unter Kontrolle zu bringen. Anders gesagt, die Stirnlappen hielten die überängstliche Amygdala davon ab, jedesmal, wenn sie einen Vogel zu sehen glaubte, die Feuermelder des Gehirns auszulösen.

Was aber geschah mit den Stahlfäden in der Amygdala? Obgleich sie höchstwahrscheinlich durch den Nichtgebrauch geschwächt waren, scheinen sie doch sehr lange erhalten zu bleiben. Pawlow stellte dies bei seinen Hunden fest. Lange nachdem die Glocke nicht mehr den Geruch von Futter ankündigte, machte ihr Erklingen den Hunden manchmal unvermittelt das Maul wäßrig. Dies bedeutet, daß die Verbindung von Glockenton und Speichelabsonderung noch immer in das neuronale Netzwerk eingewoben war und daß die Extinktion – vermutlich durch die Stirnlappen – das Gedächtnis einfach geknebelt hatte und es so davon abhielt, seine Reaktion auszulösen. Dies ist für meine Patientin Anlaß zu einer gewissen Besorgnis, da es darauf hindeutet, daß die neuronalen Verschaltungen ihrer Phobie noch immer vorhanden sind.

Und so kam es auch: Ein paar Monate, nachdem sie ihre Vogelphobie scheinbar völlig überwunden hatte, wurde sie von ihrer Arbeitsstelle entlassen, und die dadurch ausgelöste Existenzangst ließ die Phobie in ihrer ganzen früheren Intensität wiederaufleben. Glücklicherweise war sie nach ein paar therapeutischen Sitzungen wieder weitgehend genesen, vermutlich weil die synaptischen Verbindungen zwischen den Stirnlappen und den »phobischen« Zellen in der Amygdala durch die erneute Therapie wieder verstärkt wurden.

Die Tatsache, daß solche emotionalen Verbindungen so unauslöschlich in die Amygdala eingebrannt werden können, hängt unter anderem mit dem Hebbschen Lernen zusammen. Die Amygdalazellen, die sich entladen, wenn der Vogel wahrgenommen wird, sind dicht mit Nachbarzellen in der Amygdala verschaltet. Je öfter sich die phobischen Zellen entladen, um so häufiger werden auch diese Nachbarzellen aktiviert – und gemäß dem Prinzip, daß »Zellen, die sich gleichzeitig entladen, sich miteinander verdrahten«, breitet sich das Muster aus.

Anders gesagt, eine Gruppe von Neuronen in dem vibrierenden Netz wird in dieses allgemeine Reaktionsmuster einbezogen, obwohl diese speziellen Neuronen nicht direkt mit dem Objekt der Phobie verknüpft sind. Diese Verbindungen können auch nach der Behandlung, wenn das einst erschreckende Objekt keine Angst mehr auslöst, fortbestehen. Dies erklärt möglicherweise zum Teil, weshalb solche phobischen Reaktionen plötzlich auftreten können, lange nachdem die Phobie scheinbar geheilt wurde.

Dennoch ist diese Form der Behandlung einfacher Phobien im allgemeinen – auch langfristig – recht erfolgreich. Obgleich die posttraumatische Belastungsstörung schwerer zu behandeln ist, kann diese Art der Extinktionstherapie als Teil eines Bündels therapeutischer Maßnahmen durchaus sinnvoll sein.[13] Auf Tim angewandt, bedeutet dies, daß er damit anfangen könnte, die Strecke abzufahren, wo der Unfall passierte. Dies wäre für ihn zunächst sehr belastend, doch wenn man es richtig anstellen würde, würde sich seine starke Angst vermutlich nach und nach legen. In ähnlicher Weise könnte man ihn ermuntern, Tankstellen aufzusuchen, bis der Geruch von Benzin keine Angst mehr auslöst.

Obgleich bislang noch keine entsprechenden Studien durchgeführt wurden, dürfte man erwarten, daß Tim nach einer erfolgreichen Behandlung eine verminderte Aktivität in seiner rechten Amygdala zeigen sollte, wenn er Benzin riecht oder ein rotes Auto auf sich zukommen sieht. Solche Studien wurden allerdings bereits zur Beurteilung des Therapieerfolgs bei einer anderen psychischen Störung – der sogenannten Zwangsstörung – durchgeführt.

Menschen, die an Zwangsstörungen leiden, spüren den zwanghaften Impuls, zu bestimmten Zeitpunkten immer wieder bestimmte Zwangshandlungen auszuführen. So mag eine Person etwa den zwanghaften Impuls verspüren, immer wieder ihre Hände zu waschen – manchmal so lange, bis die Haut wund ist –, wenn sie das Gefühl hat, sich durch Berührung eines ihrer Meinung nach schmutzigen Gegenstandes verunreinigt zu haben. Dieses Gefühl, sich beschmutzt zu haben, kann solche Ausmaße annehmen, daß sich das Leben auf die Entfernung von Verunreinigungen beschränkt, die von der Berührung einer Türklinke bis zum Benutzen der Toilette herrühren können.

Eine Behandlungsstrategie bei Zwangsstörungen deckt sich weitgehend mit der Therapie von Phobien: Man setzt die Person dem Reiz aus, der die Zwangshandlungen auslöst – etwa das Anfassen eines »schmutzigen« Gegenstands. Bei dieser »Verhaltenstherapie« hält der Therapeut den Patienten davon ab, das Waschritual (bzw. ein sonstiges Ritual) auszuführen, zu dem ihn normalerweise ein zwanghafter Impuls drängt. Für den Betreffenden ist diese »Versagung« zunächst kaum auszuhalten. Doch je öfter er von der Ausführung der Zwangshandlung abgehalten wird, um so weniger belastet ihn die »Verunreinigung«, so daß er fortan sein Alltagsleben erheblich besser bewältigt. Dies bedeutet konkret eine drastische Verringerung der Zwangshandlungen und eine neu gewonnene Freiheit im Leben, die gleichen Dinge zu tun, die anderen Menschen Freude bereiten.

Die Verhaltenstherapie verändert das Gehirn zwangsgestörter Menschen, und diese neuroplastischen Veränderungen gehen mit Verbesserungen ihrer kognitiven Leistungsfähigkeit und ihres Verhaltens einher. PET-Aufnahmen der Hirnaktivität in einer Gruppe, die verhaltenstherapeutisch behandelt worden war, zeigten ein vermindertes Aktivitätsniveau in einem anderen Teil des Gehirns, der, wie wir wissen, bei Zwangsstörungen eine Rolle spielt – dem »Nucleus caudatus«.[14]

Therapeutische Verfahren, die ohne Medikamente und physikalische Therapie auskommen, können also unser Gehirn verändern und uns helfen, von Erkrankungen zu genesen, die uns stark beeinträchtigen. Dies wurde unmittelbar nur bei der Behandlung von Zwangsstörungen nachgewiesen, und zwar in den Hirnarealen, die mit dieser Störung assoziiert sind. Allerdings ist anzunehmen, daß nach der Therapie einer Phobie in ähnlicher Weise physische Veränderungen in der Amygdala nachzuweisen sind.

Tim litt an einer Depression und unter all seinen anderen Problemen. Menschen, die über längere Zeit starkem Streß ausgesetzt sind, werden oftmals depressiv. Depressive zeigen eine verringerte Aktivität in gewissen Gebieten des Stirnhirns, und das ist eine der Ursachen dafür, daß es ihnen so schwer fällt, sich zu konzentrieren. Depressionen können allerdings mit einer Therapieform, die »kognitive Therapie« genannt wird, erfolgreich behandelt werden; dabei beeinflußt man die Stimmungslage des Patienten durch gezielte Änderung seiner Denkmuster. Höchstwahrscheinlich verändert eine erfolgreiche Gesprächstherapie dieser Art die Hirnaktivität in den Stirnlappen von Depressiven, auch wenn dies bislang nicht empirisch überprüft worden ist. Allerdings sprechen Depressionen nicht auf alle Formen von Psychotherapie an, und vermutlich führen die wirkungslosen Therapien auch keine Änderungen im Gehirn herbei.

Man kann psychologische Therapien als ein Verfahren betrachten, die Gedanken, Emotionen und das Verhalten einer

Person umzuprogrammieren. Wenn man einen Computer umprogrammiert, sorgt man dafür, daß die Siliziumchips in dem Gerät mit anderen Raten, in anderen Kombinationen und zu anderen Zeitpunkten elektrische Impulse aussenden. Das gleiche geschieht mit der Hardware des Gehirns – dem vibrierenden Netz von Neuronen. Neue Programme sorgen dafür, daß sich die Neuronen in anderer Weise entladen, und wir können diese Veränderungen anhand der Hirnaktivität messen.

Auch Medikamente können diese Veränderungen im Gehirn bewirken, aber wir nehmen Medikamente nicht so ohne weiteres ein, und die meisten Staaten haben zudem sehr strenge Regeln für die Zulassung und Verordnung von Medikamenten erlassen. Es dürfen nur solche Arzneimittel verordnet werden, die in wissenschaftlich betreuten Studien ihre Wirksamkeit unter Beweis gestellt haben. Doch Psychotherapie und Beratung können das Gehirn genauso stark verändern wie Medikamente, und wie Medikamente können auch Psychotherapien schädliche Folgen haben, wenn sie falsch eingesetzt oder für die falsche Erkrankung verordnet werden.

Falls ich an einer Depression erkranken sollte, können bestimmte psychotherapeutische Verfahren meinen Zustand verschlechtern. Das ist mir bekannt. Ich möchte daher nur mit Therapien behandelt werden, die ähnliche Prüfungen bestanden haben, denen auch Medikamente unterzogen werden. Wenn ich beispielsweise wiederholt von Panikattacken heimgesucht werde, kann ich unter bestimmten Formen von Gesprächstherapien auswählen, die in diesen Fällen erfolgversprechend sind. Ich möchte nicht nach einer anderen Methode behandelt werden, die mir vielleicht sogar schaden könnte!

Tim hat viele verschiedene Therapieformen ausprobiert, als er spürte, daß sein Leben in einen Sog der Zerrüttung geriet. Einige halfen ihm, die meisten nicht. Einige verstärkten seine Angst und vertieften seine Depression. Andere empfand er einfach als Fehlschlag, weil er nicht davon profitierte.

Es gelang ihm, seine Ängste bis zu einem gewissen Grad zu überwinden. Man half ihm, die Kopplung zwischen Stimuli, die mit dem Trauma verbunden waren, und der erstickenden Furcht, die sie auslösten, aufzubrechen. Doch Tims Probleme gingen weit über diese Phobie hinaus und waren viel komplexer.

Die Kurzschlüsse der Angst

Im Hirnstamm, unmittelbar oberhalb der Stelle, wo sich das Gehirn zum Rückenmark verjüngt, gibt es ein winziges Zellbündel, das als »Locus coeruleus« bezeichnet wird. Wenn man dieses Areal elektrisch stimuliert, reagiert der Betreffende mit Furcht und extremer Wachsamkeit sowie den körperlichen Symptomen, die mit diesen Zuständen verbunden sind, wie z. B. einem pochenden Herzen.

Der Locus coeruleus produziert eine der chemischen Botensubstanzen des Gehirns, Noradrenalin. Jedesmal, wenn wir etwas Unerwartetem, Erschütterndem oder Erschreckendem begegnen, schickt er einen Noradrenalin-Stoß an die höheren Regionen des Gehirns. Wann wurden Sie das letzte Mal durch ein lautes Geräusch erschreckt? Erinnern Sie sich daran, daß Sie wie angewurzelt stehenblieben, gespannt lauschten und Ausschau hielten und einen Augenblick lang alles vergaßen, das Ihnen durch den Kopf gegangen war? Dies war auf eine vorübergehende Änderung der neurophysiologischen Abläufe in Ihrem Gehirn zurückzuführen, die Sie zwingen soll, auf mögliche Gefahren zu achten und gegebenenfalls zu fliehen. In diesem Zustand reagiert Ihr Gehirn empfindlicher auf schwache Geräusche, Berührungen oder Bewegungen. Dies bedeutet beispielsweise, daß Sie, wenn Sie gerade erschreckt wurden, bei einem anschließenden leichten Schlag auf die Schulter regelrecht aus der Haut fahren.

Filmregisseure machen sich dieses Prinzip zunutze, um den Zuschauern einen starken Schrecken einzujagen. Das Szenario ist bekannt: Junge Frau mit weit aufgerissenen Augen und keuchendem Atem versucht auf dunkler Treppe höhnisch grinsendem Psychopathen mit Metzgerbeil zu entkommen. Lange Stille, dumpfer Aufschlag, unterdrückter Schrei; sie dreht sich blitzschnell herum und sieht eine Katze, die von einem Fensterbrett heruntergesprungen ist.

Dieser Zustand gesteigerter Wachsamkeit, in dem einen der schwächste Stimulus zutiefst erschrickt und man die Umgebung fortwährend nach einer Gefahr absucht, kann beim Betrachten eines Films für ein paar Minuten ganz reizvoll sein. Dennoch wissen die meisten Filmregisseure, daß sie uns nach einer gruseligen Szene wieder mit einigen heiteren Aufnahmen beruhigen müssen. Doch wenn wir des Nachts einen Einbrecher in unserem Haus zu hören glauben, ist dieser das Herz zum Pochen bringende Zustand erhöhter Wachsamkeit alles andere als angenehm.

Menschen, die schwere Katastrophen überlebt haben, zeigen noch viele Jahre nach den traumatischen Ereignissen Änderungen im Erregungsgrad ihres Gehirns. So gab es beispielsweise 1988 ein furchtbares Erdbeben in Armenien. In Spitak, der Stadt, die dem Epizentrum am nächsten lag, wurde die Hälfte der Schüler getötet. Selbst fünf Jahre nach der Katastrophe waren sehr viele der Kinder, die überlebt hatten, noch immer traumatisiert – die Schreie der Opfer, die unter eingestürzten Gebäuden begraben waren, verfolgten sie, sie wiesen ein hohes Streßniveau auf und waren sehr schreckhaft. Es gab Anhaltspunkte dafür, daß sich aufgrund ihrer traumatischen Erfahrung die Neurophysiologie ihres Gehirns verändert hatte, was zu extremer Schlaflosigkeit und vielen anderen Symptomen einer posttraumatischen Belastungsstörung führte.[15]

Das gleiche widerfuhr auch Tim. Sein Gehirn reagierte noch Monate und sogar Jahre nach dem Unfall Tag für Tag in dieser Weise. Tief im Hirnstamm pumpte der Locus coeruleus weiter Noradrenalin in höhere Schichten seines Gehirns und hielt Tim so in einem Zustand erschöpfender ständiger Schlaflosigkeit und Gereiztheit.[16] Es war dieser Zustand, der die Beziehung zu seiner Frau am stärksten beeinträchtigte. Er konnte sich nie richtig entspannen und ihre Gesellschaft genießen. Für ihn war es so, als würde sich ständig ein Einbrecher in seinem Haus zu schaffen machen. Und wenn man dieses Gefühl hat, dann hat die Eindämmung der Bedrohung absoluten Vorrang vor allem anderen. Wenn man sich, wie Tim, fortwährend bedroht fühlt, hat man keine Zeit für die entspannende Zweisamkeit, auf der jede erfolgreiche Beziehung basiert.

Ein Grund, weshalb Tim und Menschen mit ähnlichem Schicksal sich ständig gefährdet zu fühlen scheinen, liegt darin, daß das Trauma, das sie erlitten haben, ihren Glauben daran zerstört hat, daß das Leben vorhersagbar und einigermaßen kontrollierbar ist. In den meisten westlichen Staaten werden wir gegen viele Bedrohungen und gegen Krankheit und Tod abgeschirmt, und viele Menschen erreichen das mittlere Lebensalter, ohne daß ihnen ein größeres Mißgeschick widerfahren ist. Wenn dann etwas Furchtbares geschieht, widerspricht dies all unseren Erwartungen. Traumatische Erfahrungen verändern daher möglicherweise das Gehirn auf der höchsten Ebene komplexer Annahmen und Überzeugungen, die in das vibrierende Netzwerk des Kortex eingewoben sind, abgesehen davon, daß sie die elektrochemische Aktivität in den emotionalen und den das Schlafen und Wachen betreffenden Schaltkreisen des Gehirns tiefgreifend verändern.

Tims Ehe wurde jedoch noch stärker dadurch untergraben, daß er das Gefühl hatte und auch den Eindruck vermittelte, der Welt und sogar den Menschen, die ihm am nächsten standen, gleichgültig und teilnahmslos gegenüberzustehen. Für seine Frau war es, als hätte sie ihn verloren. Sogar seine Kinder fühlten sich durch seine Distanziertheit abgelehnt. Tim wiederum hatte das Gefühl, in einem Glaskasten zu sitzen. Alles erschien ihm irgendwie unwirklich – er hatte das Gefühl, »neben sich« zu stehen und emotional abgestumpft zu sein. Wenn Sie jemals in einen Unfall verwickelt waren oder ein traumatisches Erlebnis hatten, haben Sie sich vielleicht so ähnlich gefühlt. Die Zeit scheint langsamer zu vergehen, und es ist, als wären Sie ein anderer, der Sie bei allen alltäglichen Verrichtungen von außen beobachtet. Ich weiß noch, daß ich als Kind einmal einen großen Topf mit einer heißen Flüssigkeit vom Tisch zog. Ich hörte mich aufschreien, aber es war, als ob ein anderer schrie. Die Flüssigkeit ergoß sich in einer langsamen, schön anzuschauenden Kaskade über mich, und eigentlich spürte ich ihre kochendheiße Hitze nicht – es war so, als würde die Haut einer anderen Person verbrüht. Mein Gefühl träumerischer Distanz wich allerdings schon bald einem quälenden Schmerz, doch Menschen wie Tim sind manchmal so tief in diesem Gefühl der Distanz gefangen, daß ihr Leben völlig ruiniert werden kann. Die emotionalen Zentren des Gehirns sind gleichsam im »Alarmzustand« arretiert, und die Amygdala wird in einem fort instruiert, auf eine Welt zu reagieren, die unkontrollierbar geworden ist. Tatsächlich kann starker Streß unter bestimmten Umständen dauerhafte und schädigende Veränderungen im Gehirn auslösen.

Durchgebrannte Sicherungen und verschmorte Drähte

Die tiefgreifenden Veränderungen, die ein einziges Schockerlebnis im Gehirn auslösen kann, verdeutlicht folgendes Fallbeispiel aus Deutschland.[17] Ein dreiundzwanzigjähriger Mann, der in einem Versicherungsunternehmen arbeitete, entdeckte eines Abends einen Brand im Keller seines Hauses. Er floh aus dem Haus und alarmierte die Feuerwehr; er erlitt keine Verletzungen und atmete keinen Rauch ein. Er erinnerte sich an alles, was geschehen war, aber er machte einen benommenen, verängstigten Eindruck.

Am nächsten Morgen wußte er nicht mehr, wo er wohnte und welchen Beruf er hatte. Nur mit Mühe erkannte er seine

Freundin, mit der er seit drei Jahren zusammen war, und er hatte praktisch keine Erinnerung mehr an alles, was nach seinem siebzehnten Lebensjahr geschehen war. Als seine Hirnaktivität mit einem Positronenemissionstomographen untersucht wurde, stellte man fest, daß sie insbesondere in den Arealen des Gehirns, in denen das Gedächtnis lokalisiert ist – vornehmlich dem sogenannten Hippokampus –, deutlich reduziert war. Erwartungsgemäß zeigte er auch bei Gedächtnis- und Lerntests sehr schlechte Ergebnisse.

Acht Monate nach dem Brand hatten sich seine Hirnfunktionen noch immer nicht verbessert. Wie konnte ein vergleichsweise so leichtes Trauma derart verheerende und lang anhaltende Auswirkungen auf das Gehirn haben? Die Antwort auf diese Frage erhielt man nach einer dreiwöchigen Psychotherapie. Er erinnerte sich, daß er als Vierjähriger einen Autounfall mit angesehen hatte, bei dem eines der Autos in Flammen aufging. Er sah, wie der Fahrer in den Flammen umkam, schreiend und den Kopf gegen die Windschutzscheibe gepreßt. Die Mutter des jungen Mannes bestätigte dies.

Diese schreckliche Erinnerung war in die Amygdala des Kindes eingebrannt. Als er neunzehn Jahre später in seinem eigenen Haus ein Feuer entdeckte, reagierte sein limbisches System so heftig, weil die schreckliche Erinnerung unauslöschlich mit Feuer verknüpft war.

Die von der Amygdala – dem Speicher dieser furchtbaren emotionalen Erinnerungen – ausgelöste Streßreaktion besteht unter anderem in der Ausschüttung von steroidalen Streßhormonen ins Blut. Eine zu hohe Konzentration dieses Streßhormons kann Hirnzellen schädigen, insbesondere im Hippokampus, einem Areal, das für das Alltagsgedächtnis und für das Erlernen neuer Dinge von entscheidender Bedeutung ist. Wir brauchen den Hippokampus, um uns an das zu erinnern, was wir heute morgen getan haben, um den Namen eines neuen Bekannten zu lernen oder uns das zu vergegenwärtigen, was man uns vor fünf Minuten gesagt hat.

Starker oder lang anhaltender Streß kann dazu führen, daß die Neuronen im Hippokampus schrumpfen. Sobald der Streß aufhört, nehmen sie in der Regel wieder ihre ursprüngliche Gestalt an, manchmal aber werden die Verbindungsdrähte zwischen Zellen – die Dendriten – durch den Streß auch dauerhaft geschädigt.

Daher stellen manche stark gestreßten Menschen fest, daß ihr Gedächtnis nicht mehr so gut funktioniert wie früher. In den meisten Fällen von vergleichsweise normalem Streß ist dies schlicht auf die Verwirrung wegen der inneren Ängste zurückzuführen, nicht auf Veränderungen im Gehirn selbst. Bei sehr starkem und lang anhaltendem Streß aber schrumpfen die Neuronen im Hippokampus möglicherweise, so daß das Erinnerungsvermögen neurophysiologisch beeinträchtigt wird. Doch sobald der Streß aufhört, wachsen die Neuronen in den meisten Fällen wieder zu ihrer normalen Größe heran.[18]

Traumatisierender Streß aber kann dauerhafte Veränderungen im Gehirn auslösen. So stellte man bei einigen Überlebenden von Feuergefechten im Vietnamkrieg, die an einer posttraumatischen Belastungsstörung litten, eine Schrumpfung des Hippokampus und, damit einhergehend, Gedächtnisstörungen fest. Auch Menschen, die als Kinder wiederholt sexuell mißbraucht wurden, weisen aufgrund ihrer traumatischen Erfahrungen ähnliche Veränderungen im Gehirn auf.

Diese Hirnschädigung erschwert nun ihrerseits die Bewältigung neuer Streßerfahrungen und Schwierigkeiten, die das Leben mit sich bringt. Dies wiederum erzeugt noch mehr Streß, der das vibrierende Netzwerk des Gedächtnissystems noch weiter schrumpfen lassen kann. Bei kleinen Kindern, die in einem streßreichen Umfeld aufwachsen, untergraben die zerstörerischen Wirkungen von Streß auf ihr Gehirn manchmal ihre Lernfähigkeit und die volle Entwicklung ihrer Intelligenz. Kinder, die vernachlässigt und/oder mißhandelt wurden, haben im allgemeinen Gehirne, die abnorm entwickelt sind. Die Stirnlappen, das limbische System und die Fasern, welche die beiden Hirnhälften miteinander verbinden (das sogenannte Corpus callosum), können durch die mangelhafte Stimulation, die mit Vernachlässigung einhergeht, und durch den Streß, der mit körperlicher und seelischer Mißhandlung verbunden ist, stark verändert werden.[19]

Zusammen mit anderen Faktoren wie schlechter Ernährung oder Umweltbelastung durch Blei und andere Giftstoffe wecken diese Tatsachen starke Zweifel an Behauptungen, wonach die Unterschiede im Intelligenzniveau zwischen verschiedenen Rassen genetisch bedingt seien. Schwarze leben im allgemeinen in Milieus mit hohem Streßniveau, ob nun in der Armut vieler afrikanischer Staaten oder in den Innenstadtghettos der USA.

Verändern Sie Ihr Gehirn jetzt!

Trauma und Streß verändern das Gehirn. Aber auch Sie verändern Ihr Gehirn zu jeder Stunde jeden Tages durch das, was Sie denken und tun. Jeder kennt Stimmungsschwankungen. Das Auf und Ab der emotionalen Befindlichkeit flößt uns heute ein Gefühl optimistischer Sorglosigkeit ein. Doch schon morgen – oder auch in nur einer Stunde – überkommt uns ein Gefühl von Lethargie, Pessimismus und Lebensangst.

Diese Stimmungswechsel gleichen bei manchen Menschen sanft abfallenden Hügeln, bei anderen steilen Alpen. Einige verändern sich kaum, andere sind ständig in einen Nebel der Schwermut gehüllt, während sich wieder andere im ewigen Sonnenschein ungezügelter Fröhlichkeit aalen. Mit beidem läßt sich auf Dauer nur schwer leben. Das menschliche Gehirn braucht zumindest ein wenig Abwechslung.

Was löst diese Stimmungsumschwünge aus? Einerseits spielen physiologische Vorgänge wie Hormone, Hunger oder Erschöpfung eine gewisse Rolle, andererseits beeinflussen auch die Zufälle des Alltagslebens die Entladungsmuster in dem vibrierenden Netz. Der Autofahrer, der uns an einer Kreuzung aggressiv schneidet, das Lob aus dem Mund eines Vorgesetzten, die kränkende Bemerkung eines Bekannten – sie alle können einen plötzlichen Stimmungswechsel bei uns auslösen. Unsere Stimmung kann auch kippen, wenn uns plötzlich eine ungebetene Erinnerung bewußt wird.

Stimmungswechsel sind auf Veränderung der Hirnaktivität zurückzuführen und umgekehrt. Wir verändern unser Gehirn im gleichen Maße, wie unser Gehirn uns verändert. Im Labor können Psychologen leicht die Stimmung von Probanden verändern. Sie können eine depressive Verstimmung auslösen, indem sie den Versuchspersonen eine Reihe von Aussagen zu lesen geben wie: »Wenn ich auf mein Leben zurückblicke, frage ich mich, ob ich etwas wirklich Substantielles erreicht habe ...«; »Es gibt Seiten an mir, die nicht sehr einnehmend sind«; »Ich bin etwas enttäuscht darüber, wie alles gekommen ist ...«. Wer einige Dutzend dieser erbaulichen Aussagen gelesen hat, steht vielleicht nicht kurz davor, sich die Pulsadern aufzuschneiden, aber sein Lebensgefühl hat doch für eine gewisse Zeit einen ordentlichen Dämpfer erhalten. In ähnlicher Weise kann man jemanden auch in eine fröhliche, gelöste Stimmung versetzen, indem man ihm aufbauende Sätze zu lesen gibt wie: »Alles in allem bin ich zufrieden damit, wie die Dinge laufen«; »Das Leben ist im Moment eigentlich ganz schön«; »Gegenwärtig bin ich ganz optimistisch gestimmt«.

Auch Musik kann helfen. In einer Studie mußten die Versuchspersonen, welche die deprimierenden Sätze gelesen hatten, sich anschließend auch noch Prokofjews schwermütiges Musikstück *Rußland unter dem Joch der Mongolen* – das mit halber Geschwindigkeit abgespielt wurde! – anhören. Diejenigen, welche die aufmunternden Sätze gelesen hatten, durften Léo Delibes' *Coppélia* oder einer beruhigenden Sammlung populärer klassischer Stücke lauschen.

Mit diesen Verfahren kann man bei völlig gesunden Versuchspersonen erreichen, daß ihre jeweilige – positive oder negative – Stimmung umschlägt. Selbstverständlich halten diese

Stimmungsumschwünge nur kurzzeitig an, doch die damit einhergehenden Veränderungen im Gehirn sind identisch mit den Veränderungen, die bei natürlichen Stimmungsschwankungen auftreten. So kommt es zu einer deutlichen Veränderung der Hirnaktivität, insbesondere im Stirnhirn[20], und die durch den Stimmungswandel ausgelösten kortikalen Veränderungen betreffen die gesamte Funktionsweise des Gehirns. In gehobener Stimmung lassen sich bekanntlich intellektuelle und praktische Probleme leichter lösen.

Bei einem Experiment wurden einige Probanden in eine heitere Stimmung versetzt, indem man ihnen einen lustigen Film zeigte, während andere einen neutralen Film sahen und in ihrer normalen Stimmung gelassen wurden. Anschließend mußten alle ein Problem lösen. Man gab ihnen eine Kerze und eine Schachtel mit Nägeln und trug ihnen auf, die Kerze an einer Wand zu befestigen. Die Kerze war allerdings so dick, daß die Nägel nicht ganz durchgingen, so daß sie nicht direkt an die Wand genagelt werden konnte. Denken Sie einen Augenblick über dieses Problem nach, bevor Sie weiterlesen.

Die Lösung besteht darin, die Schachtel zu leeren und als Kerzenhalter an der Wand zu befestigen. Nur 20 Prozent derjenigen, die den neutralen Film gesehen hatten, kamen innerhalb von zehn Minuten auf die Lösung, während 75 Prozent derjenigen, die den lustigen Film gesehen hatten, die Aufgabe lösten![21]

Wenn sich die Aktivität in den Stirnlappen mit der Stimmung verändert, dann ändert sich damit natürlich auch das Denkvermögen. Geschäftsleute benutzen Geschenke und Bewirtungen, um die Stimmung von Kunden zu heben, denn sie wissen, daß deren Gehirn sich im Hochgefühl eines guten Mahls leichter überzeugen läßt.

In jedem Augenblick wird unser Gehirn durch unsere Erlebnisse, unsere Gedanken und unsere Erinnerungen verändert. Unsere Stimmung kann sogar davon beeinflußt werden, welche Körperseite wir bewegen. Probieren Sie folgende Übung aus. Nehmen Sie einen Gummiball, ein weiches Spielzeug oder ein zusammengeknäultes Kleidungsstück. Nehmen Sie den Gegenstand zunächst in Ihre rechte Hand und drücken Sie ihn etwa 45 Sekunden lang. Legen Sie dann eine Pause von 10 Sekunden ein, und drücken Sie ihn weitere 45 Sekunden. Wiederholen Sie das Ganze zweimal, und pausieren Sie zwischen jedem Drücken 10 Sekunden lang. Nach einer kurzen Verschnaufpause tun Sie das gleiche mit der linken Hand. Fiel Ihnen irgendein Unterschied zwischen den beiden Durchgängen auf?

In einer Studie fand man heraus, daß Versuchspersonen bei der Beschreibung eines mehrdeutigen Bildes im Schnitt mehr positive Aussagen machten, wenn sie ihre rechte Hand fest zusammenpreßten, als wenn sie dies mit ihrer linken Hand taten. Es gab auch Anhaltspunkte dafür, daß Bewegungen mit der rechten Hand ihre Stimmung stärker aufhellten.[22] Obgleich wir bislang nicht genau wissen, weshalb dies so ist, nimmt man an, es könnte mit der Tatsache zusammenhängen, daß die rechte Hirnhemisphäre stärker auf negative Emotionen spezialisiert ist, während die linke Hemisphäre bei positiven Emotionen eine größere Rolle spielt.

Wenn man seine linke Hand fest zusammenpreßt, erhöht sich die Aktivität in der rechten Hemisphäre, die daraufhin ihrerseits verstärkt negative Emotionen erzeugt. Es gibt Anhaltspunkte, die dafür sprechen, daß die rechte Hemisphäre bei der Produktion von negativen bzw. Aversionsemotionen eine besondere Rolle spielt. Einige Säuglinge hängen stärker an ihren Müttern und sind gehemmter als andere, vor allem in für sie neuen Situationen wie einer Spielgruppe. Stark gehemmte Säuglinge weisen in der rechten Hemisphäre mehr elektrische Aktivität auf als Kinder, die nicht so gehemmt sind.[23] Menschen, die lustige Filme ansehen und dabei eine heitere Miene machen, zeigen im linken Stirnlappen eine erhöhte Hirnaktivität. Andererseits zeigen dieselben Personen, wenn sie grausige Szenen von Verbrennungsopfern betrachten und dabei das Gesicht verziehen, eine erhöhte Aktivität im rechten Stirnlappen.

Sogar die Veränderung des Gesichtsausdrucks kann die Stimmung verändern. Runzeln Sie die Stirn und behalten Sie diesen Ausdruck etwa eine Minute lang bei. Vielleicht bemerken Sie, wie sich Ihre Stimmung allmählich wandelt, bis sie zu Ihrem Gesichtsausdruck paßt.[24] Versuchen Sie nun ein Lächeln aufzusetzen und behalten Sie dies ebenfalls für ein bis zwei Minuten bei. Auch wenn es immer zahlreiche Ausnahmen von der Regel gibt, sollten Sie dadurch, daß Sie Ihr Gesicht in ein getreuliches Abbild innerer Glückseligkeit verwandelten, doch eine geringfügige Hebung Ihrer Stimmung bemerken.

Im Deutschen gibt es eine Umlautversion des Vokals »U«, das »Ü«, bei dessen Aussprache man die Lippen stark schürzen muß, ähnlich der Reaktion beim Beißen in eine saure Zitrone. Beim Aussprechen eines »Ü« zieht man also eine Miene säuerlichen Mißfallens. In einer Studie wurden einige deutsche Muttersprachler gebeten, eine Seite mit normalem deutschen Text laut vorzulesen; anschließend sollten sie einen gleich langen Text vorlesen, der ungewöhnlich viele »Ü« enthielt.[25] Bei der späteren Befragung erklärten die Probanden, der Text mit den normal vielen »Ü« habe ihnen viel besser gefallen als der mit »Ü« angereicherte Text! Und dies, obwohl die Texte inhaltlich weitgehend identisch waren, der eine also nicht amüsanter war als der andere.

»Lächle einfach« ist daher kein so belangloser Rat, wie es zunächst erscheinen mag. Dies hängt damit zusammen, daß die neuronalen Schaltkreise im Gehirn, welche die Mimik kontrollieren, eng mit den Schaltkreisen für das Erleben der entsprechenden Emotionen verknüpft sind. Wie ein kurzer Ausschnitt aus einem Musikstück die Erinnerung an ein früheres Mißgeschick wachrufen und einen traurig stimmen kann, so können bestimmte körperliche Empfindungen – selbst diejenigen, die durch bewußtes Schürzen der Lippen entstehen – einen Widerhall der Emotionen auslösen, mit denen sie verbunden sind.

Das Gefühl in Ihrem Gesicht, wenn Sie die Stirn runzeln oder ein Lächeln aufsetzen, ist nur eine von mehreren Möglichkeiten, wie körperliche Empfindungen Emotionen auslösen können. Das gleiche gilt beispielsweise für Erschöpfung und Hunger. Diese physiologischen Zustände haben viel gemein mit Emotionen wie Trauer und Furcht – zumindest was das Gehirn anlangt. Wenn Sie ausgehungert sind, können Sie ein wackliges Gefühl in den Beinen bekommen; und Ihre Knie schlottern, wenn Sie vor etwas erschrecken. Wenn Sie also in der Vergangenheit immer wieder unter Angst gelitten haben, können Sie Panikattacken erleiden, die »aus heiterem Himmel« kommen und keine greifbare Ursache haben.

Manchmal ist die Ursache eine Reaktion des Körpers, die nichts mit Furcht zu tun hat – wie etwa wacklige Beine infolge von großem Hunger. Für das limbische System mit seinen aufbrausenden Reaktionen auf den leisesten Stimulus sind wacklige Beine ein Anzeichen für Gefahr. Zumindest bei Menschen, die schon viele Angstanfälle erlitten haben, denn im Verlauf dieser Attacken wurde das limbische System darauf konditioniert, sein Notfallprogramm mit einem immer breiteren Spektrum von – körperinneren und externen – Stimuli zu verknüpfen.

Aufgrund der Hebbschen Verknüpfung zwischen Emotionen und recht unspezifischen körperlichen Empfindungen kann das eine zum Auslöser des anderen werden. So kann beispielsweise bei Menschen, die zu Depressionen neigen, Müdigkeit eine Episode depressiver Verstimmung auslösen. Dies ist darauf zurückzuführen, daß die körperlichen Symptome von Müdigkeit große Ähnlichkeit mit denen einer Depression aufweisen, und in dem vibrierenden Netzwerk des Gehirns neigen überlappende Verbindungsmuster dazu, sich gegenseitig zu aktivieren.

Dies erklärt auch, weshalb Überarbeitung ein Risiko für das psychische Wohlbefinden ist. Vielleicht beginnen Sie die Woche in gehobener Stimmung, doch am Wochenende fühlen Sie sich erschöpft und niedergeschlagen. Diese Verstimmung wurde möglicherweise einfach dadurch ausgelöst, daß Ihr Gehirn die körperlichen Empfindungen, die mit starker Erschöpfung verbunden sind, mit denen einer Depression verknüpft. Dieser gedrückte Gemütszustand kann Ihr gesamtes Denken überschatten, Sie pessimistisch stimmen und dazu führen, daß Sie ständig über vergangene Mißerfolge grübeln, statt sich an Ihre Leistungen zu erinnern. Diese schwermütige Stimmung wird vermutlich auch Ihre Problemlösungsfähigkeiten beeinträchtigen, so daß Ihre beruflichen Leistungen nachlassen. Wenn Sie dann bemerken, daß Ihre berufliche Leistungsfähigkeit zu wünschen übrig läßt, vertieft dies Ihre gedrückte Stimmung noch weiter. So kann ein Teufelskreis entstehen, der Sie in einen Gemütszustand versetzt, der niemals aufgetreten wäre, wenn Sie sich nicht zu Wochenanfang durch Überarbeitung verausgabt hätten.

Die meisten von uns kommen aus diesen schwermütigen Tiefs schnell wieder heraus – es genügt häufig schon, sich einmal richtig auszuschlafen oder sich bei einem Drink zu entspannen. Viele der Veränderungen im Gehirn, die ich in diesem Kapitel beschrieben habe, basieren auf vorübergehenden Modifikationen an dem vibrierenden Netz, die rasch wieder rückgängig gemacht werden, sobald sich die Umstände ändern. Andere jedoch sind mit länger anhaltenden Umgestaltungen verbunden. Daher ist das Gehirn mancher Menschen anfälliger für eine selbstzerstörerische Abwärtsspirale, die von vorübergehender Verstimmung zu längerfristiger Depression führt. Dies hängt meist mit früheren negativen emotionalen Erfahrungen im Leben zusammen, die in das vibrierende Netzwerk eingewoben wurden und das Gehirn anfälliger machen für eine solche emotionale Kettenreaktion.

Genau dies widerfuhr auch Tim und machte seine ohnehin schon komplexen Probleme noch vertrackter. Er war erschöpft nicht nur wegen der Überarbeitung, in die er sich flüchtete, sondern auch wegen seines stark gestörten Schlafs, der von Alpträumen und trübsinnigen Gedanken unterbrochen wurde. Die daraus folgende Müdigkeit, die sich als Depressivität maskierte, löste in seinem Gehirn Anfälle düsterer Hoffnungslosigkeit aus.

Tims Depression führte dazu, daß sich seine Freunde und seine Familie von ihm zurückzogen. Dies hängt unter anderem damit zusammen, daß Emotionen – einschließlich depressiver Verstimmung – ansteckend sind. Studenten beispielsweise, die das Semester voller Zuversicht begannen, zeigten am Ende des Semesters eine deutlich gedrückte Stimmung, wenn sie mit einem schwermütigen Zimmergenossen zusammenwohnten.[26] Auch Angst ist ansteckend – Eltern geben Phobien an ihre Kinder weiter. Dies gilt auch für Wut und Aggressivität, die sich wie Viren durch ganze Populationen ausbreiten können.

Mit der richtigen Therapie kann man den meisten Menschen wie Tim helfen, ihre vibrierenden Netze neu zu strukturieren und ihre emotionalen Probleme wenigstens teilweise zu überwinden. In so schweren Fällen wie dem von Tim erfordert die neuroplastische Reorganisation oftmals eine Kombination von Medikamenten und Psychotherapie. Wie aber steht es mit ganzen Generationen und Kulturen? Angesichts der Tatsache, daß Depressionen und andere psychische Störungen in den meisten westlichen Staaten ständig zunehmen, stellt sich die Frage, wie wir verhindern können, daß die Fäden emotionaler und intellektueller Defizite in das Gehirn ganzer Generationen von Kleinkindern eingezogen werden. Mit dieser Frage wollen wir uns im nächsten Kapitel befassen.

Glaube, Liebe und Hoffnung im Gehirn

Claire strampelt mit ihren nackten Beinen und fixiert ihre Mutter mit strahlenden Augen. »Ei, mein Schatz«, antwortet ihre Mutter erfreut, nimmt einen Fuß von Claire in jede Hand und bewegt sie sanft vor und zurück. Das Baby quietscht vor Vergnügen und strampelt wild mit den Beinen, um sich dem Griff der mütterlichen Hände zu entwinden; es kichert atemlos und faßt die Mutter fest ins Auge, um deren Reaktion mitzubekommen. »Ei!« antwortet die Mutter lächelnd. »Was machst du denn da?« Das Baby quietscht erneut; es geht auf das Spiel ein und genießt das Gefühl der Gemeinsamkeit. Wieder strampelt es mit den Beinen, aber dabei bleibt es mit einem Bein an einer Stange des Kinderbettchens hängen, schreit vor Schmerz auf und beginnt zu schluchzen. Seine Mutter nimmt es sogleich in die Arme, und Claire umklammert sie fest, noch immer weinend. »Hat mein armer Schatz sich den Fuß wehgetan, hmm?« fragt die Mutter einfühlsam, wobei sie den Rücken des Babys reibt und es auf die Seite des Gesichts küßt, die es nicht in ihren Nacken geschmiegt hat. Während Claire weiterhin schluchzt, landet ein Vogel draußen auf dem Fensterbrett. Der Säugling hebt den Kopf und schaut mit großen Augen zu dem Tier hinüber. Die Mutter, die Claires Bewegung spürt, folgt dem Blick der Kleinen. »Oh, ein Vögelchen«, flüstert sie, womit sie die gespannte Aufmerksamkeit ihres Kindes in Worte faßt. Schweigend betrachten sie gemeinsam ein paar Sekunden lang den

Vogel, dann wendet sich das Baby unvermittelt ab und blickt aufgeregt zu seiner Mutter, um zu überprüfen, ob sie ihm gefolgt ist. »Ja, ich seh das Vögelchen!« flüstert die Mutter, wobei der Ausdruck in ihrer Stimme exakt der Lebhaftigkeit ihres Babys entspricht. Der Vogel fliegt davon, das Baby schmiegt sich wieder dicht an seine Mutter und erinnert sich plötzlich wieder daran, daß ihm ein Fuß wehtut. »Schon gut, dein Füßchen tut gar nicht mehr weh«, antwortet die Mutter leise, während sie das Kind weiterhin herzt und seinen Fuß streichelt.

Das Baby sitzt auf dem Schoß der Mutter, als der Zug abfährt. Es blickt zu ihr auf und sagt: »Baba«. Die Mutter schaut aus dem Fenster. Das Baby streckt sich nach hinten. »Bleib still sitzen, Lucy«, sagt seine Mutter, während sie das Baby umdreht, mit dem Rücken zu sich. Lucy schreit, strampelt mit den Beinen und will sich mit aller Gewalt wieder umdrehen. »Hör auf zu zappeln!« sagt ihre Mutter in ärgerlichem Ton. Frustriert beginnt Lucy zu heulen. Sie weint und weint, doch ihre Mutter reagiert nicht darauf und schaut aus dem Fenster. Andere Reisende blicken herüber, einige verärgert, andere mitfühlend. Auf eine verständnisvolle Bemerkung hin blickt die Mutter auf, wie in widerstrebender Resignation. Lucy weint noch immer. Eine ältere amerikanische Touristin kommt den Gang entlang und beginnt mit Lucy zu sprechen. »Mein Schatz ist ganz traurig, was hat er denn?« Lucy hört auf zu weinen. »Magst du nicht Zug fahren?« Lucy sieht die Frau mit gespannter Aufmerksamkeit an, während sie ein paar Minuten lang mit dem Kind spricht. Die Frau spricht Lucys Mutter an, die in lebhafter und freundlicher Weise antwortet. Dann geht sie zurück zu ihrem Platz. Bis zum Ende der Fahrt ist Lucy still.

Die Eltern sitzen am Tisch und unterhalten sich. Der dreijährige Peter spielt mit einem Farbstift und kritzelt ab und zu eine Figur auf ein Blatt Papier. »Das ist ein Hündchen«, murmelt er halb zu sich. Sein Vater telefoniert gerade, und seine Mutter liest Zeitung. »Mammi, ich hab ein Hündchen gemalt«, ruft er ihr zu. »Mmmm«, antwortet sie geistesabwesend, vertieft in die Lektüre. Peter übermalt die Zeichnung und beginnt mit den Füßen gegen die Querstange seines Stuhls zu trommeln. »Peter, laß das bitte!« ruft ihm sein Vater vom Telefon aus mahnend zu. Peter hört ein paar Sekunden lang auf, doch er beginnt erneut, sobald sein Vater das Gespräch fortsetzt. »Peter, hör auf damit!« fährt ihn seine Mutter über den oberen Rand der aufgeschlagenen Zeitung an. Peter hört auf. Er krabbelt extra laut von seinem Stuhl hinunter und schlendert zum Fenster. »Im Garten ist eine schwarze Katze!« ruft er begeistert. Keine Reaktion. Sein Vater beendet das Telefonat und setzt sich mit einer anderen Zeitung an den Tisch. Peter klopft ans Fenster. »Miezekatze, Miezekatze«, ruft er. »Klopf nicht gegen das Fenster, Liebling«, sagt seine Mutter, ohne aufzublicken. Peter schlendert zurück zum Tisch, nimmt einen Zeichenstift und beginnt auf die blanke Tischplatte zu kritzeln. »Peter! Was machst du da? Hör sofort auf, den Tisch zu bemalen!« schreit sein Vater. »Das ist sehr unartig!« keift seine Mutter. Peter wirft den Zeichenstift hin und heult, während er mit den Füßen gegen den Stuhl trampelt. »Jetzt reicht's aber, Peter!« sagt seine Mutter und wirft die Zeitung hin. Beide Eltern passen jetzt auf ihn auf – er hat ihre ungeteilte Aufmerksamkeit.

»Mark, komm her!« Der achtjährige Mark stapft die Treppe hinunter zu seiner Mutter. »Was hast du mit deiner Jacke gemacht?« Sie zeigt auf den langen Riß im Futter. Mark zuckt die Achseln und vermeidet es hinzusehen. »Wie ist das passiert?« fragt sie lauter. Er zuckt wieder die Achseln. »Mach den Mund auf! Hat es dir die Sprache verschlagen?« schreit sie und schubst ihn unsanft. »Ich weiß nicht«, murmelt er mit gesenktem Kopf und finsterem Gesicht. »Schau mich nicht so an!« zischt sie durch ihre zusammengebissenen Zähne. Sie will ihm einen weiteren Stoß versetzen, aber er weicht geschickt zurück, und sie taumelt nach vorn, verliert das Gleichgewicht und stößt mit der Schulter gegen die Wand. Ihre Stimme überschlägt sich hysterisch. »Was fällt dir ein! Was fällt dir ein!« Sie holt zum Schlag aus und verpaßt ihm eine Ohrfeige. Er duckt sich vor dem nächsten Schlag und flitzt in die Küche. »Paul! Paul!« ruft sie mit schriller Stimme. »Was ist los?« antwortet eine heisere männliche Stimme. Ein Mann erscheint am oberen Ende der Treppe. »Du mußt kommen und ihn dir vorknöpfen!« Er geht mit schweren Schritten die Treppe hinunter. »Warum, was ist hier los?« »KOMM HER!« ruft sie hinter Mark her, der die Gartentür zu öffnen versucht. Paul schiebt seine Frau zur Seite und geht mit langen Schritten zur Gartentür, an deren Klinke Mark mittlerweile verzweifelt zerrt. Paul packt ihn am Kragen und zieht ihn mit einem Ruck von der Tür weg. »Wenn deine Mutter dir etwas sagt, dann gehorchst du gefälligst! Ist das klar?« Mark entwindet sich dem Griff seines Vater, doch der packt ihn wieder, bevor er auch nur zwei Schritte gemacht hat. Paul verpaßt dem Jungen einen kräftigen Schlag auf den Hinterkopf. »Du tust, was man dir sagt, verstanden?« Ein weiterer Schlag, diesmal mit dem Handrücken. Mark hat noch immer keinen Ton von sich gegeben. »Verstehst du?« Die Hand kehrt zurück, diesmal zur Faust geballt, und schlägt dumpf auf einer Seite von Marks Gesicht auf. »VERSTEHST DU?« Die Faust knallt auf die andere Seite von Marks Gesicht. »PAUL! HÖR AUF! DAS REICHT!« Marks Mutter schreit und fällt Paul in den erhobenen Arm. Er schnellt herum und stößt sie unsanft zur Seite. »Wenn du mich um Hilfe bittest, dann läßt du es mich auf meine Weise erledigen, klar?« Er dreht sich wieder um und holt mit der Faust zum Schlag auf den sich duckenden Jungen aus, der an diesem Montagmorgen schließlich Worte für seine Mutter findet: »Mami, bitte, Mami, hilf mir!«

Der ärgerliche Optimist

In den nördlichen Regionen Nordamerikas, wo die Winter sehr streng sind, verlassen viele ältere Menschen, die sich bester Gesundheit erfreuen, ihre Häuser und ziehen aus rein praktischen Gründen, etwa um keinen Schnee mehr von den Zufahrten zu ihren Häusern räumen zu müssen, in betreute Wohnheime. Verglichen mit den Senioren, die sich entschlossen haben, in ihren Häusern zu bleiben, kommt es – im Durchschnitt – bei den Bewohnern dieser Einrichtungen im Lauf der Monate und Jahre zu einem Abbau des Erinnerungsvermögens und der allgemeinen kognitiven Fähigkeiten.[1] Dies gilt allerdings, wie gesagt, nur für den Durchschnitt. Einige Senioren, die in diese betreuten Einrichtungen umziehen, behalten ein gutes kognitives Leistungsniveau, während es mit anderen recht deutlich bergab geht, was den Durchschnitt für die Wohnheimgruppe insgesamt nach unten zieht.

Worin unterscheiden sich diese beiden Gruppen? Ein Schlüsselfaktor ist das Ausmaß, in dem der einzelne sein Leben und sein Schicksal unter Kontrolle zu haben glaubt.[2] Wer das Gefühl hat, sein Leben selbst bestimmen zu können, ist in der Regel ein Optimist. Wir alle kennen Menschen dieses Schlags, die einen manchmal wirklich in Rage bringen. Ein Mann telefoniert, um Eintrittskarten für eine Theatervorstellung zu bestellen, doch er erhält die Auskunft, daß es keine mehr gibt. Er teilt dies seiner optimistischen Freundin mit, die sagt: »Jede Wette, daß es noch welche gibt – ruf sie noch mal an und frag sie, was sie mit den stornierten Karten machen.« Der Fatalist stöhnt. »Das kann ich mir sparen, die haben keine mehr – alle Karten sind verkauft.« Die unverbesserliche Optimistin erwidert unwirsch: »Ach, du gibst doch immer gleich auf – gib mir das Telefon, ich mach's selber.« In neun von zehn Fällen scheitert der erste Versuch des Optimisten, aber in wiederum neun von zehn Fällen führt der fehlgeschlagene erste Versuch zu weiteren Anläufen, die schließlich *doch noch* die Lösung des Problems bringen. So könnte sich beispielsweise herausstellen, daß zwar nicht die Theaterkasse selbst, aber eine andere Vorverkaufsstelle in der Stadt stornierte Eintrittskarten weiterverkauft. Der Fatalist/Pessimist hätte diese Tatsache niemals herausgefunden, weil er oder sie schon an der ersten Hürde aufgegeben hätte, fest davon überzeugt, man könne gegen die nackten Tatsachen nichts ausrichten.

Optimisten, die glauben, ihr Leben aktiv gestalten zu können, sind, wie nicht anders zu erwarten, glücklicher als Pessimisten, und ihre positive Einstellung zum Leben bedeutet, daß sie aktiver am Leben teilnehmen. Senioren, die ihre eigenen vier Wände verließen und in ein Wohnheim zogen, bewahrten ihre mentale Spannkraft, wenn sie diese Einstellung hatten. Auch wenn es objektiv so ist, daß sie als Heimbewohner ihr Leben nicht mehr so frei gestalten konnten, fühlten sie sich diesem äußeren Faktum nicht ausgeliefert.

Wer dagegen glaubt, sein Leben nicht aktiv beeinflussen zu können, fühlt sich äußeren Umständen ausgeliefert. Infolgedessen erhält diese objektive Wirklichkeit der Institution Gewalt über das vibrierende neuronale Netzwerk in seinem Gehirn: »Ich bin in einem Heim, also muß ich geistig und körperlich gebrechlich sein«, könnte die Schlußfolgerung eines fatalistischen Gehirns lauten.

Eine solche Schlußfolgerung wird mit hoher Wahrscheinlichkeit zu einer sich selbst erfüllenden Prophezeiung. Wenn man glaubt, kaum Einfluß auf Dinge nehmen zu können, macht es keinen Sinn, Probleme anzupacken. Denn wozu etwas unternehmen, wenn man ohnehin nichts ändern kann? Sobald man eine solche Einstellung hat, wird es mit hoher Wahrscheinlichkeit zu einem Rückgang der Aktivität in den Synapsen des vibrierenden Netzwerks kommen. Dies gilt insbesondere für das Stirnhirn, wo die neuronale Maschinerie für das Problemlösen und das aktive Antizipieren lokalisiert ist. Sobald man damit anfängt, dem vibrierenden Netzwerk die nährende Stimulation vorzuenthalten, beginnen die Synapsen zu schrumpfen und sich zusammenzuziehen. Dies, so könnte man mutmaßen, erklärt den geistigen Abbau, den man nach der Aufnahme in Altersheime bei Senioren feststellt, die nicht durch den Schild von Optimismus und Glauben an die eigene Gestaltungskraft geschützt werden. Das Gefühl ohnmächtigen Ausgeliefertseins beeinträchtigt nicht nur die mentalen Funktionen. Pessimisten haben auch einen schlechteren Gesundheitszustand und neigen stärker zu depressiver Verstimmung. Depressionen wiederum schwächen das Immunsystem und erhöhen so die Anfälligkeit für Krankheiten.[3]

Auch die Berufstätigkeit wirkt sich auf das Gefühl aus, das eigene Leben aktiv gestalten zu können. Dieser Glaube an die eigene Gestaltungskraft beeinflußt letztlich nicht nur die Gesundheit, sondern auch die Lebensspanne. Dies ist das Fazit einer Studie an über 10000 Staatsbediensteten in London. Bei denjenigen mit den niedrigsten Dienstgraden lag in einem Zeitraum von zehn Jahren die Sterberate *dreimal* so hoch wie bei den Beamten mit den höchsten Dienstgraden. Und dies war nicht auf Unterschiede in der Häufigkeit von Risikofaktoren wie Rauchen, Übergewicht und Bluthochdruck zurückzuführen: Diese Faktoren erklärten nur etwa ein Drittel des Unterschiedes in der Sterberate. Die Hauptursache schien vielmehr das Ausmaß zu sein, in dem der einzelne sein Arbeitsleben eigenverantwortlich gestalten konnte. Dies schien das Risiko für ein breites Spektrum von Krankheiten zu verringern. Die Beamten mit geringem Gestaltungsspielraum in ihrer Position machten typischerweise Äußerungen wie:

»Ich habe keinen großen Einfluß auf meine Arbeit.«

»Andere Personen treffen Entscheidungen, die sich auf meine Arbeit auswirken.«

»Ich kann nicht selbst bestimmen, wann ich eine Pause mache.«

»Ich habe keine großen Mitspracherechte bei der Planung meines Arbeitsumfeldes.«

»Ich habe keinen Einfluß darauf, mit wem ich arbeite.«

Personen, die angaben, daß ihre Stellen diese und andere, ähnliche Merkmale aufwiesen, hatten im Schnitt mehr krankheitsbedingte Fehltage und waren anfälliger für ein breites Spektrum von Krankheiten. Die erhöhte Anfälligkeit für Erkrankungen könnte zum Teil darauf zurückzuführen sein, daß Gefühle der Ohnmacht das Immunsystem schwächen und das Herz-Kreislauf-System zerrütten.

Ähnliche Auswirkungen beobachtete man bei Ratten, die in dem Territorium einer anderen Gruppe von Ratten ausgesetzt wurden. Die neuen Ratten wurden von den ranghöchsten Ratten der Gruppe unterworfen und zeigten entsprechend Anzeichen von Unterwürfigkeit und Streß. Je niedriger ihr Rangplatz in der Gruppe, um so stärker wurde ihr Immunsystem geschwächt. Dies wurde anhand der Zahl der Antikörper in ihrem Blut gemessen, die man mit den Werten anderer Ratten verglich.

Das gleiche geschieht bei Meerkatzen, die es an die Spitze der Rangordnung schaffen: Sie haben ein stärkeres und effizienteres Immunsystem, mit dem sie Krankheiten besser abwehren können, so daß sie länger leben. Und das gleiche geschieht auch bei uns: Streß verändert das Gehirn, was wiederum die Abwehrmechanismen des Körpers gegen Infektionen und andere Krankheiten untergräbt. Viele Arten von Streß, wie etwa Streitigkeiten mit dem Partner, Prüfungen und Langzeitarbeitslosigkeit, schwächen nachweislich die Immunabwehr und die Widerstandskraft gegen Krankheiten.

Eine Hauptursache von Streß ist das Gefühl, nur wenig Einfluß auf sein Leben zu haben – und die Berufstätigkeit macht einen Großteil unseres Lebens aus. Doch woher kommt das Gefühl, sein Leben selbst gestalten zu können – dieser Glaube an sich selbst? Diese Frage bringt uns zurück zu den ersten Monaten und Jahren des Lebens.

Lehren aus der Kindheit

Das Baby Claire ist ein geborenes Glückskind. Die Reaktionen ihrer Mutter spiegeln auf einfühlsame Weise Claires wechselnde emotionale Zustände wider – Lust am Spiel in einem Moment, intensive Neugier im nächsten, gefolgt von plötzlichem Schmerz. Jede dieser Reaktionen prägt die emotionalen Schaltkreise im Gehirn. Schließlich ist jede Erfahrung für einen Säugling ein verschwommenes Einerlei aus verschiedenen Empfindungen. Der Säugling kann nur durch die Reaktionen, die er sieht, hört und fühlt, lernen, diese Empfindungen klar voneinander abzugrenzen.

Wenn Claires Mutter alles stehen und liegen läßt, um die gespannte Aufmerksamkeit zu teilen, mit der ihre Tochter den Vogel betrachtet, stärkt sie die Verbindungen im vibrierenden Netzwerk des Gehirns, die der Neugier und der Aufmerksamkeit zugrunde liegen. Diese Einfühlung in den emotionalen Zustand des Kindes steigert, wie wir in Kapitel 8 erfuhren, dessen kognitive Leistungsfähigkeit und Verhaltenskompetenz, wenn es zur Schule geht.

Eine Freundin von mir war wegen der Geburt ihres ersten Kindes im Krankenhaus. Sie sagte mir, sie sei die einzige Mutter in dem Vierbettzimmer gewesen, die mit ihrem Neugeborenen gesprochen habe. Die anderen Mütter unterhielten sich miteinander, aber sie »sprachen« nicht mit ihren Neugeborenen, die ja scheinbar ohnehin noch nichts verstehen konnten – ein Verhalten, das mir spontan vollkommen einleuchtend erschien. Doch meine Freundin wußte im Unterschied zu mir, daß es beim »Sprechen« mit einem Neugeborenen nicht darum geht, daß das Kind den Sinn der Worte versteht, sondern darum, daß die Mutter lernt, die wechselnden mentalen und emotionalen Zustände des Säuglings zu erkennen und darauf zu reagieren.

Säuglinge, die ihre ersten Lebensmonate in einem Pflegeheim verbringen, in dem sich tagsüber verschiedene Säuglingsschwestern um sie kümmern, zeigen etwa im Vergleich zu Säuglingen, die jeden Tag von derselben Tagesmutter betreut werden, eine verzögerte Sprachentwicklung. Dies hängt vermutlich damit zusammen, daß keine der Säuglingsschwestern das Temperament und die Stimmungen des einzelnen Säuglings in der Weise erkennen und verstehen (sowie darauf reagieren) lernen konnte, wie es Claires Mutter gelang. Schließlich lernen Babys schon vor der Geburt – etwa die Stimme ihrer Mutter zu erkennen. Lernen ist eine Form von neuroplastischer Modellierung, daher ist es nicht verwunderlich, daß die Erfahrungen, die ein Säugling in den ersten Tagen und Monaten seines Lebens macht, seine wachsenden neuronalen Verschaltungen formen.

Stimmungen sind ansteckend

Depressive Mütter »stecken« ihre Säuglinge mit ihren Stimmungen an. Depressive sind meist traurig und reizbar, und Säuglinge, deren Eltern diese Emotionen zeigen, haben ein stark – nach einer Studie bis zu dreißigfach – erhöhtes Risiko, ebenfalls Traurigkeit und Reizbarkeit zu zeigen.[4]

Säuglinge, deren Mütter depressiv sind, verhalten sich auch gegenüber Erwachsenen anders als Säuglinge mit nichtdepressiven Müttern. In einer Studie beispielsweise beobachtete man Säuglinge beim Spielen mit ihren Müttern und dann mit fremden Personen, die nicht wußten, daß die Mütter einiger Säuglinge depressiv waren. Kinder, die mit ihren depressiven Müttern spielten, wendeten ihren Blick im Schnitt sehr viel häufiger von ihren Müttern ab als die anderen Kinder, und sie verhielten sich im allgemeinen viel abweisender. Dies war auch der Fall, wenn sie mit der fremden Person interagierten. Kurz, sie hatten bereits als Säuglinge ein bestimmtes Muster gelernt, auf die Umwelt und andere Menschen zu reagieren.[5]

Diese frühkindlichen Erfahrungen dürften gemeinsam mit dem angeborenen Temperament entscheiden, wer die Logenplätze im Theater des Lebens bekommt. Lucy, das Baby, das ich im Zug nach Cambridge beobachtete, wird vielleicht eines Tages zu den »Pessimisten« zählen. Natürlich ist dies reine Spekulation – ihre abweisende Mutter hatte vermutlich nur rasende Kopfschmerzen und wollte einfach etwas Ruhe. Falls jedoch dieses Nichteingehen auf Lucy eine typische Verhaltensweise war, dann lernte Lucy möglicherweise daraus, daß einem Dinge im Leben einfach widerfahren und man selbst keinen großen Einfluß darauf hat.

Stimmungsschulen

An dieser Stelle werden zumindest einige von Ihnen die Stirn runzeln und sich sagen: »Wieder so ein romantischer Psychologe, der uns predigt, wir sollten unseren Kindern alles durchgehen lassen und uns eine Generation verwöhnter Bälger heranziehen.« An diesem Einwand ist etwas dran – Erfolg im Leben hängt davon ab zu wissen, wann und wie man Emotionen zum Ausdruck bringt, und manchmal selbst dann weiterzumachen, wenn einem das limbische System Einhalt gebieten will. Ohne diese Fähigkeit, unsere Emotionen zu bändigen und uns ab und zu auch über sie hinwegzusetzen, sind wir mit hoher Wahrscheinlichkeit zu einem Leben verurteilt, in dem wir unser Potential niemals voll ausschöpfen und zum Spielball unserer Affekte werden. Ich kenne Menschen, deren Gehirn nicht die Verschaltungen ausgebildet hat, die erforderlich sind, um Emotionen, die im limbischen System erzeugt wurden, zu kontrollieren. Diese Verbindungen – mit hoher Wahrscheinlichkeit zwischen Arealen im Stirnhirn und Teilen des limbischen Systems – werden zum Teil von Eltern, Lehrern und Freunden angelegt, wenn sie die Stimmungen kleiner Kinder erzieherisch formen.

Natürlich spielen genetische Faktoren eine Rolle – Emotionalität ist höchstwahrscheinlich zum Teil erblich. Doch wie bei der Intelligenz ist auch die Umwelt ein wesentlicher Faktor, da sie in komplexer Weise mit den ererbten biologischen Merkmalen wechselwirkt und so mitbeeinflußt, ob jemand ein gleichmütiger nordischer, ein wankelmütiger mediterraner oder ein grüblerischer slawischer Typ wird. (Ich möchte jedoch gleich hinzufügen, daß ich auch wankelmütige Schweden, vollkommen leidenschaftslose Italiener und unverwüstlich fröhliche Russen kennengelernt habe. Dennoch braucht man nur zu reisen, um zu erkennen, daß verschiedene Kulturen – natürlich statistisch gesehen – die emotionale Grundstimmung der Kinder, die darin aufwachsen, in bestimmter Weise prägen. Die Kultur der englischen Oberschicht beispielsweise legt großen Wert darauf, daß ihre Angehörigen den Ausdruck von Gefühlen auf ein Minimum beschränken – was sich bildlich als »Steife-Oberlippen«-Haltung beschreiben läßt.)

Diese unterschiedlichen Erziehungsstile dürften sich auch auf die Entwicklung des emotionalen Systems im Gehirn auswirken, auch wenn dies bislang noch nicht wissenschaftlich nachgewiesen worden ist. Aus der Logik der neuroplastischen Modellierung des Gehirns folgt jedoch, daß die emotionalen Schaltkreise im Gehirn verkümmern, wenn einer Person nicht beigebracht wird, ihre Emotionen zum Ausdruck zu bringen.

Schließlich wissen wir, daß man seinen emotionalen Zustand verändern kann, wenn man seine Gesichtsmuskeln bewußt so verzieht, daß sie ein getreuliches Nachbild einer bestimmten Stimmung liefern. Wir können davon ausgehen, daß sich die Verschaltungen in dem vibrierenden neuronalen Netzwerk dauerhaft verändern, wenn diese mimische Simulation sehr oft wiederholt wird. Umgekehrt gilt: Wenn man sich niemals erlaubt, eine bestimmte Emotion zu erleben, dann gehen die entsprechenden Verschaltungen möglicherweise verloren, so daß es schwieriger wird, diese Stimmung in Zukunft zu erzeugen.

Selbstverständlich sollten wir die äußeren Anzeichen von Emotionen nicht mit dem inneren Erlebnis verwechseln. Jeder kennt einen scheinbar gefühlskalten Menschen, der in Wirklichkeit ein brodelnder Kessel von Gefühlen ist. Dennoch wissen wir, daß das Gehirn erlebte Emotionen dämpfen kann, und dies dürfte bei einigen Menschen in zu starkem Maße geschehen. Tatsächlich gibt es ein anerkanntes psychiatrisches Syndrom, die sogenannte Alexithymie; die davon Betroffenen sind unfähig, Emotionen zum Ausdruck zu bringen – bzw. überhaupt wahrzunehmen. Die erhöhte allgemeine Anfälligkeit dieser Personen für Krankheiten deutet darauf hin, daß eine allzu radikale Dämpfung der emotionalen Schaltkreise nicht wünschenswert ist.[6]

Der goldene Mittelweg dürfte daher irgendwo zwischen dem ungehinderten Ausleben emotionaler Launen einerseits und einer potentiell schädlichen emotionalen Blockade andererseits liegen. Eine Studie an Kleinkindern verdeutlicht auf anschauliche Weise, wie wichtig es ist, Verbindungen in dem vibrierenden Netzwerk zu knüpfen, um die Impulse des limbischen Systems zu zügeln.

Kinder im Vorschulalter wurden bei einem psychologischen Test vor die Wahl gestellt, entweder ein oder zwei Stück einer Leckerei – etwa Marshmallows – zu bekommen. Jedem Kind wären natürlich zwei Marshmallows lieber als nur einer, doch so einfach war es auch wieder nicht. Man sagte den Kindern, der Psychologe müsse für kurze Zeit den Raum verlassen. Während seiner Abwesenheit könnten sie eine Glocke läuten, die neben den verlockenden Marshmallows auf dem Schreibtisch stand. Wenn sie läuteten, würde der Erwachsene sofort zurückkommen, aber es würde auch bedeuten, daß sie nur einen Marshmallow, keine zwei, erhielten. Wenn sie dagegen die Glocke nicht läuteten und die vollen – für einen Vierjährigen endlos langen – 15 Minuten durchhielten, würden sie zwei Marshmallows bekommen.

Einige Kinder wurden auf der Stelle schwach, läuteten die Glocke und schlangen den einen Marshmallow hinunter. Andere durchlebten mehr oder minder starke psychische Qualen – manche bedeckten ihre Augen, während sich andere mit Liedern oder Kinderreimen ablenkten.[7] Diejenigen, denen es gelang, die Glocke nicht zu läuten und die ganzen 15 Minuten durchzuhalten, erhielten als Belohnung den zusätzlichen Marshmallow, zum Verdruß ihrer Klassenkameraden mit weniger Selbstbeherrschung.

Zehn Jahre später wurden dieselben Kinder, die mittlerweile zu Jugendlichen herangewachsen waren, erneut psychologisch untersucht. Die Unterschiede zwischen denjenigen, die der damaligen Verlockung widerstanden hatten, und denjenigen, die ihr erlegen waren, waren gravierend. Je länger sich ein Kind beherrscht und nicht der leichten Belohnung des einen Marshmallows nachgegeben hatte, um so besser war es als Jugendlicher sozial angepaßt. Diejenigen, die in dem Marshmallow-Experiment eine geringe Selbstbeherrschung gezeigt hatten, kamen zehn Jahre später schlechter mit Streß zurecht, waren weniger selbstbewußt und zeigten weniger Initiative. Diese Kinder hatten auch größere Probleme im sozialen Kontakt mit Klassenkameraden, waren aggressiver, und die Bewältigung von Frustrationen fiel ihnen schwerer. Sie waren im allgemeinen emotional leicht verletzbar und unreif. Außerdem schnitten die Kinder, die als Vierjährige eine schwache Selbstkontrolle gezeigt hatten, als Teenager in schulischen Standardleistungstests deutlich schlechter ab.

Bei genauerem Nachdenken sind diese Befunde eigentlich gar nicht so erstaunlich. Man wird es im Leben nicht weit bringen, wenn man nicht in der Lage ist, sofortigen Lustgewinn zugunsten künftiger Belohnungen aufzuschieben. Die Erziehung ist letztlich nichts anderes als eine fortgesetzte Übung, den einen Marshmallow, den man vor Augen hat, *nicht* zu ergreifen, damit man später einmal zwei Marshmallows bekommt. Es gibt wohl niemanden, der gern für Prüfungen lernt, aber man zwingt sich dazu, weil man seine Kompetenzen und Kenntnisse erweitern möchte, um später einen persönlich erfüllenden und finanziell befriedigenden Beruf auszuüben. Einige Heranwachsende gehen im Alter von sechzehn von der

Schule ab – auch wenn sie vielleicht das intellektuelle Potential haben, ihre Ausbildung fortzusetzen –, weil sie Geld verdienen und die damit verbundenen Freiheiten genießen wollen. Wie einige der Kinder in dem Marshmallow-Experiment können – oder wollen – sie den sofortigen Lustgewinn nicht gegen kurzfristige Unlustgefühle eintauschen.

Gene und Temperament spielen dabei eine Rolle, aber auch das Lernen ist von großer Bedeutung. Man sieht dies sogar bei Menschen, deren Fähigkeit, Emotionen und Impulse zu beherrschen, durch Hirnschädigungen beeinträchtigt wurde. Derartige Hirnschädigungen sind leider nach schweren Autounfällen, bei denen der Kopf des Unfallopfers gegen die Windschutzscheibe oder das Lenkrad geschleudert wurde, sehr häufig. Das Stirnhirn, insbesondere seine Unterseite, unmittelbar oberhalb der Augen, ist bei einem solchen Aufprall besonders stark gefährdet, und es kann durch die Krafteinwirkung reißen oder gequetscht werden. Schädigungen dieser Hirnregionen können dazu führen, daß aus einem emotional stabilen, reifen Erwachsenen ein impulsiver, unsteter und emotional labiler Mensch wird.

Als praktizierender Neuropsychologe habe ich dies vielfach bei Menschen beobachtet, die bei Verkehrsunfällen, Stürzen oder Handgreiflichkeiten Hirnschädigungen erlitten hatten. Einer meiner Patienten – John – studierte Medizin. Er war sehr intelligent und hatte eine glänzende Laufbahn vor sich. Tragischerweise wurde John jedoch eines Abends beim Joggen von einem Auto angefahren und erlitt dabei eine Hirnschädigung. Erstaunlicherweise wirkte sich dies kaum auf seine Studienleistungen aus. Er konnte den komplexen Themen der Lehrveranstaltungen folgen, und er konnte neue Fakten genausogut lernen und abrufen wie vor dem Unfall. Doch obschon Johns intellektuelle Fähigkeiten wundersamerweise verschont blieben, mußte er sein Studium aufgeben.

Dies hing damit zusammen, daß er seine emotionale Selbstbeherrschung weitgehend verloren hatte und in seinem Verhalten impulsiv und unberechenbar geworden war. Kommilitonen, Tutoren und Dozenten bekamen seine Wutausbrüche zu spüren. Urplötzlich brauste er auf, und wenn er nur die geringste Menge Alkohol getrunken hatte, konnte er sogar gewalttätig werden. So schlug er eines Abends in einem Pub aus nichtigem Anlaß auf einen Fremden ein, und nur dank der intensiven Beschwichtigungsbemühungen seiner Freunde kam er mit heiler Haut davon. Leider sorgte dieses Verhalten dafür, daß sich immer mehr treue Freunde von ihm abwandten, so daß er zusehends vereinsamte; er lebte allein in einem kleinen Apartment, arbeitslos und ohne Zukunftsperspektive. John konnte nicht erklären, weshalb er sich so verhielt – aus heiterem Himmel machte er Dinge, die er vor dem Unfall niemals gemacht hätte.

Eines Tages beispielsweise schlenderte er ziellos eine Straße entlang, als eine Frau vor ihm – die er nicht kannte – anhielt und sich nach vorn beugte, um etwas in ihrer Einkaufstasche zu suchen. Als der einstmalige Medizinstudent an ihr vorbeiging, gab er ihr einen Klaps auf den Po. Die Frau war verständlicherweise empört, da sie dies als vorsätzliche sexuelle Belästigung empfand, und sie rief um Hilfe. John blieb demütig und verstört an Ort und Stelle, bis die Polizei eintraf, ihn mitnahm und Strafanzeige wegen sexueller Nötigung stellte.

Er hatte noch nie zuvor etwas Ähnliches getan, und er war sich nicht einmal bewußt gewesen, daß er der Frau einen Klaps geben wollte, bis er spürte, wie seine Hand auf ihren Körper prallte. Wäre einem normalen Menschen der Gedanke gekommen, einer Frau einen Klaps auf den Po zu geben, wäre dies nur ein Gedankensplitter zwischen Hunderten von Ideen gewesen, die einem jede Sekunde durch den Kopf schießen. Die Wahrscheinlichkeit wäre sehr gering gewesen, daß dieser Gedanke in die Tat umgesetzt worden wäre, weil der Handlungsimpuls im Bruchteil einer Sekunde vom Stirnhirn unterdrückt und gehemmt worden wäre.

Doch in Johns Fall war ausgerechnet das System im Gehirn geschädigt worden, das den Impuls zügelt, bevor er in Verhalten umgesetzt werden kann. Eine computertomographische Untersuchung des Gehirns bestätigte dies; sie zeigte, daß die Unterseite seines Stirnhirns vernarbt und eingerissen war, was seine intellektuellen Fähigkeiten zwar weitgehend intakt ließ, aber gleichzeitig seine Fähigkeit zerstörte, Impulse und Emotionen zu kontrollieren.

Die Tatsache, daß dieses Verhalten durch eine Hirnschädigung verursacht wurde, bedeutete jedoch nicht, daß es von vornherein für John unmöglich war, eine gewisse Kontrolle darüber zu erlernen. Tatsächlich gelang es mir, John zu helfen, die schlimmsten Auswüchse dieser neu erworbenen Impulsivität zu überwinden.

Zunächst hielt ich ihn an, seine Psyche sorgfältig zu beobachten. Er führte ein Tagebuch, in dem er alle wichtigen Dinge protokollierte, die er jeden Tag machte – insbesondere die wirklich unsinnigen Sachen! Er sollte aufschreiben, was er tat, wo er war und wie er sich fühlte, kurz bevor ein Problem auftauchte. Wir trafen uns regelmäßig, um das Tagebuch zu besprechen, und ich bat John, er solle versuchen, sich in allen Einzelheiten an das zu erinnern, was er dachte und fühlte, bevor er etwas Impulsives tat. Zunächst fiel ihm dies sehr schwer, doch allmählich machte er es sich zur Gewohnheit, seinen psychischen Zustand genau zu überwachen, und mit der Zeit spürte er immer deutlicher, wann er kurz davor stand, eine Dummheit zu machen. Das Problem lag darin, daß er sich jetzt zwar ein paar Sekunden vorher bewußt war, daß er eine Dummheit machen würde, sie aber dennoch machte!

Daher mußten wir eine Methode finden, um John zu helfen, die Impulse in jenen kritischen ein bis zwei Sekunden zwischen Erkenntnis und Tat »kurzzuschließen«. Schließlich brachte ich ihm ein Schnellverfahren zur mentalen Entspannung bei, wobei er langsamer atmen und sich ein paar Sekunden lang einfach auf seine Atmung konzentrieren sollte. Zunächst fiel es John sehr schwer, dies in der Aufregung der Situation zu beherzigen, doch allmählich gewöhnte er es sich an, nicht nur seine Gedanken zu überwachen, sondern sich auch in jener kurzen Zeitspanne zwischen Gefühl und Tat zu entspannen – und abzulenken.

Obgleich John sein Medizinstudium nicht mehr aufnehmen konnte, fand er eine Anstellung in einem Computergeschäft – Computer waren sein großes Steckenpferd, und er war Internet-süchtig –, und er baute sich allmählich ein neues Leben auf, das weitgehend frei war von den schlimmsten Auswüchsen seiner Impulsivität.

Wenn schon John eine gewisse Kontrolle über seine Emotionen und Impulse zurückerlangen konnte, nachdem diese durch die unfallbedingte Hirnschädigung so schwer beeinträchtigt worden war, sollte ein Kind mit einem ererbten Hang zur Impulsivität eine solche Kontrolle relativ leicht erwerben können, sofern die Eltern sich ihm gegenüber richtig verhalten.

Wenn Eltern ihren Kindern beibringen, bis zur Tischzeit zu warten, bevor sie ihren Wunsch nach einem Keks befriedigen, gewöhnen sie ihnen Selbstbeherrschung an. Und das gleiche tun sie, wenn sie dem quengelnden Verlangen des Kindes nicht nachgeben, das Spielzeug im Schaufenster SOFORT zu kaufen. Und wenn Eltern ihre Kinder ermutigen, an einer schwierigen Aufgabe dranzubleiben und nicht gleich bei der ersten Hürde aufzugeben, formen sie ebenfalls das Gehirn ihrer Schützlinge, indem sie Fäden emotionaler Kontrolle in das vibrierende Netzwerk einziehen.

Daher ist es nicht weiter verwunderlich, daß die Kinder, die im Alter von vier Jahren noch nicht gelernt hatten, Verlockungen zu widerstehen, im Verlauf der nächsten zehn Jahre sehr viel größere Anpassungsschwierigkeiten hatten als ihre Altersgenossen mit stärkerer Selbstkontrolle. Denn schließlich ist die Fähigkeit, die erste Gefühlswallung zu zügeln und unsere Reaktionen mit Feingefühl und Geduld zu mildern, für das ungestörte Zusammenleben mit anderen Menschen von entscheidender Bedeutung.

Wenn wir nicht lernen, unsere spontanen Regungen zu bändigen, passiert es nur allzuleicht, daß wir vor dem Fernsehapparat versacken und Arbeit, Studium oder Hausarbeit endlos aufschieben. Tatsächlich gehen viele junge Menschen, die eigentlich die intellektuellen Fähigkeiten für ein Hochschulstudium besäßen, vorzeitig von der Schule ab, weil ihr Gehirn nicht die notwendigen Verschaltungen erworben hat, um einen sofortigen Lustgewinn zugunsten langfristiger Vorteile zurückzustellen. Die Marshmallow-Studie verdeutlicht diese Tatsache auf anschauliche Weise.

Was noch viel wichtiger ist: Die Kontrolle der eigenen Impulse und Gefühle ist eine wesentliche Voraussetzung für emotionale Stabilität. Wenn unser Gehirn beispielsweise nicht gelernt hat, Wut zu dämpfen oder Furcht zu zügeln, ist man diesen Emotionen vollkommen ausgeliefert, wenn sie im Alltagsleben ausgelöst werden.

Wenn Eltern beispielsweise dem schüchternen Kind nachgeben, das im letzten Moment doch nicht zur geplanten Schulfeier gehen möchte, dann verstärken sie die angstinduzierten Vermeidungstendenzen des Gehirns. Und obendrein verpassen sie die Chance, Fäden der emotionalen Kontrolle in das Gehirn einzuweben. Auch wenn Eltern den Wutausbrüchen und Quengeleien ihres Kindes immer freien Lauf lassen und nachgeben – statt sie zu ignorieren, bis sie vorüber sind –, fördern sie dieses Reaktionsmuster im Leben des Kindes. Und sie verpassen zudem die Gelegenheit, im Gehirn des Kindes den Aufbau von »Steuerschaltungen« zu fördern, die dem Kind helfen, seine Emotionen zu beherrschen, statt ihnen zum Opfer zu fallen.

Genau dies ist der Preis, wenn Eltern es verabsäumen, die emotionale Intelligenz ihrer Kinder zu fördern: Sie bleiben lebenslang Opfer und Sklaven ihrer Emotionen. In der Marshmallow-Studie beispielsweise zeigte sich, daß die impulsiven Vierjährigen als Jugendliche unter Streß sehr viel eher zusammenbrachen. Und sie wiesen im Schnitt auch ein geringeres Selbstbewußtsein, eine höhere Aggressivität und mehr allgemeine Anpassungsschwierigkeiten auf. Mit hoher Wahrscheinlichkeit werden diese Kinder als Erwachsene auch vermehrt unter chronischen psychischen Problemen leiden, die ihnen das Leben vergällen.

Peter zum Beispiel, der dreijährige Junge, den wir zu Beginn dieses Kapitels beschrieben haben, läuft Gefahr zu lernen, daß schlechtes Benehmen die beste Methode ist, um sich Aufmerksamkeit zu verschaffen. Dies setzt natürlich voraus, daß seine Eltern sich typischerweise so verhalten und sich nicht lediglich einen Sonntagnachmittag lang wohlverdientermaßen von ihren elterlichen Pflichten erholten.

Nehmen psychische Störungen epidemische Ausmaße an?

Nach einer Schätzung könnten Depressionen im Jahr 2020 die häufigste Krankheitsursache in den Industrieländern sein. In vielen Staaten steigen die Suizidraten junger Männer im Teenageralter im Vergleich zu denen anderer Gruppen unverhältnismäßig stark an. Zudem nimmt in vielen Staaten des westlichen Kulturkreises die Zahl von Kindern mit psychischen Problemen – von Verhaltensstörungen bis zu Depressionen und Angstzuständen – drastisch zu. Aufmerksamkeitsstörungen und mangelnde Impulskontrolle zeigen ebenfalls eine steigende Tendenz.[8]

Jungen sind besonders gefährdet. In britischen Schulen beispielsweise nimmt die Diskrepanz zwischen den Leistungen von Mädchen und Jungen stetig zu, wobei die Mädchen die Jungen deutlich überflügeln. Jungen haben mehr Leseschwierigkeiten als vor zwanzig Jahren, und die Diagnose »Aufmerksamkeitsdefizitsyndrom« wird immer häufiger gestellt.

Was ist die Ursache für diesen Mißstand? Ein Grund könnte eine Verschlechterung in der Qualität der emotionalen Erziehung unserer Kinder sein, die zu emotionalen Defiziten der Art führt, welche die Vierjährigen, die der Versuchung der

Marshmallows nicht widerstehen konnten, schließlich in der Adoleszenz zeigten.

In manchen Familien sprechen Eltern mit ihren Kindern über Emotionen und Empfindungen. So spricht eine Mutter vielleicht mit ihrer Tochter darüber, warum diese voller Nervosität zu einer Party geht; oder ein Vater redet mit seinem Sohn über dessen Betrübtheit, daß seine früheren Freunde in der Schule plötzlich nicht mehr ihm spielen wollen. Durch dieses Sprechen über Emotionen lernen Kinder, die undeutlichen Gefühle in ihrem Innern zu benennen; und diese Benennung ist Teil des Prozesses der Verschaltung zwischen Arealen in den Stirnlappen und dem limbischen System. Wie man die Verschaltungen im Gehirn eines Kindes umformt, wenn man ihm beibringt zu lesen, so verändert man das plastische Netzwerk seines Gehirns, wenn man ihm beibringt, seine Emotionen zu erkennen und zu benennen.

Eine Methode, die sicherstellt, daß Kinder *nicht* lernen, ihre Emotionen zu verstehen und zu erkennen, besteht darin, sie körperlich zu züchtigen, wenn sie etwas falsch machen, statt die Mühe auf sich zu nehmen, ihnen zu erklären, was sie getan haben und warum dies unrecht war. Körperliche Züchtigung ist nicht nur eine undeutliche und uninformative Reaktion, Bestrafung ist zudem noch eine der ineffizientesten Methoden, um einen Lernerfolg zu erzielen – nicht nur bei Menschen, sondern auch bei Ratten und Tauben!

Kinder, die geschlagen werden, neigen ihrerseits dazu, andere zu schlagen. Sie lernen dadurch eine scheinbar leichte »Patentlösung« für schwierige zwischenmenschliche Situationen. Was lernen sie aus diesen Interaktionen? Nicht viel – außer, wie stark oder schwach sie in körperlicher Hinsicht sind. Wenn man Kinder schlägt, untergräbt man ihre emotionale und soziale Kompetenz. Aber man beeinträchtigt auch ihre intellektuellen Fähigkeiten. Kinder, die von ihren Eltern regelmäßig geschlagen werden, haben einen niedrigeren IQ als Kinder, die von ihren Eltern nur selten körperlich gezüchtigt werden. Dies gilt unabhängig von den sozioökonomischen Lebensumständen.[9]

Ein leichter Klaps hie und da wirkt sich nicht besonders negativ aus, vorausgesetzt, die Eltern-Kind-Beziehung ist grundsätzlich liebevoll und die Züchtigung ist mit einer ausführlichen »Erklärung« der Emotionen verbunden. Allerdings besteht die Gefahr, daß erschöpfte und beschäftigte Eltern es sich schleichend angewöhnen, die Ohrfeige als Standardsanktion für komplexe soziale Verhaltensweisen einzusetzen, die ihren Erwartungen nicht entsprechen, statt sich die Mühe zu machen, ihren Kindern zu erklären, was recht und was unrecht ist und weshalb.

Viele Eltern sprechen jedoch nur selten mit ihren Kindern über – positive oder negative – Gefühle. Dreijährige, deren Eltern mit ihnen viel über ihre verschiedenen Gefühle sprechen, können als Sechsjährige die Emotionen, die ein fremder Erwachsener zeigt, besser beurteilen und einschätzen.[10] Dies ist eine ganz zentrale Fähigkeit im Leben – vielleicht sogar wichtiger als die Intelligenz.

Allerdings sollte man den Eltern nicht die gesamte Verantwortung für die Modellierung der emotionalen Schaltkreise im Gehirn ihrer Kinder aufbürden. Denn wenn Sie an Ihre eigene Kindheit zurückdenken, werden Sie sich an starke emotionale Lektionen erinnern, die Sie bei Spielen mit anderen Kindern lernten – und natürlich nimmt die Bedeutung von Gleichaltrigen stetig zu, je älter Kinder werden. In dieser rauhen Schule des Lebens lernen sie etwas über Freundschaft, Aggression, Neid, Anziehung und eine Vielzahl weiterer komplexer Emotionen. Das Problem besteht darin, daß immer mehr Kinder nach der Schule allein zu Hause sitzen, statt auf der Straße mit Gleichaltrigen zu tollen und dabei Erfahrungen zu sammeln, die emotionale und soziale Kompetenz fördern. Mathematische Spiele im Internet zu spielen fördert gewiß die intellektuellen Fähigkeiten und wird höchstwahrscheinlich langfristig die schulischen Leistungen verbessern. Aber wenn dies auf Kosten der sozialen Fertigkeiten geschieht, dann wird das Kind vielleicht zu einem sozial gestörten Erwachsenen, der nicht in der Lage ist, die Emotionen anderer Menschen zu erkennen, geschweige denn, angemessen auf sie zu reagieren.

Diese Art emotionaler Intelligenz ist für den Erfolg im Leben höchstwahrscheinlich genauso wichtig – wenn nicht wichtiger – wie die intellektuelle Intelligenz. Und dennoch nimmt man den Kindern in sämtlichen Industrienationen zunehmend die Chance zu unstrukturierten, spontanen Spielen mit anderen Kindern.

Kinder verbringen auch weniger Zeit mit ihren Eltern und anderen Verwandten. Computer, Fernsehen und andere einsame Betätigungen haben zu einem schleichenden Schwund der Zeit geführt, die für den Plausch im Kreis der Familie zur Verfügung steht, bei dem in zwangloser Atmosphäre so viele emotionale Lektionen gelernt werden. Beide Elternteile arbeiten oftmals bis spät abends, so daß wenig Zeit dafür bleibt.

Nehmen wir zum Beispiel den dreijährigen Peter, den wir zu Anfang dieses Kapitels beschrieben haben. Möglicherweise wäre ihm von seinen Eltern nicht mehr Beachtung geschenkt worden, wenn er fünfzig Jahre früher geboren worden wäre; aber Peter hätte fünfzig Jahre früher sehr viel mehr Kontakt mit anderen Erwachsenen – Nachbarn und Mitgliedern der Großfamilie – gehabt, und er hätte auch viel mehr mit anderen Kindern aus der Nachbarschaft gespielt.

Aufgrund all dieser Umstände wird die emotionale Intelligenz vieler Kinder heutzutage durch die Erziehung nicht mehr angemessen gefördert. Dies erhöht im weiteren Verlauf ihres Lebens ihre emotionale Labilität und trägt so bei zu der Epidemie psychischer Probleme, unter der die Industrieländer leiden.

Doch es gibt noch eine weitere tiefgreifende Veränderung in der westlichen Kultur, die der emotionalen Entwicklung von Kindern schadet – die Zunahme innerfamiliärer Streitigkeiten und zerbrochener Ehen.

Die neuroplastischen Auswirkungen von Streit

Viele Eltern fragen sich besorgt, was wohl aus ihren Kindern wird, wenn einer von ihnen stirbt. Sie wissen, daß Kinder in einem gewissen Alter den Tod ihrer Mutter oder ihres Vaters nie vergessen, und sie erkennen, daß dies ihr gesamtes Leben negativ beeinflussen kann. Die meisten Eltern machen sich jedoch vermutlich weniger Gedanken darüber, was mit ihren Kindern geschieht, wenn sie sich scheiden lassen oder trennen. Das ist bedauerlich, denn Studien haben gezeigt, daß Kinder durch die Streitereien, die zur Scheidung führen, und deren Folgewirkungen psychisch stärker geschädigt werden können als durch den Tod eines Elternteils.[11]

In einigen Industrieländern nähern wir uns einer Situation, in der fast so viele Kinder aus zerbrochenen Ehen kommen wie aus intakten Familien, in denen die Eltern zusammenbleiben. So hatten in Großbritannien Kinder aus Mittelschichtfamilien, die 1958 geboren wurden und deren Eltern sich scheiden ließen, bevor sie sechzehn waren, ein doppelt so hohes Risiko, die Schule ohne Abschluß zu verlassen, wie Kinder, deren Eltern verheiratet blieben. Auch der Prozentsatz derjenigen, die ein Studium absolvierten oder im Alter von dreiundzwanzig Jahren erwerbstätig waren, war im Vergleich zu den Kindern verheirateter Eltern sehr viel geringer. Dagegen war der Prozentsatz der Kinder aus gescheiterten Ehen, die später in Sozialwohnungen lebten, viermal höher, und auch der Anteil der Raucher unter ihnen war viel höher als bei anderen Angehörigen der Mittelschicht, deren Eltern sich nicht getrennt hatten.[12]

Kinder mit geschiedenen Eltern waren im Durchschnitt auch emotional labiler, gingen früher von zu Hause fort und ließen sich selbst später im Leben öfter scheiden bzw. wechselten häufiger ihren Lebenspartner. Als Kinder zeigten sie mehr Verhaltensauffälligkeiten in der Schule, sie waren häufiger unzufrieden und deprimiert und waren in Lesefertigkeit und Rechnen schlechter als ihre Klassenkameraden.

Anders gesagt, Zwistigkeiten zwischen den Eltern und die Scheidung, zu der sie oftmals führen, wirken sich auf manche Kinder sehr negativ aus. Selbstverständlich gehen in Familien, die zusammenbleiben, Konflikte und emotionale Turbulenzen ebenfalls nicht spurlos an den Kindern vorüber. Gefühle sind ansteckend: Säuglinge, deren Mütter ungewöhnlich viel Wut oder Traurigkeit zeigen, drücken diese Emotionen im Alter von sechs Monaten ebenfalls in einem außergewöhnlichen Maße aus.[13] Alle Kinder – insbesondere Jungen –, deren Eltern sich oft erbittert streiten, zeigen später ihrerseits eine ausgeprägte Aggressionsbereitschaft.[14] Ein Experiment wies nach, daß Kinder, die miteinander spielten, aggressiver interagierten, nachdem sie zwei fremde Erwachsene sahen, die eine heftige verbale Auseinandersetzung hatten.[15]

Ganz allgemein gilt, daß die emotionale Grundstimmung in einer Familie die Emotionalität von Säuglingen prägt. In einer Studie beispielsweise wurden Säuglinge im Alter von drei Monaten und dann wieder mit neun Monaten untersucht. Bekanntlich sind manche Säuglinge »schwierig« – sie schreien viel und zeigen im allgemeinen negative Gefühle, während andere Säuglinge »pflegeleicht« sind, viel lächeln und eine positive Emotionalität ausstrahlen. Ererbtes Temperament und biologische Faktoren tragen vermutlich in hohem Maße zu diesen Unterschieden bei. In dieser Studie wurde jedoch festgestellt, daß sich das emotionale Ausdrucksverhalten einiger Säuglinge im Alter von neun Monaten geändert hatte, während es bei anderen unverändert blieb. In der Gruppe, die nach den sechs Monaten mehr negative Emotionen zeigte, war das Verhältnis zwischen den Eltern konfliktträchtiger. Die Eltern stritten sich in diesen Familien insbesondere darüber, wie stark sich der Vater um das Baby kümmern sollte, und die Väter selbst schätzten vor der Geburt ihrer Kinder ihre Ehen weniger positiv ein.[16] Die Säuglinge hingegen, die nach den sechs Monaten mehr positive Emotionen zeigten, lebten im Schnitt in Familien, die weniger konfliktbelastet waren. Ihre Mütter hatten in ihrer Ehe weniger Streitigkeiten erlebt, und sie hatten eine höhere Selbstachtung. Außerdem gingen diese Mütter mehr auf ihre Säuglinge ein und hatten eine harmonischere Beziehung zu ihnen.

Kurz, selbst Säuglinge passen ihre emotionalen Reaktionen an die emotionale Grundstimmung ihrer Familien an. Natürlich spielt auch das Temperament – das teilweise ererbt wird – hier eine Rolle. Manche Säuglinge sind wirklich »schwierig« und bleiben so, selbst wenn sie in den harmonischsten Familien aufwachsen. Doch wie bei allen Verhaltensweisen gibt es auch bei der Gestaltung der emotionalen Schaltkreise des Gehirns ein heikles und komplexes Wechselspiel zwischen Anlage und Umwelt.

Daher können Familien die vibrierenden Netzwerke, welche die Emotionen ihrer Säuglinge und Kleinkinder steuern, nachhaltig beeinflussen. Fälle von Mißhandlung verdeutlichen dies auf besonders drastische Weise.

Eine Wiege der Grausamkeit

Mark – der am Anfang des Kapitels beschriebene Junge, der von seinem Stiefvater geschlagen wurde – litt schwer unter der körperlichen und seelischen Mißhandlung, die er erdulden mußte, seit sich seine Mutter wiederverheiratet hatte, als er noch ein Säugling gewesen war. Schwere Vernachlässigung und körperliche Mißhandlung in der Kindheit verändern das Gehirn physisch, indem sie Verbindungen im neuronalen Netz verkümmern lassen, wie wir im letzten Kapitel sahen. Es gibt jedoch noch einen weiteren Preis, den viele mißhandelte Kinder für die Grausamkeit, die ihnen angetan wurde, bezahlen müssen. Dieser Preis besteht darin, daß mißhandelte Kinder ihrerseits dazu neigen, andere Menschen zu mißhandeln. Eltern, die ihre Kinder schlagen, programmieren in deren Gehirn eine Disposition zur körperlichen Aggression ein. Das gleiche gilt für sexuellen Mißbrauch – die meisten der berüchtigten Sexualstraftäter, von denen man in den Zeitungen liest, wurden als Kinder selbst sexuell mißbraucht. Allerdings begehen die meisten Menschen, die in dieser Weise mißbraucht wurden, keine derart abscheulichen Straftaten. Doch die Tatsache bleibt, daß die Erfahrung, als Kind mißbraucht worden zu sein, entscheidende Hemmschwellen im Gehirn niederreißen kann.

Eine solche Hemmschwelle ist die Erfahrung der Einfühlung oder Empathie – die Fähigkeit, sich in den emotionalen Zustand eines anderen Menschen hineinzuversetzen. Wie so vieles andere lernen wir auch die Fähigkeit, uns in andere Menschen einzufühlen, weitgehend von unseren Eltern.

Man braucht nur Kleinkinder beim Spiel zu beobachten, und man erkennt sogleich, daß sie oftmals schlicht das ausagieren, was sie selbst erlebt haben. Das kleine Mädchen, das ausgeschimpft wurde, wird höchstwahrscheinlich seine Puppe in ähnlicher Weise rügen. Der Junge, der getröstet wurde, als er sich wehgetan hatte, wird auf die eingebildete Verletzung seines Stoffhundes in ähnlicher Weise reagieren. Das gleiche gilt für Kleinkinder, die von Erwachsenen mißhandelt wurden, die sich eigentlich um sie kümmern sollten. Kinder, die am eigenen Leib Gewalt und Aggression erleben, lernen oftmals, sich gegenüber anderen Menschen – einschließlich, später einmal, ihren Kindern – in gleicher Weise zu verhalten.

Daher kann gefühllose Brutalität wie viele andere Emotionen in die neuronalen Netzwerke des limbischen Systems einprogrammiert werden. Und wenn dies der Fall ist, dann können sich Gewalttätigkeit und Aggression in Gruppen, ja ganzen Gesellschaften wie ein Virus ausbreiten. In Washington D.C. beispielsweise hatten 9 Prozent der Sechs- und Siebenjährigen in einem sozial schwachen Viertel schon selbst mitangesehen, wie ein Mensch erschossen wurde. Weitere 13 Prozent hatten gesehen, wie jemand niedergestochen wurde, während sage und schreibe 16 Prozent schon einmal einen Toten auf der Straße gesehen haben. Und viele der Kinder – 25 Prozent – waren schon einmal Zeuge eines Raubüberfalls.[17]

Da ist es nicht weiter verwunderlich, daß Gewalttätigkeit und Aggression in einer ganzen Gesellschaft Wurzeln schlagen können. Das Problem besteht darin, daß Aggression, sobald sie einmal im Gehirn verankert ist, fast so stabil ist wie Intelligenz. Das bedeutet, daß Kleinkinder, die sich im Kindergarten aggressiv verhalten, auch als Teenager und Erwachsene eine starke Aggressionsbereitschaft zeigen werden.

In einer Studie beispielsweise kam heraus, daß Jungen und Mädchen, deren Spielkameraden sie im Alter von acht Jahren als besonders aggressiv beurteilt hatten, auch als dreißigjährige Erwachsene die stärkste Aggressivität zeigten. Sie waren häufiger vorbestraft, schlugen ihre Kinder öfter und waren auch gegenüber ihren Ehegatten gewalttätiger.[18]

Wenn Sie das nächste Mal beim Anblick einer Mutter oder eines Vater, die/der ein Kind auf der Straße schlägt, zusammenzucken, können Sie davon ausgehen, daß dieser Erwachsene als Kind ähnlich behandelt wurde. Und das gleiche wird auch bei Mark der Fall sein, der unter seinem gewalttätigen Stiefvater leidet. Auch wenn es nicht so kommen muß, wird er doch mit viel höherer Wahrscheinlichkeit als andere Kinder aufgrund seiner Aggressivität und seiner sozialen Fehlanpassung Probleme in der Schule und mit Gleichaltrigen bekommen.

Doch auch wenn diese Aggressionsbereitschaft schon von früher Kindheit an in das Netzwerk des Gehirns eingewoben wird, bedeutet dies nicht, daß die entsprechenden Verbindungen im späteren Leben nicht wieder teilweise rückgängig gemacht werden könnten. Das Problem besteht jedoch darin, daß sich aggressives Verhalten oft auszahlt und eine recht effiziente Weise sein kann, seine Interessen im Leben durchzusetzen. Viele aggressive, gewalttätige Personen haben daher gar nicht den Wunsch, ihre Aggressivität abzulegen. Doch wenn sie sich dazu entschließen, können ihnen Schulungs- und Therapieprogramme dabei helfen, ihre Gewalttätigkeit unter Kontrolle zu bringen. Dazu gehört unter anderem, daß sie lernen, sich in ihre Opfer hineinzuversetzen; dadurch wird das Einfühlungsvermögen in ihren ungeschulten emotionalen Netzwerken verankert, Jahre nachdem dies in ihrer Familie versäumt wurde.[19]

Wir werden höchstwahrscheinlich mit unterschiedlichen Dispositionen zu aggressivem Verhalten geboren. Wie die meisten unserer Verhaltensweisen wird auch die Aggressivität durch ein kompliziertes Wechselspiel zwischen Genen und Umwelt determiniert. Anders gesagt, selbst wenn es so etwas wie eine hundertprozentig angeborene Aggressivität gäbe, könnte sie durch Erfahrungen gemildert werden.

Im Extremfall manifestiert sich in der emotionalen Ödnis des Psychopathengehirns eine mitleidlose Gleichgültigkeit gegenüber dem Leiden anderer Menschen. Emotionen bilden den »Leim«, der Beziehungen zusammenhält, so daß es nicht erstaunlich ist, daß Psychopathen von einer Beziehung in die nächste und von einem Arbeitsplatz zum nächsten schlittern und dabei andere Menschen vor den Kopf stoßen und verletzen.

Wie wir im letzten Kapitel sahen, kann man eine emotionale Reaktion unter anderem dadurch nachweisen, daß man mißt, wie gut die Haut einen schwachen elektrischen Strom leitet. Man nennt dieses Phänomen »psychogalvanischer Reflex« (PGR), und er ist ein zuverlässiges indirektes Maß für eine plötzliche emotionale oder Schreckreaktion auf ein Ereignis. Psychopathen unterscheiden sich von normalen Menschen dadurch, daß ein erschütterndes Bild sie völlig ungerührt läßt, so daß sich ihr Hautwiderstand in Reaktion auf ein schockierendes Bild kaum verändert. Offenbar spricht das limbische System von Psychopathen – und insbesondere die Amygdala –, aus welchen Gründen auch immer, sehr viel schwächer auf emotionale Reize an als bei normalen Menschen.[20] Dies ist etwa dann der Fall, wenn sie Freunde, die ihnen vertrauen, für ihre egoistischen Ziele manipulieren oder wenn sie einem Fremden, ihrem

Gatten oder Kind körperliche Schmerzen zufügen. Errol Flynn war angeblich ein Psychopath, der dennoch charmant und gesellig war – zumindest wenn es ihm Vorteile brachte. Psychopathen mißhandeln in ihrer Kindheit oftmals Tiere auf besonders grausame Weise, wie es auch Flynn getan hat. Manche legen auch gern Feuer, und sie sind generell bei ihren Spielkameraden und Mitschülern unbeliebt und gefürchtet.

Die Frage, ob Psychopathen das Produkt von Anlage oder Umwelt sind, ist vermutlich nicht sehr sinnvoll, da praktisch unser ganzes Verhalten sowohl genetisch beeinflußt ist als auch durch Erfahrungen geformt wird. Ja, selbst die Ausprägung von Genen wird von Erfahrungen beeinflußt. Errol Flynn hatte gewiß eine destruktive Beziehung zu seiner Mutter, und dies mag sein ungestümes und skrupelloses Leben nachhaltig geprägt haben.

Einige Psychopathen sind sehr erfolgreich – zumindest eine Zeitlang. Selbst in demokratischen Staaten wie Großbritannien oder Deutschland machen manche Politiker eine atemberaubende Karriere, indem sie sich rücksichtslos über andere und sogar ihre Familie hinwegsetzen. Sie lügen hemmungslos, doch oftmals werden sie zu guter Letzt von ihrer Rücksichtslosigkeit und ihrem Leichtsinn eingeholt. Manchmal jedoch bedarf es der sorgfältigen Recherche von Journalisten, die sich nicht von drohenden Verleumdungsklagen einschüchtern lassen, um diese Menschen zu demaskieren.

Leider ist es in undemokratischen Ländern, in denen es keine freie Presse und keine wirkliche Gewaltenteilung gibt, oft unmöglich, den politischen Aufstieg von Psychopathen zu verhindern. Ihre Brutalität kann in die soziale Struktur selbst eingeflochten und in das Gehirn der empfänglichsten Kinder jener Gesellschaft einprogrammiert werden. So können nicht nur einzelne, sondern ganze Kulturen durch diese emotionale Programmierung, die in erschreckend großem Umfang zu Gewalttaten und emotionaler Gleichgültigkeit gegenüber dem Schicksal anderer führen kann, gleichgeschaltet werden.

Doch selbst in der brutalsten Gesellschaft überleben Empathie und moralisches Verantwortungsgefühl. Wie seelische Mißhandlung Verbindungen im Gehirn zerstören kann, so kann umgekehrt Liebe ihr Wachstum fördern.

Liebe fördert das neuronale Wachstum im Gehirn

Wenn man jungen Ratten mit einem trockenen weichen Pinsel regelmäßig leicht über den Rücken streicht, entwickelt sich ihr Gehirn anders als das gleichaltriger Ratten, die nicht auf diese Weise stimuliert werden. Die gestreichelten Ratten besitzen, wenn sie ausgewachsen sind, eine höhere kognitive Leistungsfähigkeit, und dieser kognitive Vorsprung hängt eng mit dem Ausmaß der Veränderung ihres Gehirns zusammen. Streicheln verändert nämlich das neuronale Netzwerk, und diese Veränderungen steigern die Leistungsfähigkeit des Gehirns.[21]

Es sollte uns daher auch nicht überraschen, daß Kinder, die keine körperliche Zuwendung erhalten und keine enge emotionale Beziehung zu einem oder mehreren Erwachsenen aufbauen, in ihrer körperlichen und psychischen Entwicklung beeinträchtigt sind.[22]

In den letzten Jahren gingen Fernsehbilder von rumänischen Waisenhäusern um die Welt, in denen entsetzliche Zustände herrschten und die eine Hinterlassenschaft des Schreckensregimes von Ceauçescu waren. Diese Aufnahmen von Waisen mit stumpfen Augen, die dichtgedrängt in kahlen, schmutzigen Räumen vor sich hinvegetierten, gehen mir nicht mehr aus dem Sinn. In den besseren rumänischen Waisenhäusern leben die Kinder unter einigermaßen erträglichen äußeren Bedingungen. Doch das, was ihnen vorenthalten wird, ist sehr viel wichtiger – nämlich der die Gehirnentwicklung stimulierende Austausch mit einem liebevollen Erwachsenen, der lernt, ihre ganz individuellen Reaktionen zu verstehen und darauf zu reagieren.

Am Anfang dieses Kapitels sahen wir, daß schon ein wenige Monate alter Säugling in ausgeklügelter Weise mit seiner Bezugsperson – in der Regel seiner Mutter – kommuniziert, welche die individuellen Stimmungen und Gefühlsäußerungen des Säuglings zu verstehen lernt. Diese einfühlsame Reaktion des Erwachsenen stimuliert das Wachstum von Nervenzellen und Verschaltungen im Gehirn und fördert die Intelligenz sowie – was am wichtigsten ist – das Selbstwertgefühl des Kindes.

Zwar gehen die Eltern selbst in den reichen und privilegierten Industrieländern des Westens in sehr unterschiedlicher Weise auf die Bedürfnisse ihrer Säuglinge ein, was sich erheblich auf deren emotionale, soziale und intellektuelle Entwicklung auswirkt. Doch die rumänischen Waisenkinder erhalten praktisch gar keine liebevolle Zuwendung, obwohl diese für die Entwicklung des Gehirns so wichtig ist. Es ist eine herzzerreißende Tatsache, daß diese Kinder durch den langfristigen Aufenthalt in diesen schrecklichen Institutionen dauerhaft in ihrer körperlichen und geistig-seelischen Entwicklung beeinträchtigt werden. Kann man denn gar nichts dagegen tun?

Doch – zumindest bei einigen der Kinder. Wie wir alle wissen, besitzen Kinder eine große Belastungstoleranz. Wie der Entzug liebevoller Zuwendung die Emotionalität eines Kindes verkümmern lassen kann, so kann die Erfahrung liebevoller Aufmerksamkeit ihre emotionale Entwicklung stimulieren.

In den achtziger Jahren verfolgte eine Forschergruppe das Schicksal von Kindern, die im Alter von unter zwei Jahren in Heime aufgenommen worden waren, die sie im Verlauf der nächsten fünf Jahre wieder verließen. Obgleich diese Heime die physischen Bedürfnisse der Kinder sehr gut befriedigten und auch ihre kognitiv-sprachliche Entwicklung in einem annehmbaren Maße förderten, fehlte es den Kindern an einer engen Beziehung zu einem oder zwei Erwachsenen. Statt dessen wurden sie von einer großen Gruppe von Pflegekräften betreut – im Durchschnitt von fünfzig verschiedenen Personen während der Dauer ihres Aufenthalts.[23]

Fünfzig verschiedene Personen können natürlich keinesfalls jene enge Beziehung aufbauen, die ein Kleinkind braucht; daher ist es nicht verwunderlich, daß eine Studie zu dem Ergebnis kam, daß ein Drittel der Frauen, die als Kinder in einem Heim untergebracht waren, als Erwachsene an psychischen Erkrankungen litt. Dagegen war nur eine von zwanzig Frauen, die als Kinder nicht in einem Heim gewesen waren, psychisch krank.[24]

Bedrückenderweise waren die Frauen, die als Kinder eine solche unzureichende emotionale Zuwendung erhielten, ihrerseits vielfach schlechte, gefühlskalte Mütter, die unsensibel im Umgang mit ihren Kindern waren und außerdem Inkonsequenz und mangelnde Selbstkontrolle zeigten. Kurz, wir sehen vor unseren Augen nicht nur die »Fehlprägungen« des Gehirns innerhalb einer Generation, sondern auch zwischen den Generationen.

Jetzt zu den guten Nachrichten. Einige der Frauen, die als Kinder traumatische Erfahrungen erlebten, wurden später zu guten Müttern. Es besteht also Hoffnung für die Kinder in den rumänischen Waisenhäusern, wenn sie von einer liebevollen Familie adoptiert werden. Die Londoner Studie aus den achtziger Jahren über Kinder, die vor ihrem zweiten Lebensjahr in Heimen untergebracht worden waren, zeigte, daß es jenen Kindern, die von einer Familie adoptiert worden waren, gut ging. Obgleich sie mehr Probleme in der Schule hatten als Kinder, die nicht in einem Heim gewesen waren, hatten sie enge, vertrauensvolle Beziehungen zu ihren Adoptiveltern.

Das Bild war nicht so rosig für Kinder, die in ihre Ursprungsfamilien zurückkehrten. Diese Familien hatten oftmals mehr Probleme als die Adoptivfamilien, und außerdem standen sie der Rückkehr des Kindes in den Kreis der Familie zwiespältig gegenüber. Diese Kinder hatten erwartungsgemäß sehr viel mehr Probleme im Elternhaus, einschließlich etwa schwierigerer und gefühlsärmerer Beziehungen. Sie hatten auch mehr emotionale Probleme als die Kinder, die bei Adoptiveltern lebten, die sie uneingeschränkt annahmen.

Die psychische Robustheit von Kindern und ihre Fähigkeit, sich von den Folgen jahrelanger mangelnder Zuwendung und Vernachlässigung zu erholen, wird durch die Lebensgeschichte eines Zwillingspaars in der Tschechoslowakei auf besonders drastische Weise veranschaulicht. Im Jahr 1979 entdeckte man zwei siebenjährige Zwillingsbrüder, die in einem völlig verschmutzten, fensterlosen Raum eingesperrt waren. Die beiden waren den größten Teil ihres Lebens in nahezu völliger Isolation aufgewachsen.[25] Sie hausten in einem kleinen, unbeheizten Verschlag, in den sie von einer Stiefmutter eingesperrt wurden, die ihre eigenen Kinder bevorzugte. Fast fünfeinhalb Jahre lang wurden sie regelmäßig von ihrer Stiefmutter geschlagen und über längere Zeiträume in einen Keller gesperrt, wo sie auf einer Plastikfolie auf dem Boden schliefen.

Die Mutter der Zwillinge war kurz nach ihrer Geburt gestorben, und sie hatten fast ein Jahr lang in einem Heim gelebt, bevor sie im Alter von achtzehn Monaten von ihrem Vater und ihrer Stiefmutter zurückgeholt worden waren. Als sie im Alter von sieben Jahren entdeckt wurden, konnten sie kaum gehen und waren in ihrer kognitiven Entwicklung auf dem Stand dreijähriger Kinder. Sie litten an Rachitis, und sie erschraken beim Anblick alltäglicher Gegenstände wie eines beweglichen Spielzeugs, eines Fernsehapparats oder Autos auf der Straße.

Dieses wahre moderne Märchen von Hänsel und Gretel, in dem es um seelische Grausamkeit und Deprivation geht, hatte jedoch, wie das Märchen selbst, einen glücklichen Ausgang. Die Zwillinge wurden für etwa achtzehn Monate in einem Kinderheim untergebracht, bevor sie von einer Pflegefamilie angenommen wurden, bei der sie blieben, bis sie erwachsen waren. Bereits in den ersten Monaten nach ihrer Rettung machten sie rasche Fortschritte in ihrer kognitiven Entwicklung, die Diskrepanz von vier Jahren zwischen ihrem geistigen Entwicklungsstand und ihrem Lebensalter nahm stetig ab. Diese Verbesserung beschleunigte sich noch, als sie von ihrer Pflegefamilie aufgenommen wurden, und die beiden Jungen hatten schließlich als Erwachsene überdurchschnittliche sprachliche und kognitive Fähigkeiten. Sie waren auch in emotionaler Hinsicht relativ gut entwickelt.

Obgleich mangelnde Zuwendung und Vernachlässigung also dazu führen können, daß die neuronalen Netzwerke schrumpfen und die geistigen und emotionalen Fähigkeiten verkümmern, kann dieser Verlust zumindest teilweise durch Stimulation, Aufmerksamkeit und – vor allem – Liebe ausgeglichen werden.

Die Querverschaltungen der Liebe

Wie alle anderen zwischenmenschlichen Beziehungen sind auch die zwischen Eltern und Kind komplex und veränderlich. Selbst innerhalb von wohlhabenden Mittelschichtfamilien, in denen es keinerlei körperliche Mißhandlung oder Vernachlässigung gibt und in denen Eltern ihren Kindern alles geben, wird die Beziehung zwischen Eltern und Kleinkind gelegentlich verzwickt und schwierig.

In etwa einer von acht nordamerikanischen Mittelschichtfamilien mit einem Kleinkind zeigte dieses Kind eine ambivalente, gestörte Beziehung zu seiner Hauptbezugsperson – für gewöhnlich die Mutter. Dies ließ sich am deutlichsten beobachten, wenn das Kind für ein paar Minuten von der Bezugsperson getrennt und mit einer fremden Person allein gelassen wurde. Normalerweise reagiert das Kleinkind in solchen Situationen auf die Rückkehr der Mutter mit Freude und Erleichterung. Diese beachtliche Minderheit von Kleinkindern aber reagierte ambivalent und verwirrt auf den Anblick ihrer Mütter. Offenbar hatten sie nicht gelernt, ihre Mütter als einen sicheren Zufluchtsort in Streßsituationen zu betrachten. Einjährige Kinder schmiegten sich beim Wiedersehen zunächst an ihre Mütter an, woran sich eine unvermittelte Ablehnungsreaktion anschloß. Sie verharrten reglos in ihrer Gegenwart, sie verlangsamten ihre Bewegungen, oder sie reagierten verwirrt und inadäquat. Manchmal wirkten sie beim Wiedersehen traurig und sogar ängstlich. Kurz, ihre Beziehung zur Mutter war bereits im ersten Lebensjahr durch Unsicherheit und Ambivalenz geprägt.[26]

Kleinkinder im Alter zwischen zwölf und 18 Monaten, die eine solche ambivalente Beziehung zu ihrer Hauptbezugsperson zeigen, weisen ein deutlich höheres Risiko für psychische Störungen im Alter von fünf Jahren auf. Und diese Form von Eltern-Kind-Beziehung – emotionale Ambivalenz und Verwirrung – ist um so häufiger, je ärmer die Eltern sind.

Armut und Depressivität gehen Hand in Hand. Da ist es nicht weiter verwunderlich, daß sich bei über der Hälfte der nordamerikanischen Mütter mit niedrigem Einkommen, die an einer Depression leiden, diese widersprüchliche, gestörte emotionale Beziehung zu ihren Kleinkindern nachweisen läßt.[27] Von mißhandelten Kindern zeigen sogar 80 Prozent diese Art der Mutterbindung.

Daher dürfte sich der zersetzende Einfluß von Armut auf das geistig-seelische Entwicklungspotential von Menschen hauptsächlich mit ihren destruktiven Auswirkungen auf zwischenmenschliche Beziehungen erklären lassen. Diese Beziehungen sind gleichsam der Schmelztiegel, in dem die neuronalen Verbindungen des wachsenden Gehirns modelliert und genährt werden. Wenn Armut, Vernachlässigung und mangelnde Zuwendung allgegenwärtig sind, verkümmert das Gehirn buchstäblich wegen mangelnder Stimulation und vor allem, weil ihm die liebevolle Aufmerksamkeit der Eltern fehlt.

Jene Art von Zuwendung, die das Baby Claire bekommt, läßt sich in einem Umfeld, das von Streß, Armut und endemischer Depression geprägt ist, kaum aufbringen. Und doch ist gerade diese Form der Zuwendung für die normale intellektuelle und emotionale Entwicklung des Gehirns unverzichtbar. Zudem kann starker Streß, wie wir früher sahen, zu einer physischen

Schrumpfung des Gehirns führen – und dies gilt nicht nur für Erwachsene, sondern auch für Kinder.

Fassen wir zusammen: Eine ambivalente, schwierige Beziehung zwischen Eltern und Kind innerhalb eines streßreichen, reizarmen Umfeldes kann das neuronale Netzwerk des Gehirns schwer schädigen. Liebevolle Beziehungen und das positive Selbstwertgefühl, das sie bei Kindern auslösen, können diese neuronalen Defizite jedoch zumindest teilweise wieder rückgängig machen.

Liebe heilt

Nicht nur das Gehirn und der Körper von Kindern gedeihen unter dem Einfluß von Liebe. Das gleiche gilt für Erwachsene wie Sie und ich. Nehmen wir die Frauen, die in Heimen aufgewachsen sind. Viele wurden selbst zu schlechten Müttern und zeigten gegenüber ihren Kindern den gleichen Mangel an emotionaler Zuwendung, den sie selbst erfahren hatten. Allerdings sind einige aus diesem Teufelskreis ausgebrochen und zu guten Müttern geworden. Was in ihrem Leben aber hat dafür gesorgt, daß das emotionale Virus ihre Beziehungen zu ihren eigenen Kindern nicht vergiftet hat? Die Antwort ist einfach: Liebe. Jene Frauen, die einen Partner kennengelernt hatten, der sie unterstützte und dem sie vertrauen konnten, wurden schließlich zu guten Müttern.

Die Heilkraft liebevoller Beziehungen zeigte sich auch deutlich bei den 10000 Londoner Beamten, die ich weiter oben erwähnte. Diejenigen, die Positionen mit niedrigem Status bekleideten, in denen sie ihre Arbeit kaum aktiv mitgestalten konnten, hatten eine viel höhere Erkrankungs- und Sterberate als Beamte in leitenden Positionen, die bei ihrer Arbeit mehr Gestaltungsfreiheit hatten. Doch ganz unabhängig von der Position, die diese Männer und Frauen bekleideten, wirkte sich die Qualität ihrer Partnerbeziehungen nachhaltig auf ihre

Gesundheit aus. Fehlende emotionale Unterstützung und mangelndes Vertrauen zu dem Partner schadeten ihrer Gesundheit ebenso wie das Gefühl, wesentlich mehr in die Beziehung hineinzustecken als herauszubekommen.

Konflikte mit einem Partner sind belastend, und dieser Streß kann die Zahl der Antikörper im Blut verringern, die für die Abwehr von Krankheiten zur Verfügung stehen. Ständige Konflikte können auch Depressionen auslösen, die mit Veränderungen im Gehirn einhergehen, einschließlich eines Rückgangs der Aktivität in den Stirnlappen. Eine solche Depression kann einen intellektuell lähmen, so daß es einem sehr schwer fällt, die Ressourcen aufzubringen, die man bräuchte, um einige der Probleme, die der Depression zugrunde liegen, zu lösen. Und Depressionen führen auch zu Veränderungen im Gehirn, insbesondere zu einer Verringerung der synaptischen Aktivität in den Stirnlappen. Wenn man das um den Faktor 25 erhöhte Depressionsrisiko bei Männern und Frauen bedenkt, die sich in ihrer Ehe unglücklich fühlen, sieht man in erschreckender Deutlichkeit, wie sich mangelnde Liebe auf das Gehirn auswirkt.[28]

Liebe heilt Körper und Seele und schützt uns vor den schlimmsten Folgen der Giftpfeile und Fußangeln des Lebensschicksals. Nach dem Unfall in dem Atomkraftwerk auf Three Mile Island beispielsweise, bei dem große Mengen Radioaktivität in die Atmosphäre gelangten, machten sich Eltern besonders große Sorgen um die Folgen für ihre Kinder. Diese psychische Belastung löste bei nicht wenigen Müttern eine Depression aus, doch ihr Depressionsrisiko wurde wesentlich von einem Faktor determiniert: ob sie eine enge und vertrauensvolle Beziehung zu einem Menschen in ihrem Leben – im allgemeinen ihrem Partner – hatten. Jede achte der Frauen, die eine gute, liebevolle Beziehung hatten, erkrankte an einer Depression gegenüber jeder fünften von den Frauen, die keine vertrauensvolle Partnerschaft hatten.

Liebe heilt also tatsächlich Körper und Seele. Und Liebe bedeutet den Sieg des »Wir« über das »Ich«.

Das elektrische »Wir«

Das »Ich« – das elektrische »Ich« – existiert in dem vibrierenden Netzwerk verschalteter Neuronen im Gehirn. Was und wer wir sind, wurde durch unsere Interaktionen mit der Welt, unsere Beziehungen zu anderen Menschen und durch Schicksalsschläge geformt. Diese plastische Gestaltung durch die Erfahrung hat zusammen mit dem genetischen Entwicklungsprogramm für unser Gehirn unser »Ich« zu dem gemacht, was es ist.

Diese völlig einzigartige Schöpfung, die sich nicht reproduzieren läßt, ist jedoch in ständigem Wandel begriffen. Während Sie diese Zeilen lesen, wird irgendwo in Ihrem Gehirn eine Synapse gestärkt, während eine andere geschwächt wird. Durch einen bewußten Entschluß könnten Sie in diesem Augenblick den Zustand Ihres Gehirns verändern: indem Sie sich gezielt eine angenehme Erinnerung bewußt machen, indem Sie über ein beschämendes Ereignis oder einen Mißerfolg nachdenken, oder indem Sie sich ein Erfolgserlebnis vergegenwärtigen, das Ihr vibrierendes neuronales Netzwerk nachhaltig geprägt hat.

Wenn Sie es wollen, können Sie durch selbständiges Training Ihr Erinnerungsvermögen erheblich verbessern. Sie können lernen, Probleme viel effizienter zu lösen, und so Ihre Intelligenz steigern. Sie können jedes beliebige Musikinstrument erlernen. Sie können Ihre Augen schulen, die subtilsten Farbnuancen in einem Gemälde von Vermeer aufzuspüren, und Sie können lernen, die komplexe mathematische Schönheit eines Konzerts von Bach zu genießen. Denn Ihr »Ich« ist zwar einerseits eingewoben in das vibrierende Netz, doch gleichzeitig übt es die Kontrolle darüber aus – ist es verantwortlich für ein Fragment des Universums, das mehr Verbindungen aufweist, als die Milchstraße Sterne zählt.

All diese Dinge gestalten die Verbindungen und werden ihrerseits darin eingraviert. Manchmal hört man die Behauptung, wir würden nur zehn Prozent unseres Gehirns nutzen. Obgleich diese konkrete Zahl willkürlich ist, stimmt es doch, daß unser Gehirn ein enormes unausgeschöpftes Potential zur Steigerung seiner Leistungsfähigkeit besitzt. Da spielt es keine Rolle, ob Sie acht Monate oder achtzig Jahre alt sind: Bis ans Lebensende hungert das vibrierende Netzwerk nach Erfahrung.

Ihr neuronales Netzwerk wird sein Potential jedoch nur dann ausschöpfen, wenn Ihr »Ich« an sich selbst glaubt. Dieses Selbstvertrauen wiederum stammt von den Menschen, die Ihr »Ich« in das Netzwerk eingewoben haben – Ihren Eltern, Geschwistern, Lehrern, Freunden und Partnern. In Wirklichkeit ist dieses elektrische »Ich« daher ein elektrisches »Wir«.

Diese enge gegenseitige Verbindung unserer Netzwerke ist die Ursache dafür, daß einige der Milliarden menschlicher Gehirne, die je existierten, jämmerlich verkümmern, während sich andere zu überragenden Leistungen aufschwingen. Das »Ich« kann das Gehirn plastisch modellieren, aber nur wenn es durch andere »Ichs« in Familie und Gesellschaft unterstützt wird.

Das Potential des Gehirns erschließen: Der Geist wird mündig

Wir haben es der Evolution zu verdanken, daß wir nicht länger die Sklaven unseres biologischen Erbes sind. Nur wenige unserer zentralen Verhaltensmerkmale sind genetisch vorprogrammiert. Die Kulturen, die wir durch das geistige Zusammenwirken der Individuen hervorbringen, die Gesellschaften, die aus diesen Kulturen hervorgehen – sie sind die Faktoren, die unser Verhalten determinieren.

Andere Menschen formen unser Gehirn, und wie sie es formen, bestimmt, wie liebevoll oder grausam, wie intelligent oder dumm, wie kreativ oder starr konventionell wir der Welt begegnen. Zwar können uns die Gene einen beschränkten Intellekt, einen Hang zur Aggression, eine sprunghafte Aufmerksamkeit und ein schwaches Gedächtnis vermachen. Sie können uns mit diesen und tausend weiteren Dispositionen versehen. Doch zugleich haben sie uns die Gabe verliehen, die vibrierenden Netze, in die diese Neigungen eingewoben sind, aktiv zu gestalten und zu verändern.

Der menschliche Intellekt hat – mit Hilfe der von ihm erfundenen Wissenschaft – die Prinzipien und Verfahren entdeckt, mit denen er seine eigene Grundlage gestalten kann: das menschliche Gehirn. Unser evolutionsgeschichtlicher Erfolg fußt auf unserer Fähigkeit zu lernen. Und das, was wir lernen, formt die »Knetmasse« des Gehirns. Diese knetbare Masse ist das Abschiedsgeschenk der Evolution an uns – das elterliche

Geschenk an das mündig gewordene Kind, das sich anschickt, ein selbstbestimmtes Leben zu führen.

Entlassen wir hier also unsere armen Eltern aus ihrer Verantwortung. Wir wurden aus dem Garten Eden vertrieben und müssen nun unseren eigenen Weg gehen. Als Individuen und als Familien können wir – wenn man uns läßt – unser Gehirn auf fast unendlich viele verschiedene Weisen formen. Der Geist kann das Gehirn auf unterschiedlichste Weise dazu bringen, seinen Absichten zu entsprechen. Natürlich immer innerhalb der biologischen Grenzen: Der Intellekt steht den verheerenden Wirkungen neurologischer Erkrankungen, wie etwa Huntington-, Parkinson- oder Alzheimerkrankheit, ohnmächtig gegenüber.

Er ist jedoch nicht machtlos, wenn es um Erkrankungen wie Depressionen geht, um nur ein Beispiel zu nennen. Auch wenn depressive Erkrankungen zum Teil durch eine Fehlregulation neurochemischer Substanzen verursacht werden, kann der Geist doch dazu beitragen, diese Fehlregulation zu beheben und so wieder eine normale Stimmungslage herzustellen – etwa durch solche Erfindungen des menschlichen Geistes wie die kognitive Therapie.

Auch wenn die Dyslexie teilweise auf einem biologischen Defekt beruhen mag, hat der menschliche Geist doch Wege ersonnen, um sich selbst beizubringen, die Fehlfunktionen des Gehirns einzudämmen. Und das gleiche gilt für die Intelligenz. Obgleich das Alter an den biologischen Wurzeln unseres Intellekts nagt, können die Erfindungen des Geistes diesem Gang der Dinge Einhalt gebieten und die Intelligenz teilweise erhalten. Und bei einem Kind, dessen Intelligenz durch Armut und Vernachlässigung abgestumpft worden ist, können wir Menschen das Versäumte nachholen – sofern wir den Willen dazu haben.

Das ist der springende Punkt: sofern wir den Willen dazu haben. Das Problem liegt darin, daß der Wille oftmals durch Verdrehungen der Darwinschen Theorie und den daraus resultierenden Fatalismus untergraben wird. Wenn ein Gen entdeckt wird, das mit einem komplexen menschlichen Merkmal – sagen wir Intelligenz – korreliert ist, glauben manche, dies bedeute, die Umwelt könne keinen wesentlichen Einfluß auf die Intelligenz haben. Das ist natürlich falsch. Möglicherweise erklärt das Gen nur einen geringen Prozentsatz der Varianz der menschlichen Intelligenz; und natürlich prägen sich viele Gene nur unter den geeigneten Umweltbedingungen aus. Das gleiche gilt für eine Vielzahl anderer komplexer menschlicher Verhaltensmerkmale, für die angeblich Gene aufgespürt wurden.

Seien wir daher nicht so engstirnig, die gütige Evolution für all die Übel verantwortlich zu machen, die uns bedrücken. Gewalttätigkeit und Mord können der Evolution ebensowenig angelastet werden, wie man dem Vater und der Mutter von Hitler die Schuld am Holocaust geben kann. Und auch die Verantwortung für die zerstörerischen Auswirkungen von Armut auf die Intelligenz kann ebenfalls nicht auf unseren biologischen Stammvater abgewälzt werden. Darwin würde es schaudern, wenn er miterleben müßte, wie seine großartige Theorie entstellt wird: In unserer Kultur gibt es keine natürliche Selektion unter den Menschen mehr, jetzt, da sich der menschliche Geist frei entfalten kann.

Anhang

Hinweis des Autors

Die Einleitung zu Kapitel 5 war ursprünglich Teil eines Artikels, den der Autor am 25. Juli 1995 in der Londoner Zeitung *The Times* veröffentlichte. Die Einleitung zu Kapitel 6 ist ebenfalls Teil eines Artikels des Autors, der am 8. März 1994 in *The Times* erschien. Der Autor möchte *The Times* für die Erlaubnis zum Wiederabdruck dieser Auszüge aus den Artikeln danken.

Danksagung

Ich danke meinen Freunden und Kollegen an der Medical Research Council Cognition and Brain Sciences Unit in Cambridge für ihre gründliche Lektüre der Rohfassungen einzelner Kapitel: Dorothy Bishop, Tim Dalgleish, Tom Manly, Joost Heutink. Dank auch an Peter Halligan in Oxford und Gordon Winocur vom Rotman Research Institute in Toronto. Ich bin ihnen und all meinen anderen Kollegen und Mitarbeitern in Cambridge, Toronto und London dankbar für all den »neuroplastischen Input«, den sie mir gegeben haben. Mein besonderer Dank gilt Alan Baddeley für seine anregenden Kommentare und Don Stuss für die ebenso erschöpfenden wie belebenden Diskussionen.

Mein Dank geht an meinen Bruder Jim für unsere gemeinsamen Ausflüge nach Knoydart, Rum, Carnmore, Loch Scionascaig und zu anderen Orten, wo die Forellen nicht anbeißen wollten. An meinen Freund Geoff für seine Begeisterung und für sein ebenso ungestümes wie unberechenbares Tennisspiel. An Tony für die Verbesserung seines Saxophonspiels und an Tom Shipsey für seine Taschenflasche. An Dave dafür, daß er mich auf die Idee brachte, an dem vom Wellcome Trust ausgeschriebenen Wettbewerb für populärwissenschaftliche Literatur teilzunehmen, während er mich beim Billardspiel besiegte. Aufrichtigen Dank für alles meiner Agentin Felicity Bryan und meiner Lektorin bei Transworld, Ursula Mackenzie, die eine regelrechte Offenbarung für jemanden war, der bislang nur die nachlässige Behandlung durch die Herausgeber von Wissenschaftszeitschriften kannte.

Meinen Eltern, John und Anne Robertson, in Liebe und Dankbarkeit dafür, daß sie im Herzen jung geblieben sind.

Schließlich an Fiona, ohne deren Unterstützung ich dieses Buch nicht geschrieben hätte.

Anmerkungen

Kapitel 1

1 Vgl. Eriksson, P. S. u. a., »Neurogenesis in the adult hippocampus«, *Nature Medicine,* 4, 1998, S. 1313–17.

Kapitel 2

1 Dieses Experiment stützt sich in groben Zügen auf eine Studie, die am Wellcome Functional Imaging Laboratory in London durchgeführt wurde. Die Versuchspersonen wurden aufgefordert, sich schemenhafte Bilder von Gesichtern anzusehen, während die Durchblutung ihres Gehirns gemessen wurde. Dann zeigte man ihnen deutlichere Bilder von Gesichtern und anschließend erneut die schemenhaften Bilder. Wie zu erwarten, waren sie nach Präsentation der deutlichen Bilder viel eher in der Lage, in den Punktemustern Gesichter zu erkennen. Der Vergleich der Durchblutung des Gehirns vor und nach diesem Lernprozeß zeigte, daß ein Teil des Schläfenlappens, der an der Wahrnehmung von Gesichtern beteiligt ist, aktiviert wurde. Obgleich sie jedesmal das gleiche Punktemuster betrachteten, veränderte die Tatsache, daß sie in der Zwischenzeit die Gesichter gesehen hatten, die synaptischen Verbindungen so, daß das Areal, welches für die Gesichterkennung zuständig ist, beim zweiten Blick aktiviert wurde (Dolan, R. J. u. a., »How the brain learns to see objects and faces in an impoverished context«, *Nature,* 389, 1997, S. 596–99).

2 Diese Beobachtung wurde im Dezember 1985 von Ian Deary von der Universität Edinburgh im *British Medical Journal* veröffentlicht.

3 Vgl. Purves, D. und Voyvodic, J. T., »Imaging mammalian nerve cells and their connections over time in living animals«, *Trends in Neuroscience,* 10, 1987, S. 398–404, und Cotman, C. W. und Nieto-Sampedro, M., »Brain function, synapse renewal and plasticity«, *Annual Review of Psychology,* Bd. 33, 1982, S. 371–401.

4 Vgl. Mogilmer, A. u. a., »Somatosensory cortical plasticity in adult humans revealed by magnetencephalography«, *Proceedings of the National Academy of Science USA*, 90, 1993, S. 3593–7.
5 Vgl. Wang, X., Merzenich, M. M. u. a., »Modelling of hand representations in adult cortex determined by timing of tactile stimulation«, *Nature* 378, 1995, S. 71–5.
6 Spengler, F. und Dinse, H. R., »Reversible relocation of representational boundaries of adult rats by intracortical microstimulation«, *NeuroReport*, 5, 1994, S. 949–53.
7 Fitzsimonds, R. M., Song, H. und Poo, M., »Propagation of activity-dependent synaptic depression in simple neural networks«, *Nature*, 388, 1997, S. 439–48.
8 Vgl. Anderson, M., »On the status of inhibitory mechanisms in cognitive memory retrieval as a model case«, *Psychological Review*, 102, 1995, S. 68–100. Diese Studien bezogen sich nicht auf Berühmtheiten, sondern auf verschiedene semantische Kategorien. Doch dürfte ein ähnliches Prinzip auch für die Kategorie berühmter Personen gelten.
Weiterführende Lektüre: Kandel, E. R. Schwartz, J. H. und Jessell, T. M., *Essentials of Neural Science and Behavior*, Prentice Hall International, 1995.

Kapitel 3

1 Karni, A., »Functional MRI evidence for adult motor cortex plasticity during motor skill learning«, *Nature*, 377, 1995, S. 155–8.
2 Elbert, T. u. a., »Increased cortical representation of the fingers of the left hand in string players«, *Science*, 270, 1995, S. 305–7.
3 Chan, A. S., Ho, Y.-C. und Cheung, M.-C., »Music training improves verbal memory«, *Nature*, 396, 1998, S. 128.
4 Byl, N. u. a., »Sensory dysfunction associated with repetitive strain injuries of tendinitis and focal hand dystonia – a comparative study«, *Journal of Orthopaedic and Sports Physical Therapy*, 23, 1996, S. 234–44.
5 Byl, N. N. u. a., »A primate model for studying focal dystonia and repetitive strain injury: Effects on the primate somatosensory cortex«, *Physical Therapy*, 77, 1997, S. 269–84.
6 Scheibel, A. B. u. a., »A quantitative study of dendrite complexity in selected areas of the human cerebral cortex«, *Brain and Cognition*, 12, 1990, S. 85–101.
7 Jacobs, B. und Scheibel, A. B., »A quantitative dendritic analysis of Wernicke's area in humans. I. Lifespan changes«, *Journal of Comparative Neurology*, 327, 1993, S. 83–96.

8 Pascual-Leone, A. und Torres, F., »Plasticity of the sensorimotor cortex representations of the reading finger in Braille readers«, *Brain*, 116, 1993, S. 39–52.
9 Sterr, A. u. a., »Changed perceptions in Braille readers«, *Nature*, 391, 1998, S. 134 f.
10 Pascual-Leone, A. u. a., »The role of reading activity on the modulation of motor cortical outputs to the reading hand in Braille readers«, *Annals of Neurology*, 38, 1995, S. 910–15.
11 Sadata, N. u. a., »Activation of the primary visual cortex by Braille reading in blind subjects«, *Nature*, 380, 1996, S. 526–8.
12 Liepert, J. u. a., »Changes of cortical motor area size during immobilization«, *Electromyography and Motor Control – Electroencephalography and Clinical Neurophysiology*, 97, 1995, S. 382–6.
13 Kolb, B., *Brain Plasticity and Behaviour*, Hillsdale, NJ, Erlbaum, 1996.
14 Black, F. O. u. a., »Vestibular plasticity following orbital spaceflight – recovery from vestibular postflight postural instability«, *Acta Oto-Laryngologica*, S520S10, 1995, S. 450–54.
15 Rossini, P. M. u. a., »Short term brain plasticity in humans – transient finger representation changes in sensory cortex somatotopy following ischemic anaesthesia«, *Brain Research*, 642, 1994, S. 169–77.
16 Yue, G. und Cole, K. J., »Strength increases from the motor program – comparison of training with maximal voluntary and imagines muscle contractions«, *Journal of Neurophysiology*, 67, 1992, S. 1114–23.
17 Pascual-Leone, A. u. a., »Modulation of muscle responses evoked by transcranial magnetic stimulation during the acquisition of new fine motor skills«, *Journal of Neurophysiology*, 74, 1995, S. 1037–45.
18 Stephan, K. M. u. a., »Functional anatomy of the mental representation of upper extremity movements in healthy subjects«, *Journal of Neurophysiology*, 73, 1995, S. 373–86.
19 Eine gute Zusammenfassung mehrerer dieser Studien zur mentalen Imagination liefern Jeannerod, M. und Decety, J. in *Current Opinion in Neurobiology*, 5, 1995, S. 727–32.
20 Vgl. Moran, A. P., *The Psychology of Concentration in Sports Performers*, Hove, Psychology Press, 1996.
21 Die Quelle der Informationen über das Training von Ärzten und Chirurgen sowie der Anekdote über Glenn Gould ist Des Coteaux, J. G. und Leclere, H., »Learning surgical technical skills«, *Canadian Journal of Surgery*, 38, 1995, S. 33–8.

22 Drevets, W. C. u. a., »Bloodflow changes in human somatosensory cortex during anticipated stimulation«, *Nature* 373, 1995, S. 249–52.
23 Recanzone, G. H. u. a., »Plasticity in the frequency representations of primary auditory cortex«, *Journal of Neuroscience*, 13, 1993, S. 87–103.
24 Karni, A. u. a., »Dependence on REM sleep overnight learning of a perceptual skill«, *Science*, 265, 1994, S. 679–82.

Kapitel 4

1 Der erste Fall wurde beschrieben von Dr. Peter Halligan, John Marshall und Kollegen von der Universität Oxford (Halligan, P. W., Marshall, J. C. und Wade, D. T., »Three arms: a case study of supernumerary phantom limb after right hemisphere stroke«, *Journal of Neurology, Neurosurgery and Psychiatry*, 56, 1993, S. 159–66). Der zweite Fall wurde beschrieben in Ehrenwald, H., »Verändertes Erleben des Körperbildes mit konsekutiver Wahnbildung bei linksseitiger Hemiplegie«, *Monatsschrift für Psychiatrie und Neurologie*, 75, 1930, S. 89–97.
2 Carlen, P. L. u. a., »Phantom limbs and related phenomena in recent traumatic amputations«, *Neurology*, 28, 1978, S. 211–17.
3 Mitchell, S. W., *Injuries of Nerves and their Consequences*. Philadelphia, J. B. Lippincott Co. 1872.
4 Vgl. zum Beispiel Ramachandran, V. S., »Perceptual correlates of massive cortical reorganization«, *NeuroReport*, 3, 1992, S. 583–6; und ebenfalls Ramachandran, V. S., »Phantom limbs, neglect syndromes, repressed memories and Freudian psychology«, *International Review of Neurobiology*, 37, 1994, S. 291–333.
5 Ebenda.
6 Ebenda.
7 Ebenda.
8 Kew, J. M. J., Halligan, P. W. u. a., »Abnormal access of axial vibrotactile input to deafferented somatosensory cortex in human upper limb amputees«, *Journal of Neurophysiology*, 77, 1997, S. 2753–64.
9 Appenzeller, O. und Bicknell, J. M., »Effects of nervous system lesions on phantom experience in amputees«, *Neurology*, 19, 1969, S. 141–6.
10 Halligan, P. W. u. a., »Sensory disorganization and perceptual plasticity after limb amputation: a follow-up study«, *NeuroReport*, 5, 1994, S. 1341–5.
11 Birnbaumer, N. u. a., »Effects of regional anesthesia on phantom limb pain are mirrored in changes in cortical reorganization«, *Journal of Neuroscience*, 17, 1997, S. 5503–8.

12 Ramachandran, V. S. und Rogers-Ramachandran, D., »Synaesthesia in phantom limbs induced with mirrors«, *Proceedings of the Royal Society*, B, 263, 1996, S. 377–86.
13 Ebenda.
14 Ebenda.
15 Ebenda.
16 Ebenda.
17 Donoghue, J. P., »Plasticity of adult sensorimotor representations«, *Current Opinion in Neurobiology*, 5, 1995, S. 749–54.
18 Cacace, A. T. u. a., »Anomolous cross-modal plasticity following posterior-fossa surgery – some speculations on gaze-evoked tinnitus«, *Hearing Research*, 81, 1994, S. 22–32.
19 Harrison, J. und Baron-Cohen, S., »Acquired and inherited forms of cross-modal correspondance«, *Neurocase*, 2, 1996, S. 245–9.
20 Paulesu, E. u. a., »The physiology of coloured hearing. A PET activation study of colour-word synaesthesia«, *Brain*, 118, 1995, S. 661–76.

Kapitel 5

1 Grafman, J., »The relationship of brain tissue loss volume and lesion location to cognitive deficit«, *Journal of Neuroscience*, 6, 1986, S. 301–7.
2 Sabel, B. A., »Unrecognized potential of surviving neurons: Within-system plasticity, recovery of function, and the hypothesis of minimal residual structure«, *The Neuroscientist*, 3, 1997, S. 366–70.
3 Hornykiewicz, O. und Kish, S. J., »Biochemical Pathophysiology of Parkinson's Disease«, *Advances in Neurology*, 45, 1986, S. 19–32.
4 Weiller, C. u. a., »Recovery from Wernicke's Aphasia: A Positron Emission Tomography Study«, *Annals of Neurology*, 37, 1995, S. 723–32.
5 Seitz, R. J. u. a., »Large-scale plasticity of the human motor cortex«, *NeuroReport*, 6, 1995, S. 742–4.
6 Anglade, P. u. a., »Synaptic plasticity in the caudate nucleus of patients with Parkinson's Disease«, *Neurodegeneration*, 5, 1996, S. 121–8.
7 Heald, A. u. a., »Longitudinal study of central motor conduction time following stroke: 1 – Natural history of central motor conduction«, *Brain*, 116, 1993, S. 1355–70. Heald, A. u. a., »Longitudinal study of central motor conduction time following stroke: 2 – Central motor conduction measured within 72 h after stroke as a predictor of functional outcome at 12 months«, *Brain*, 116, 1993, S. 1371–85.

8 Meyer, B. U. u. a., »Inhibitory and excitatory interhemispheric transfers between motor cortical areas in normal humans and patients with abnormalities of the corpus callosum«, *Brain*, 118, 1995, S. 429–40.
9 Buckner, R. L. u. a., »Preserved speech abilities and compensation following prefrontal damage«, *Proceedings of the National Academy of Sciences of the United States of America*, 93, 1996, S. 1249–53.
10 Turton, A. u. a., »Contralateral und ipsilateral EMG responses to transcranial magnetic stimulation during recovery of arm and hand function after stroke«, *Electroencephalography and Clinical Neurophysiology – Electromyography and Motor Control*, 101 (4), 1996, S. 316–28.
11 Sabatini, U. u. a., »Motor recovery after early brain damage – a case of brain plasticity«, *Stroke*, 25, 1994, S. 514–17.
12 Vargha-Khadem, F. u. a., »Onset of speech after left hemispherectomy in a nine-year-old boy«, *Brain*, 120, 1997, S. 159–82.
13 Ebenda.
14 Vargha-Khadem, F. und Polkey, C. E., »A review of cognitive outcome after hemidecortication in humans«, in Rose, F. D. und Johnson, D. A. (Hg.), *Recovery from Brain Damage: Reflections and Directions*, New York, Plenum, 1992.
15 Goodale, M. A. u. a., »Kinematic analysis of limb movements in neuropsychological research: subtle deficits and recovery of function«, *Canadian Journal of Psychology*, 44, 1990, S. 180–95.

Kapitel 6

1 Halligan, P. W. und Marshall, J. C., »Left neglect for near but not far space in man«, *Nature*, 350, 1991, S. 498–500.
2 Robertson, I. H. u. a., »Phasic altering of right hemisphere neglect patients overcomes their spatial deficit in visual awareness«, *Nature*, 395, 1998, S. 169–71.
3 Robertson, I. H. u. a., »Sustained attention training for unilateral neglect: theoretical and rehabilitation implications«, *Journal of Clinical and Experimental Neuropsychology*, 17, 1995, S. 416–30.
4 Hesse, S. u. a., »Treadmill training with partial body weight support compared with physiotherapy in nonambulatory hemiparetic patients«, *Stroke*, 26, 1995, S. 976–81.
5 Bütefisch, C. u. a., »Repetitive training of isolated movements improves the outcome of motor rehabilitation of the centrally paretic hand«, *Journal of the Neurological Sciences*, 130, 1995, S. 59–68.

6 Hummelsheim, H., Arnberger, S. und Mauritz, K. H., »The influence of EMG-initiated electrical muscle stimulation on motor recovery of the centrally paretic hand«, *European Journal of Neurology*, 3, 1996, S. 245–54.
7 Taub, E. u. a., »Technique to improve chronic motor deficit after stroke«, *Archives of Physical Medicine and Rehabilitation*, 74, 1993, S. 347–54.
8 Nudo, R. J. u. a., »Neural substrates for the effects of rehabilitation training on motor recovery after ischemic infarct«, *Science*, 272, 1996, S. 1791–4.
9 Merzenich, M. u. a., »Temporal processing deficits of language-learning impaired children ameliorated by training«, *Science*, 271, 1996, S. 77–81; Tallal, P. u. a. »Language comprehension in language-learning impaired children improved with acoustically modified speech«, *Science*, 271, 1996, S. 81–4.
10 Ebenda.
11 Robertson, I. H. u. a., »Motor recovery after stroke depends on intact sustained attention: a two-year follow-up study«, *Neuropsychology*, 11, 1997, S. 290–95; Robertson, I. H. u. a., »Sustained attention training for unilateral neglect: theoretical and rehabilitation implications«, *Journal of Clinical and Experimental Neuropsychology*, 17, 1995, S. 416–30.
12 Smania, N. u. a., »Visuomotor imagery and rehabilitation of neglect«, *Archives of Physical Medicine and Rehabilitation*, 78 (4), 1997, S. 430–6.
13 Crisostomo, E. A., Duncan, P. W. und Propst, M., »Evidence that amphetamine with physical therapy promotes recovery of motor function in stroke patients«, *Annals of Neurology*, 23, 1988, S. 94–7.
14 Mayer, E. u. a., »Striatal graft-associated recovery of a lesion-induced performance deficit in the rat requires learning to use the transplant«, *European Journal of Neuroscience*, 4, 1992, S. 119–26.

Kapitel 7

1 Schacter, D. u. a., »Preserved and impaired memory functions in elderly adults«, in Cerella, J. u. a. (Hg.), *Adult Information Processing: Limits on Loss*, New York, Academic Press, 1993.
2 Gomez-Isla, T. u. a., »Neuronal loss correlates with but exceeds neurofibrillary tangles in Alzheimer's Disease«, *Annals of Neurology*, 41, 1997, S. 17–24.
3 Anderson, B. und Rutledge, V., »Age and hemisphere effects on dendritic structure«, *Brain*, 119, 1996, S. 1983–90.

4 Gur, R. C. u. a., »Age and regional cerebral blood flow«, *Archives of General Psychiatry*, 44, 1987, S. 617–21.
5 Buell, S. und Coleman, P., »Dendritic growth in aged human brain and failure of growth in senile dementia«, *Science*, 206, 1979, S. 854–6.
6 Grady, C. L. u. a., »Age-related reductions in human recognition memory due to impaired encoding«, *Science*, 269, 1995, S. 218–21.
7 Rabbitt, P., »Does it all go together when it goes?«, *Quarterly Journal of Experimental Psychology*, 46 A, 1993, S. 385–434.
8 Sihvonen, S. u. a., »Physical activity and survival in elderly people: a five-year follow-up study«, *Journal of Aging and Physical Activity*, 6, 1998, S. 133–40.
9 Bashore, T. R. und Goddard, P. H., »Preservative and restorative effects of aerobic fitness on the age-related slowing of mentale processing speed«, in Cerella, J. u. a. (Hg.), *Adult Information Processing: Limits on Loss*, New York, Academic Press, 1993.
10 Bonaiuto, S. u. a., »Education and occupation as risk factors for dementia: a population-based case-control study«, *Neuroepidemiology*, 14, 1995, S. 101–9. Bonaiuto, S. u. a., »Survival and dementia: a 7-year follow-up of an Italian elderly population«, *Archives of Gerontology and Geriatrics*, 20, 1995, S. 105–13.
11 Blanchard-Fields, F. und Abeles, R. P., »Social cognition and aging«, in *Handbook of the Psychology of Aging*, New York, Academic Press, 1996 (4. Aufl.).
12 Maylor, E. A., »Ageing and the retrieval of specialized and general knowledge: Performance of Masterminds«, *British Journal of Psychology*, 85, 1994, S. 105–14.
13 Giambra, L. M. und Quilter, R., »Sustained attention in adulthood: a unique, large-sample, longitudinal and multi-cohort analysis using Mackworth Clock-Test«, *Psychology and Aging*, 3, 1988, S. 75–83.
14 Baron, A. und Cerella, J., »Laboratory tests of the disuse account of cognitive decline«, in Cerella, J. u. a. (Hg.), *Adult Information Processing: Limits on Loss*, New York, Academic Press, 1993.
15 Swaab, D. F., »Brain aging and Alzheimer's Disease, ›Wear and Tear‹ versus ›Use it or Lose it‹«, *Neurobiology of Aging*, 12, 1991, S. 317–24.
16 Krampe, R. T. und Ericsson, K. A., »Maintaining excellence: Deliberate practice and elite performance in young and older pianists«, *Journal of Experimental Psychology: General*, 125(4), 1996, S. 331–59.
17 Shimamura, A. P. u. a., »Memory and cognitive abilities in university professors: Evidence for successful aging«, *Psychological Science*, 6, 1995, S. 271–7.

18 Gruberbaldini, A. L. u. a., »Similarity in married-couples – a longitudinal study of mental abilities and rigidity-flexibility«, *Journal of Personality and Social Psychology*, 69, 1995, S. 191–203.
19 Ebenda.
20 Stigsdotter-Neely, A. und Bäckman, L., »Long-term maintenance of gains from memory training in older adults: Two 3½ year follow-up studies«, *Journal of Gerontology: Psychological Sciences*, 48, 1993, S. 233–7; Baltes, P. B. u. a., »Cognitive training research on fluid intelligence in old age: What can older adults achieve by themselves«, *Psychology and Aging*, 4, 1989, S. 217–21.
21 Wilson, B. A. u. a., »Errorless learning in the rehabilitation of memory impaired people«, *Neuropsychological Rehabilitation*, 4, 1994, S. 307–26.

Kapitel 8

1 Castro-Caldas, A. u. a., »Learning to read and write during childhood influences the functional organization of the adult brain«, *Brain*, 121, 1998, S. 1053–63.
2 Hart, B. und Risley, T., *Meaningful Differences in Everyday Parenting and Intellectual Development in Young American Children*, Baltimore, Brookes, 1995.
3 Melhuish, E. C. u. a., »Type of childcare at 18 months – I. Differences in interactional experience«, *Journal of Child Psychology and Psychiatry*, 31, 1990, S. 849–60.
4 Melhuish, E. C. u. a., »Type of childcare at 18 months – II. Relations with cognitive and language development«, *Journal of Child Psychology and Psychiatry*, 31, 1990, S. 861–70.
5 Fifer, W. P. und Moon, C. M., »The role of mother's voice in the organization of brain functions in the newborn«, *Acta Paediatrica*, 83, 1994, S. 86–93.
6 Murray, L. u. a., »Depressed mothers' speech to their infants and its relation to infant gender and cognitive development«, *Journal of Child Psychology and Psychiatry*, 31, 1993, S. 1083–1101; Murray, L. u. a., »The cognitive development of 5-year old children of postnatally depressed mothers«, *Journal of Child Psychology and Psychiatry*, 37, 1996, S. 927–35.
7 Neville, H. J., »Neurobiology of cognitive and language processing: Effects of early experience«, in Gibson, K. R. und Petersen, A. C. (Hg.), *Brain Maturation and Cognitive Development: Comparative and Cross-cultural Perspectives*, Amsterdam, Aladine de Gruyter Press, 1991.

8 Haggard, M. und Hughes, E., *Screening Children's Hearing*, HMSO, London 1998.
9 Ceci, S. J., *On Intelligence ... More or Less: A Bio-ecological Treatise on Intellectual Development*, Englewood Cliffs, Prentice Hall, NJ, 1990.
10 Ebenda.
11 Capron, C. und Duyme, M., »Assessment of effects of socio-economic status on IQ in a full cross-fostering study«, *Nature*, 340, 1989, S. 552–4.
12 Ramey, C. T. u. a., »The plasticity of intellectual development: Insights vom preventive intervention«, *Child Development*, 55, 1984, S. 1913–25.
13 Ericsson, K. A. u. a., »The role of deliberate practice in the acquisition of expert performance«, *Psychological Review*, 100, 1993, S. 363–406.
14 Bloom, B. S., »The 2 sigma problem. The search for methods of group instruction as effective as one-to-one tutoring«, *Educational Researcher*, 13, 1984, S. 3–16.
15 Ebenda.
16 Adey, P. und Shayer, M., »An exploration of long-term transfer effects following an extended intervention program in the High School science curriculum«, *Cognition and Instruction*, 11, 1993, S. 1–29.
17 Flynn, J. R., *Asian-American IQ: Achievement beyond IQ*, Hillsdale, NJ, Erlbaum 1991.
18 Johnston, R. S. und Watson, J., »Developing reading, spelling and phonemic awareness skills in primary school children«, *Reading*, Juli 1997, S. 37–40.
19 Adams, M. J., *Beginning to Read*, London, MIT Press, 1994.
20 Bryant, P. E. und Bradley, L., »Why children sometimes write words which they do not read«, in Frith, U. (Hg.), *Cognitive Processes in Spelling*, New York, Academic Press, 1980, S. 355–72.

Kapitel 9

1 Joseph LeDoux vom Center for Neural Science der New York University hat unser Wissen darüber, wie Emotionen – insbesondere Furcht – im Gehirn repräsentiert sind, besonders nachhaltig erweitert. Sein leichtverständliches und ausgezeichnet geschriebenes Buch *Das Netz der Gefühle*, München 1998, erzählt die spannende Geschichte seiner Forschungen.
2 Diese Anekdote über Darwin erzählt LeDoux in *Das Netz der Gefühle*.

3 Amaral, D. G. u. a., »Anatomical organization of the primate amygdaloid complex«, in Aggleton, J. P. (Hg.), *The Amygdala: Neurobiological Aspects of Emotion, Memory and Mental Dysfunction*, New York, Wiley-Liss, 1992.
4 Morris, J. S. u. a., »Conscious and unconscious emotional learning in the human amygdala«, *Nature*, 393, 1998, S. 467–70.
5 Shin, L. M. u. a., »Visual imagery and perception in posttraumatic stress disorder: a PET investigation«, *Archives of General Psychiatry*, 54, 1997, S. 233–41.
6 Bornstein, R. F., »Subliminal mere exposure effects«, in Bornstein, R. F. und Pittman, T. S. (Hg.), *Perception without awareness: Cognitive, Clinical and Social Perspectives*, New York, Guildford, 1992, S. 191–210.
7 Claparede, E., »Recognition and ›me-ness‹«, in Rapaport, D. u. a., *Organization and Pathology of Thought*, New York, Columbia University Press, 1911.
8 »Face processing impairments after encephalitis: amygdala damage and recognition of fear«, *Neuropsychologia*, 36, 1998, S. 59–70.
9 Angrilli, A. u. a., »Startle reflex and emotion modulation impairment after a right amygdala lesion«, *Brain*, 119, 1996, S. 1991–2000.
10 LaBar, K. S. u. a., »Impaired fear conditioning following unilateral temporal lobectomy in humans«, *Journal of Neuroscience*, 15, 1995, S. 6846–55.
11 Hare, R. D., »Psychopathy and physiological activity during anticipation of aversive stimulus in a distraction paradigm«, *Psychophysiology*, 19, 1982, S. 266–71.
12 LeDoux, J. E. u. a., »Indelibility of subcortical emotional memories«, *Journal of Cognitive Neuroscience*, 1, 1989, S. 238–43.
13 Solomon, S. D. u. a., »Efficacy of treatments of posttraumatic stress disorder«, *Journal of the American Medical Association*, 268, 1992, S. 633–8.
14 Baxter, L. R., »PET studies of cerebral function in major depression and obsessive-compulsive disorder. The emerging prefrontal cortex consensus«, *Annals of Clinical Psychiatry*, 3, 1991, S. 103–9.
15 Pynoos, R. S. u. a., »Issues in the developmental neurobiology of traumatic stress«, *Annals of the New York Academy of Sciences*, 821, 1997, S. 176–92.
16 Southwick, S. M. u. a., »Noradrenergic alterations in posttraumatic stress disorder«, *Annals of the New York Academy of Sciences*, 821, 1997, S. 125–41.

17 Markowitsch, J. J. u. a., »Psychic trauma causing grossly reduced brain metabolism and cognitive deterioration«, *Neuropsychologia*, 36, 1998, S. 77–82.
18 McEwen, B. S., »Paradoxical effects of adrenal steroids on the brain: Protection versus degeneration«, *Biological Psychiatry*, 31, 1992, S. 177–99.
19 Teicher, M. H. u. a., »Preliminary evidence for abnormal cortical development in physically and sexually abused children using EEG coherence und MRI«, *Annals of the New York Academy of Sciences*, 821, 1997, S. 160–74.
20 Baker, S. C. u. a., »The interaction between mood and cognitive function studied with PET«, *Psychological Medicine*, 27, 1997, S. 565–78.
21 Isen, M. A. u. a., »Positive affect facilitates creative problem solving«, *Journal of Personality and Social Psychology*, 52, 1987, S. 1122–31.
22 Schiff, B. B. und Lamon, M., »Inducing emotion by unilateral contraction of hand muscles«, *Cortex*, 30, 1994, S. 247–54.
23 Davidson, R. J., »Anterior cerebral asymmetry and the nature of emotion«, *Brain and Cognition*, 20, 1992, S. 125–51.
24 Larsen, R. J. u. a., »Facilitating the furrowed brow: An unobtrusive test of facial feedback hypothesis applied to unpleasant affect«, *Cognition and Emotion*, 6, 1992, S. 321–38.
25 Zajonc, R. B. u. a., »Feeling and facial efference: Implications of the vascular theory of emotion«, *Psychological Review*, 96, 1989, S. 395–416.
26 Hokanson, J. E. u. a., »Interpersonal perceptions by depressed college students«, *Cognitive Therapy and Research*, 15, 1991, S. 443–57.

Kapitel 10

1 Winocur, G. und Moscovitch, M., »A comparison of cognitive function in institutionalized and community dwelling old people of normal intelligence«, *Canadian Journal of Psychology*, 44, 1990, S. 435–44.
2 Albert, M. u. a., »Predictors of cognitive change in older persons: MacArthur studies of successful aging«, *Psychology and Aging*, 10, 1995, S. 578–89.
3 Irwin, M. u. a., »Life events, depressive symptoms and immune function«, *American Journal of Psychiatry*, 144, 1987, S. 437–41.
4 Cohn, J. F. u. a., »Face-to-face interactions of postpartum depressed and nondepressed mother-infant pairs at 2 months«, *Developmental Psychology*, 26, 1990, S. 15–23.

5 Field, T. u. a., »Infants of depressed mothers show ›depressed‹ behavior even with non-depressed adults«, *Child Development*, 59, 1988, S. 1569–79.

6 Taylor, G. J. u. a., »The alexithymia construct: a potential program for psychosomatic medicine«, *Psychosomatics*, 32, 1991, S. 153–64.

7 Shoda, Y., Mischel, W. und Peake, P. K., »Predicting adolescent cognitive and self-regulatory competencies from preschool delay of gratification: Identifying diagnostic conditions«, *Developmental Psychology*, 26, 1990, S. 978–86.

8 Achenbach, T. und Howell, C., »Are America's children problems getting worse? A 13-year comparison«, *Journal of the American Academy of Child and Adolescent Psychiatry*, 32, 1993, S. 1145–54.

9 Smith, J. R. und Brooks-Gunn, J., »Correlates and consequences of harsh discipline for young children«, *Archives of Pediatrics*, Bd. 151, 1997, S. 777–86.

10 Dunn, J. u. a., »Family talk about feeling states and children's later understanding of others' emotions«, *Developmental Psychology*, 27, 1991, S. 448–55.

11 Rutter, M., »Parent-child separation: psychological effects on the children«, *Journal of Child Psychology and Psychiatry*, 12, 1971, S. 233–60; Cowan, P. A. und Hetherington, E. M. (Hg.), *Family Transitions*, Hillsdale, NJ, Erlbaum, 1991.

12 Richards, M. u. a., »The effects of divorce and separation on mental health in a national UK birth cohort«, *Psychological Medicine*, 27, 1997, S. 1121–8; Richards, M., »The international year of the family – family research«, *Psychologist*, 8, 1995, S. 17–20.

13 Malatesa, C. Z. und Haviland, J. M., »Learning display rules: the socialization of emotion expression in infancy«, *Child Development*, 53, 1982, S. 991–1003.

14 Grych, J. und Fincham, F., »Marital conflict and children's adjustment: a cognitive contextual framework«, *Psychological Bulletin*, 101, 1992, S. 267–90.

15 Cummings, E. M., »Coping with background anger in early childhood«, *Child Development*, 58, 1987, S. 976–84.

16 Belsky, J. u. a., »Continuity and discontinuity in infant negative and positive emotionality: Family antecedents and attachment consequences«, *Developmental Psychology*, 27, 1991, S. 421–31.

17 Richters, J. E. und Martinez, P., »The NIMH Community Violence Project: I. Children as victims and witnesses of violence«, *Psychiatry: Interpersonal and Biological Processes*, 56, 1993, S. 7–21.

18 Huesmann, L. R. u. a., »Stability of aggression over time and generations«, *Developmental Psychology*, 20, 1984, S. 1120–34.

19 Beck, R. und Fernandez, E., »Cognitive-behavioral therapy in the treatment of anger: a meta-analysis«, *Cognitive Research and Therapy*, 22, 1998, S. 63–74.
20 Blair, R. J. R. u. a., »The psychopathic individual: A lack of responsiveness to distress cues?«, *Psychophysiology*, 34, 1997, S. 192–8.
21 Kolb, B. und Gibb, R., »Neuroplasticity and recovery of function following brain injury«, in Stuss, D. T., Winocur, G. und Robertson, I. H. (Hg.), *Cognitive Neurorehabilitation*, New York, Cambridge University Press, 1999.
22 Belege dafür liefert eine noch unveröffentlichte Studie von Professor Harry T. Chugani von der Abteilung für Radiologie, Wayne State University School of Medicine, Detroit, USA.
23 Tizard, J. und Hodges, J., »The effects of early institutional rearing on the development of eight-year-old children«, *Journal of Child Psychology and Psychiatry*, 19, 1978, S. 99–118.
24 Quinton, D. u. a., »Institutional rearing, parental difficulties and marital support«, *Psychological Medicine*, 14, 1984, S. 107–24.
25 Koluchova, J., »Severe deprivation in twins: a case study«, *Journal of Child Psychology and Psychiatry*, 13, 1972, S. 107–14; Koluchova, J., »The further development of twins after severe and prolonged deprivation: a second report«, *Journal of Child Psychology and Psychiatry*, 17, 1976, S. 181–8.
26 Main, J. und Solomon, J., »Procedures for identifying infants as disorganized/disoriented during the Ainsworth strange situation«, in Greenberg, M. u. a. (Hg.), *Attachment in the Preschool Years*, Chicago, University of Chicago Press, 1990; Carlson, V. u. a., »Disorganized/disoriented attachment relationships in maltreated infants«, *Developmental Psychology*, 23, 1989, S. 525–31.
27 Lyons-Ruth, K. u. a., »Infants at social risk: Maternal depression and family support services as mediators of infant development and security of attachment«, *Child Development*, 61, 1990, S. 85–98.
28 Weissman, M. M., »Advances in psychiatric epidemiology: rates and risks for major depression«, *American Journal of Public Health*, 77, 1987, S. 444–51.

Register

G

H